文化的轉軌—「魯郭茅巴老曹」在中國(1949-1976)

程光煒

總　序

1992 年，兩岸開放探親後的第五年，我在埋首撰寫論文〈大陸的台灣文學研究概況〉過程中，驚覺對岸對於台灣文學研究的投入成果，並在種種因緣之下，開始關注對岸文學，一頭栽進大陸文學的研究與教學。

多年來，心中一直記掛著應該把台灣的大陸文學研究情況也整理出來。因為台灣和大陸是現代華文文學研究的兩大陣地，除了兩岸學界的本土文學研究之外，還須對照兩岸學界的彼岸文學研究，才能較完整地勾勒現代華文文學研究的樣貌。去年，我終於把這個想法，部分地呈現在〈台灣的「大陸當代文學研究」觀察〉一文中。但是，這個念頭的萌發到落實，竟已倏忽十年，而在這期間，仍有許多想做和該做的事，尚未完成，不禁令人感慨韶光的飛逝和個人力量的局限。

回顧過去半世紀以來的現代華文文學研究，兩岸都因政治環境和社會文化的變遷，日益開放多元；近年更因大量研究者的投入，產生豐盛的研究成果，帶起兩岸文學界更加密切的交流。兩岸的研究者，雖在不同的歷史背景下成長，但透過溝通理解、互動砥礪，時時激盪出許多令人讚嘆的火花。

「大陸學者叢書」的構想，便是在這樣的感慨和讚嘆中形成的。從文學研究的角度來看，成果的交流和智慧的傳遞，是兩岸文學界最有意義的雙贏；於是我想，應從立足台灣開始，將對岸學者的文學研究引介來台，這是現階段能夠做也應該做的努力。但是理想與現實之間，常存在著難以克服的主客觀因素，台灣出版界的不景氣，更提高了出版學術著作的困難度。

感謝秀威資訊公司的總經理宋政坤先生，他以顛覆傳統的數位印製模式，導入數位出版作業系統，作為這套叢書背後的堅實後盾，支持我的想法和做法，使「大陸學者叢書」能以學術價值作為出版考量，不受庫存壓力的影響，讓台灣讀者有更多機會接觸到彼岸的優質學術論著。在兩岸的學術交流上，還有很多的事要做，也還有很長的路要走，我相信，這套叢書的出版，會是一個美好開端。

宋如珊

2004 年 9 月　於士林芝山岩

自 序

程光煒

奧斯維德·斯賓格勒在其著名的《西方的沒落》中曾作過這樣的判斷，他說：「如果我們想要發現西方文化的宿命將以何種形式來完成，我們首先就應當弄清楚文化是什麼；它和看得見的歷史、和生活、和心靈、和自然、和才智的關係是什麼；它的表現形式是什麼；這些形式——民族、語言和時代、戰爭和觀點、國家和神祇、藝術和工藝品、科學、法律、經濟類型和世界觀、偉大的人物和偉大的事件——在多大程度上可以當作象徵來理解和看待。」他在考察了西方現代文明的歷史進程及其現代性訴求之後，堅定地認為：「現代是一個文明的時代，斷然不是文化的時代」。為此他警告世人，「一個單純講究廣泛的效果、排斥巨大的藝術成就和形而上學成就的世紀——我們可以坦率地說，這是一個和世界城市的觀念正相吻合的非宗教的時代——乃是一個沒落的時代」，但他同時又清醒地認識到，對這種歷史和文化處境，「我們自己是無可奈何的」，「一切要靠我們能夠清晰地看到我們自己的地位、我們的宿命，要靠我們認識到：關於這種宿命，我們雖則可以欺瞞我們自己，但是我們逃避不了。誰不衷心承認這一點，誰就不能算是他的時代的人」。[1]

---

1 （德）奧斯維德·斯賓格勒：《西方的沒落·導言》（上），商務印

斯賓格勒對歷史的發展持著一種過分悲觀的態度，但是，他對「文明」的深刻考察和認識，對文明與文化關係的深刻辯析，確實又給我們提供了新的視角。

為此，我們試圖從這一角度對「魯、郭、茅、巴、老、曹」現象等作出某種反思。由於牽涉面較寬，我們將結合當代文化的幾個點進行比較考察。並且，還將觸及若干個相對敏感的議題，以引起人們更加深入的思考。

一、現代民族國家預設的「語境」

可以說，「富國強民」、「救亡圖存」是現代中國作家的共同訴求。翻開一部中國現代文學史，我們發現，不同政見和不同集團的作家們，都為自己人生和文學目標「預設」過這樣的「語境」：在胡適對現代中國的想像中，國家的自覺首先表現為一種語言的自覺，他聲稱：「中國將來的新文學用的白話，就是將來中國的標準國語。造中國將來白話文學的人，就是制定標準國語的人」，他甚至明白大膽地把它指認為「國語的文學——文學的國語」。[2]陳獨秀斷然宣佈：「我們士大夫斷然是沒有革新希望的，生產勞動者又受了世界上無比的壓迫，所以有輸入馬格斯社會主義底需要」，而且認為，「這此學說在社會上有需要一日，我們便應該當作

書館，1995。

2 胡適：《建設的文學革命論》，《新青年》第8卷第4號，1918年4月15日。

新學說鼓吹一日」。[3]魯迅指出：「中國太難改變了，即使搬動一張桌子，改裝一個火爐，幾乎也要血；而且即使有了血，也未必一定能搬動」，[4]但他堅信，「創造這中國歷史上未曾有過的第三樣時代，則是現在的青年的使命！」[5]巴金早年曾是無政府主義者，但他勾劃的理想國家的藍圖是：「革去這一切不人道的弊端，剷除這一般喝人血吸人腦的富人。使土地和一切財產盡歸平民掌握……每日每人只須工作四小時，便可得到充分的需要，享受充分的安慰。其餘的時間用來探討科學，研究藝術。」[6]1948 年底，當戰事還在進行當中，茅盾就在《迎接新年，迎接新中國》中對未來的「國家」作過這樣的預言：「新民主主義的新中國將是一個獨立，自主，和平的大國，將是一個平等，自由，繁榮康樂的大家庭。」[7]

表面上看，以上言論與現代民族國家預設的民族「國家」沒有本質區別，而且在不少層面上還有許多相通之處。毛澤東說：「我們共產黨人，多年以來，不但為中國的政治革命和經濟革命而奮鬥，而且為中國的文化革命而奮鬥；一切這些的目的，在於建設一個中華民族的新社會和新國家。」[8]在

---

3 陳獨秀：《學說與裝飾品》，《新青年》第 8 卷第 2 號，1920 年 10 月 1 日。

4 魯迅：《娜拉走後怎樣》，上海《婦女雜誌》第 10 卷第 8 號，1924 年 8 月 1 日。

5 魯迅：《燈下漫筆》，《莽原》週刊第 2 期、第 5 期，1925 年 5 月 1 日、22 日。

6 《巴金全集》第 21 卷第 72 頁，人民文學出版社，2000。

7 見 1949 年 1 月 1 日香港《華商報》。

8 毛澤東：《新民主主義論》，延安《中國文化》創刊號，1940 年 2 月

《論人民民主專政》中，他進一步指出：「我們現在的任務是要強化人民的國家機器，這主要地是指人民的軍隊、人民的員警和人民的法庭」，「以此作為條件，使中國有可能在工人階級和共產黨的領導下穩步地由農業國進到工業國」。但仔細比較，毛澤東對現代民族國家的預設與中國現代作家們其實差別甚大。站在五四知識精英的立場，胡適、魯迅、郭沫若和茅盾們希望在「自由」、「民主」和「平等」的現代民族國家的大環境中，從事他們的思想文化建設，而思想自由與精神的獨立則被看作是進行這些工作的絕對前提。從毛澤東一生的政治理想和追求出發，他的思維重心更偏向於「政治革命」和「經濟革命」等層面，雖然他也重視「文化革命」，不過，在抓這一工作時卻強調對「人民」的「國家機器」的強化，強調共產黨和工人階級的「領導」。前者希望人們相信，文學具有「改造國民精神」至少是「開通民智」的作用，而在時代轉折、建立現代民族國家的漫長歷史道路上，作為「新文化」代言人的現代知識份子應該是社會大眾精神的嚮導，是「社會良知」之所在。這一思想先覺者的意識，不僅在胡適、陳獨秀、魯迅的思想世界中強烈地存在著，而且也無時無刻不存在於郭沫若、茅盾、巴金和曹禺的思考與文學創作之中。但在毛澤東所設想的以工農兵為主體的現代民族國家中，工農業建設是社會發展的主導，工農兵文藝是文化發展的根本方向，知識份子的精英文化則是無足輕重的一部分——而且，還要進行一番脫胎換骨的「思想改造」。

---

15 日。原題為《新民主主義的政治和新民主主義的文化》。

他雖然與五四一代知識份子有著共同的對「富國強民」的現代民族國家的自覺追求，然而，後來他卻與知識份子群體保持了感情和審美上的距離，為此，他最為著名也被人熟知的一段話是：「拿未曾改造的知識份子與工農兵比較，就覺得知識份子不但精神上有很多不乾淨處，就是身體也不乾淨，最乾淨的還是工人農民，儘管他們手是黑的，腳上有牛屎，還是比大小資產階級都乾淨。」[9]這就「完全拒絕承認讀書的腦力勞動性質，拒絕承認讀書作為一種腦力勞動的複雜性與艱難性，自然也就否定了讀書作為知識真知與真理一途的作用」。[10]確切地說，這種認識與前者現代民族國家的文化目標的差異，形成了當代文學發展的兩個不同的「語境」。

從當前魯、郭、茅、巴、老、曹的研究來看，人們似乎更傾向於認為，他們對左翼文化的某種認同與當代中國的左翼文化思潮來自同一資源。他們與後者從「趨同」到「合作」，完全在想像之中，是邏輯的必然。但我想提醒人們注意，這只是問題的一個方面，而另一方面，即他們之間的「分歧」則被輕易地遮蔽了。

我想說，他們與毛澤東的文化觀雖不能說屬於兩個體系，但畢竟不盡相同的兩個話語。所以，當毛澤東激進主義的「現代性」試圖壓倒他們猶豫在激進主義與自由主義之間的「現代性」的時候，我們不能說，這是兩種思想的對峙，而應該意識到，它是五四內部分化的結果——是一種現代

9 毛澤東：《在延安文藝座談會上的講話》，參見27篇文獻本《整風文獻》（訂正本）。

10 李書磊：《走向民間》第147頁，山東教育出版社，1998。

性，征服並代替了另一種現代性。

那麼，在現代民族國家這一話題下，對走進當代的魯、郭、茅、巴、老、曹的研究，就應該被納入更加複雜的考察線索之中。從而，我們才能認識，為什麼恰恰在進入了「現代民族國家」階段的新中國，他們（除魯迅之外）的精神生活和文學創作反而出現了深刻的危機？「現代化」的「國家」與「文化」之間出現了意想不到的斷裂？

二、建立什麼樣的「文學制度」

人們通常認為，標榜個性自由精神的中國作家對文學制度是深惡痛絕的，這其實是個錯覺。我們知道，濫殤於清末的新知識界的社團與活動，是新文化運動興起的先決條件之一，有研究者發現，「全國性革命大團體的組建，有賴於他們的數量和質量變化。」[11]所以，五四後文學社團和刊物的大量湧現，既起到了攻擊舊文學（包括文學制度）的作用，也為新文學的傳播、擴散組織了創作隊伍，建立起新型的思想和文學規範。同理，現代民族國家的確立，也需要創立自己一整套的政治制度、文化制度和文學制度。現代中國作家與現代民族國家在這一點上並無分歧，而關鍵問題在於：建立什麼樣的文學制度？

[11] 桑兵：《清末明初知識界的社團與活動》第 357 頁，生活・讀書・新知三聯書店，1995。

歷史地看，魯迅、郭沫若、茅盾、巴金、老舍和曹禺的人生實踐和創作實踐，都程度不同地與現代文學文學制度的草創過程發生過緊密聯繫。魯迅辦過《莽原》、《語絲》，之後成為左聯的盟主。郭沫若創辦「創造社」，主編過《創造》、《創造週報》，抗戰時期出任國民軍政委員會政治部第三廳廳長一職。茅盾參與發起「文學研究會」，主持著名的《小說月報》和《抗戰文藝》，又兼任全國「文抗」的負責人。巴金雖然與文學「組織」保持著一定距離，但他非常投入新興的出版事業，主編過《文學季刊》，直到解放前夕，還在主持上海的文化生活書店。30、40 年代，曹禺與各種劇院和電影公司關係密切，曾以「編劇」、「導演」等多種身份參與到排演、發行工作之中。但是，在他們心目中，「文學制度」的輪廓是什麼樣的呢？對文學雜誌，魯迅更傾心於它的「同仁」性，說辦就辦，說散就散，來去自由，完全是靠一班情趣投合的文人朋友的「友情」來支撐刊物。他在向友人介紹北大《新潮》時說：「近來出雜誌一種曰《新潮》，頗強人意，只是二十人左右之小集合所作，間亦雜教員著作」。而同仁雜誌在他心中還有另一種「妙用」：「我想該文可以再抄一遍，也登入《新青年》六卷二號《隨感錄》，庶幾出而又出，傳播更廣，用副我輩大罵特罵之盛意，不知吾兄大人閣下以為何如？」[12]郭沫若對建立全國性文藝組織一直保持著十二分高漲的熱情，然而，當「組織」與「個性」

---

[12] 分見 1919 年「致許壽裳」、「致錢玄同」兩信，《魯迅全集》第 11 卷第 357、359、360 頁，人民文學出版社，1991。

發生衝突時，他又會作出置前者於不顧的決斷選擇，1938年，他因為不願受人牽制而堅辭不就第三廳廳長一案，就是一個典型例子。在《洪波曲》中，他對自己「擅自」出逃長沙大找開脫之詞：「要我擔任第三廳廳長，我的要求是，至少應該爭取到這樣起碼的條件：（一）工作計畫事先擬定，不能受牽制；（二）人事必須有相對的自由；（三）經費確定。今天，這三項一項都沒有提到，沒頭沒尾地便把我拉上臺，這倒類似乎強姦了。」[13]從以上材料，我們約略可知：一、現代作家都清醒地認識到，新文學的文學制度包括了雜誌、社團和文學組織等部分，它是傳播新思想、建立新文學「話語霸權」的必要途徑。但這一制度又必須是文人式的而非政治性的，因此它的確立不能以犧牲個人的尊嚴和權利為代價。二、文學組織，只是文學藝術家們集聚的場所，是「以文會友」的「仲介」。所以，它只能體現「同仁」的自由色彩，體現現代知識份子精神獨立的終極價值觀念。

解放後文學制度的確立，是以現代民族國家的目標壓倒其他一切目標為前提的。在此基礎上，它不贊成提倡個性精神，排斥同仁式的自由散漫的文人心理和行為方式。相反，它的目的是將廣大文人「組織」到各種協會和雜誌中來，即組織到國家的「現代性」之中——在這種情況下，很自然就會把文藝看作是宣傳「黨的方針政策」的「有力武器」。周揚強調指出：新時代創作的重點「必須放在工農兵身上」，要求作家「必須深入生活，深入群眾；具體考察與親自體驗

13 《郭沫若自傳》第257頁，江蘇文藝出版社，1996。

政策執行的情形」；「必須與學習馬列基本理論與中國革命的總路線、總政策」「連貫起來思索和理解」。[14]全國第一次文代會後，「全國文聯」、「中華全國文學工作者協會」（中國作家協會前身）等文藝組織相繼成立，與之相匹配，全國文聯的「會刊」《文藝報》和中國作家協會主辦的雜誌《人民文學》問世。如前所述，郭沫若、茅盾、巴金、老舍、曹禺也都被編進各級社會和文藝單位，郭在中國科學院，茅在中國作協，巴在上海作協，老舍在北京市文聯，曹在中央戲劇學院（後轉入北京人藝），他們的工資、住房、出差、看病均有這些「單位」全部負責，一包到底。查巴金 1963 年 1 月的日記，我們就知道，他的時間基本已由單位掌握，既做不到像魯迅那樣「說散就散」，也不再能像郭沫若那樣，通過抗爭而做到「人事必須有相對的自由」：7 日，「晨七點三刻國賓館接待會派車接我去機場歡送蘇班德里約博士」；8 日，「上午十點國賓館接待會派車來，接我去機場歡送班達拉奈克夫人，范瑞娟、李玉茹、張瑞芳同車」，「下午一點半以後作協車來接我去參加討論柯老（筆者按：指當時上海市委書記柯慶施）講話的創作座談會，五點一刻結束」；16 日，「上午八點市人委派車來接我去中山東一路市人委樓下會議室參加『春節慰問團』團長會議和全團大會，十點結束」；17 日，下午「兩點五十分動身去文化俱樂部，統戰部李主任和朱實約我和魏老在那裏談話」，「閒

14 周揚：《新的人民的文藝》，參見《中華全國文學藝術工作者代表大會紀念文集》。

談了將近三小時」；21 日，「八點前作協車來接我去市人委，九點和慰問團第三路代表，由上警第八十五醫院范院長陪同醫院慰問傷病員」；22 日，下午「參加柯老歡迎尼泊爾大臣會議副主席吉里的宴會。九點後返家」；23 日，先到作協，「參加春節聚餐」，下午六點半，繼而「去四馬路市人委大禮堂，出席春節軍民聯歡大會」；28 日，「下午兩點半後，和羅蓀、魏老去文化俱樂部參加春節座談會，聽到柯老和總理的講話」；31 日，「上午八點半乘作協車去文化俱樂部參加金公召集的座談會」……一個月間，巴金有 9 天是在文山會海、迎來送往中度過的，還不包括他與文藝界、讀者、社會其他人士的應酬[15]。如此勞心費神，而且與文學創作無關，不知巴金心裏究竟會作何感想。

可見，以上的文學制度與魯迅、郭沫若的「想像」，不是同一範疇的問題。看來，這不只是「文人視角」與「政治視角」的差異，而反映出對什麼是「文學」，文學家應該「何為」的不同認識。前面已經說過，現代民族國家寄望於文學的，是他們成為宣傳社會主義革命和建設的「有力武器」；文人們希望通過文學創作來「傳播新思想」，他們更願意、也習慣於以「同仁」辦刊、辦社團的形式，自由地表達心靈深處的感受。但需要指出，這種現實的不完善狀況不宜簡單理解為國家現代性對個性的壓抑，而是個性尋求現代性的一種現實存在狀態。由於人們預先在心中設想了一種理想狀

---

15 參見《巴金全集》第 25 卷「上海日記」，第 201 至 210 頁，人民文學出版社，2000。

態，而誤把現實出現的狀態視為不理想狀態。應當說，文學制度其實就是現代性矛盾與張力的一個非常典型的體現。

三、文人創作與文化調整

那麼下一個問題就會浮現出來：文人創作與文化調整的關係和位置應該怎麼擺？

我們知道，無論發達國家還是第三世界國家都有符合本國國情的文化政策、報刊發行政策，以及相關的審查制度，這是不足奇怪的。連來自一向崇尚自由精神的法國著名學者福柯也承認，法蘭西社會上上下下都充滿了「權力」，「在本世紀 60 年代，往往把權力定義為一種遏制性的力量：根據當時流行的說法，權力就是禁止或阻止人們做某事。據我看來，權力應該比這個要複雜得多。」[16]

1946 年，郭沫若曾對未來「新中國」文學的上述關係做過相當籠統的設想，他指出：「今天的文藝作品，不僅要有種種新的知識和感覺，主要的還要有新的思想，要以工農大眾為我們的對象，要誠心誠意為他們服務。這是新文藝的最新最基本的條件。」[17]值得注意的是，毛澤東、周揚與郭沫若的看法卻是不同的。毛澤東是把文藝看作是服從服務於中國革命這一偉大目標的手段，所以文化政策，起著某種限

16 《福柯訪談錄》第 27 頁，嚴鋒譯，上海人民出版社，1997。

17 郭沫若：《文藝的新舊內容和形式》，《文藝春秋》3 卷 1 期，1946。

制作家和作品向著違反這一目標的方向發展的作用；周揚雖然相信文藝政策對創作具有指導意義，而且堅決維護黨對文藝的絕對領導，但又認為文人創作有自身的「規律性」，創作與文學傳統之間是一種傳承的關係。郭沫若深信，「新的思想」是「以工農大眾」為「服務」「對象」的，這是新文藝「最新最基本的條件」，（文學的工農兵意識）但他又在前面加了一個限制詞——「新的知識和感覺」（文人的意識和技巧）。解放後，他雖然一再附和流行觀點，甚至扭曲了文學創作，然而這一態度並沒有發生根本的改變。正如我在前面的研究中所獲得的印象那樣：郭沫若可以說仍然是一個有良知有血肉的現代文人，他言與行、表面與內心的嚴重分裂，可能表明他在承受著比其他人更尖銳的精神痛苦。

文化政策在文藝界的推行和實施，主要是依靠幾種方式實現的：一是從上到下、經常的和大規模的輿論宣傳，恰如福柯所說，使之逐步變成一整套「管理」的技巧和形式；二是組織對「犯錯誤」作家和作品的「批判」，它開始都是以「文藝批評」的形式，最後上升到「組織處理」的結果進行的，也就是說，是一種文藝批評與行政處理相結合的方法；三是大規模的「文藝批判運動」，例如批判「胡風反黨集團」運動、文藝界「反右運動」、批判「黑線專政」等等，直到把對手在政治上徹底搞垮。茅盾、巴金、老舍和曹禺解放前後的作品，都曾遭到過這類「文藝批評」式的批判。由此看來，在當代中國文學史中，文化調整是暗含著某種社會權力，它通過對文人創作的「遏制」和「禁止」，反過來說是「鼓勵」與「倡導」，努力實現文藝「為工農兵服務」、「歌頌社會主義革命和建設」的目標。所以，在當代中國文學思潮史的辭典中，什麼是「是」，什麼是「非」，什麼「可以」，什麼「不可以」，形成了一整套文藝政策的「話語方式」、「修辭方式」和專用「語彙」。

福柯在研究中富有啟發性地發現：「就工廠而言，這種新技巧當然是同生產的需要相關的；就軍營而言，這裏面有實際的考慮，也有政治的目的，為了培養一支職業化的部隊，讓他們完成比較複雜的任務」。[18]翻開中國當代文學史，我們注意到，文化調整的出現不是偶然的，而是與一百多年來幾代現代中國知識份子「救亡圖存」、「民族振興」的人生目標有非常緊密的聯繫。毛澤東非常精闢地指出：「在我們為中國人民解放的鬥爭中，有各種的戰線，就中也可以說有文武兩個戰線，這就是文化戰線和軍事戰線」，「『五四』以來，這支文化軍隊就在中國形成，幫助了中國革命」。「那末，什麼是人民大眾呢？最廣大的人民，占全人口百分之九十以上的人民，是工人、農民、兵士和城市小資產階級」，「這四種人，就是中華民族的最大部分，就是最廣大的人民大眾」，「我們的文藝，既然基本上是為工農兵，那末所謂普及，也就是向工農兵普及，所謂提高，也就是從工農兵提高」，在此前提下，他認為「為什麼人的問題，是一個根本的問題，原則的問題。」[19]與毛澤東的觀點相比，周揚對文化調整的闡釋更具有社會主義階段的「當下性」和「現實

---

[18] 同註 16，第 30 頁。
[19] 同註 9。

性」，他強調說：「社會主義現實主義首先要求我們的作家去熟悉人民的新的生活，表現人民中的先進人物，表現人民的新的思想和感情」，「文學作品所以需要創造正面的英雄人物，是為了以這種人物去做人民的榜樣，以這種積極的、先進的力量去和一切阻礙社會前進的反動的和落後的事物作鬥爭」，在這個意義上，「不應將表現正面人物和揭露反面現象兩者割裂開來」，更重要的是，「必須表現出任何落後現象都要為不可戰勝的新的力量所克服」。[20]雖然理解的角度和方式不同，但顯然這些主張與文學大師們的人生理想和文學目標實現了高度的「契合」。於是，就出現了如下邏輯：既然文學是為人民大眾的解放而謳歌、而呼籲的，那麼，其他還有什麼不能作出犧牲的呢？因此，在文人創作與文化調整關係的「天平」，人們不難發現這些文學大師的心靈世界一再向後者的「傾斜」，進一步說，發現了他們精神痛苦內部的「歷史合理性」。

由此推導，郭沫若從對文人意識和創作技巧的維護到逐步的弱化、妥協，既代表著茅盾、巴金們的普遍心理，也反映了他們共同的歷史處境。所以，福柯警告人們說：「哲學家，甚至知識份子們總是努力劃一條不可逾越的界線，把象徵著真理和自由的知識領域與權力運作分隔開來，以此來確立和提高自己的身份」，這樣一來，就會犧牲了問題本身的複雜性。[21]

20　參見周揚在全國第二次文代會上的報告。

21　同註 16，第 31 頁。

四、作家何為

儘管如此，並不能影響到我們對核心問題的追問：作家何為？

馬克思對文學和社會發展之間的關係，曾經有過這樣的見解：有時社會的發展雖然存在著障礙，但文學卻出現了繁榮的局面，他認為這種「不協調」的現象恰恰表明了文學對社會環境的超越能力；其實，在這一「規律」之外，中外文學史上也有社會與文學共同繁榮昌盛的時代，例如中國社會與文學並舉的盛唐時代，英國工業革命所催生的英國、法國 18 世紀、19 世紀文學盛世，都是這方面有說服力的例子。所以，我認為，對當代中國社會現代性矛盾與衝突的研究，不宜於遮蔽對郭沫若、茅盾等文學大師精神生活水平的思考，尤其不能因為現代化進程的挫折以及它的負面影響，來取代和轉移對他們思想能力與創作能力的深入探究。

我們知道，中國的儒家文化對精神個體具有巨大的「包容性」和「同化能力」，在這個語境中，個體對精神價值的追問和堅持很難得以實現。即使偶爾有幸運者，也都是一些游離於這一主體軌道之外的離經叛道者、科場失意的知識份子，他們「在野」的社會身份，可能反而為他們獨立的思想話語提供了一定的生存空間和現實可能。而處於主流體系中的「文官」群體，則很難對思想自由做長久的堅持。上述格局，在當代社會並沒有發生根本的改變。如我們前面所說，解放後，這些文學大師都躋身社會主義國家重要文臣的行列，高度的政治榮譽、地位和人民群眾的充分信任，使他們很自然把自己看作是新社會的一員。在這種情況下，他們逐步放棄了五四以來長期形成的個人話語，而接受了流行的公眾話語，他們作為「知識者」的精神自覺也隨之弱化。有人也許會問：為什麼在 20-40 年代，他們會有相對獨立的人格精神，而且創造了個人文學成就的高峰？而且他們始終堅持著社會批判精神，堅持個人思想的自覺。建國後，當他們登上歷史的舞臺，為什麼又改變了初衷？以至最終放棄了這種可貴的探索精神了呢？我個人認為，根本原因還在他們沒有走出歷史的巨大「陰影」，因此重蹈了歷史的「舊轍」。從各種歷史材料看，由於長時期的內憂外患，中國社會在 20 世紀上半葉，一直處在急劇的動蕩和無序之中。各種政治力量對文化的控制因而相對鬆弛，這就客觀上為思想文化的發展留下了許多歷史的「縫隙」。在我看來，他們文學創作的成功，很大程度是取決於他們當時的「在野」身份，他們對社會的批判，對個人精神的張揚，有賴於他們與主流意識形態從觀念到精神的對峙。正是這種「虛擬」的被迫害處境，使得他們始終保持著思想的激情和文學創作的衝動。進一步可以說，整個 20 至 40 年代的現代中國文學，都或多或少與這種虛擬性敘事有極大的關係。由此我認為，從「在野」身份到走向社會的「中心」，不只是人生位置的「互換」，它還影響深刻勾劃了一個人的歷史處境和精神狀態，正是這一「處境」長期的潛移默化和由此產生的壓力、吸引力，把郭沫若、茅盾、巴金、老舍和曹禺推向了思想與文學上的極限——前面說過的那個無情的「規律」，終於得到了應驗——

在此，人們似乎也意識到了中國現代文學實際就存在的歷史局限。

通過研究我們發現，對個人和歷史缺乏形而上的思考，是這些文學大師創作滑坡的另一原因。眾所周知，現實對這些大師精神生活所保持的壓力，是他們認同現實而放棄思考的一個外部原因。然而，對人生和現實問題的形而上的思考，也應該是作家衝破「當下」壓力而獲得精神自覺的首要條件。這在中外文學史上有諸多典型的例證。例如歌德，他也有過向現實妥協的魏瑪時期，他當時的社會身份和思想狀態，與上述作家有許多相似之處。「他的氣質、他的精力、他的全部精神意向都把他推向實際生活」，「但是，他失敗了」。[22]這是外部世界所導致的結果。但是，值得注意的是，他何以在這種時代氛圍和文化語境中寫出了晚年的傑作《浮士德》的一部分？阿尼克斯特認為，這是因為歌德「對人進行深刻探討的大膽企圖；對一切虛偽的、束縛人的理論討厭之至；對人為吹捧的虛假典型深惡痛絕」，[23]浮士德探索真理的一生，折射出作者反抗現實環境束縛和不斷超越人類生存困境的巨大努力。相反，郭沫若、曹禺放棄了以前對「泛神論」、「命運觀」等問題的積極有力的思考，茅盾、巴金、老舍則一直關注現實生活這一世俗的層面，所以，當現實人生遭遇挫折之後，他們的精神生活便失去了反思現實環境的

---

22 朱維之趙澧主編：《外國文學簡編》（歐美部分）第156頁，中國人民大學出版社，1983。

23 （俄）阿尼克斯特：《歌德與〈浮士德〉》第66頁，生活·讀書·新知三聯書店，1986。

一種超拔力量的支撐。縱觀他們大部分的創作，改變不人道的、不理想的現實人生，是他們作品關注的主要焦點。而這種僅僅關注「現世存在」，忽略對整個人類命運作抽象的、超越性的思考的一定程度上帶著功利主義色彩的文學創作，不單構成了他們創作的局限，更是中國現代文學一直沒有產生世界性影響的作家和作品的根本癥結所在。因為，現代民族國家的誕生，很容易被理解成「光明」和「幸福」的「現世」，一旦對現世的追求變成了「現實」，那麼世俗的欲望就必然得到了滿足，對生存的懷疑和批判精神必然會走向終結。

在我看來，正是在歷史慣性的「同化」和「探索精神」終結的雙重作用下，這些文學大師的精神生活和創作陷入了危機。「詩人何為」這一標誌著一個時代人文知識份子精神狀況和社會影響力的理想形態，在上述條件下出現了空白。對當代中國文學始終抱有熱望的人來說，這是一個歷史的遺憾，或者也可以說是歷史在它發展的環節上的一個缺失。

五、結語

在此背景下，我們的思想不自覺地回到了文前。當我們將當代中國文學與當代文化的幾個焦點問題略作比較性觀察之後，會發現，「走進當代」的魯、郭、茅、巴、老、曹現象不單是一個文學現象，它還是一個文化現象，或者徑直可以說是一個民族的「文明」現象。余英時認為，很顯然，文學的繁榮是一個民族一個歷史時期內文化繁榮的具體體現，它是一個民族藝術想像力、創造力和感情表現所能達到的最高水準。魯迅、郭沫若、巴金、老舍和曹禺是站在現代中國文學巔峰上的代表作家之一，他們對中國新文學的貢獻，已為世人所公認。而他們在當代研究中的被曲解，思考和創作水平的下降，一定程度上說明了當代中國文學、中國文化乃至民族的文明水準所面臨的危機程度。通過對「走進當代」後的他們的研究，目的在於觀察追蹤和研究這一階段文學和文化的轉向和滑落，並把思考的基點建立在後者是如何轉向和滑落的，而這種變化對當代文學和文化的建設究竟又意味著什麼，放在整個 20 世紀中國文學中看，它將給後人什麼豐富的啟示。

由此反觀現代性問題，人們終於意識到：從歷史的線索看，現代性確實給當代中國帶來了物質上的進步，推動了社會總體的發展，它為中國在今天邁入現代化社會的門檻，作出了意義巨大的奠基性的工作。這些，都是無法否認和迴避的，也是構成今天的「歷史」的重要事實。但是，現代性對文化領域、文學領域包括精神生活領域的滲透和控制，又是殘酷的，有的時候，它甚至對文學和文明有某種難以想像的破壞作用。而當人們終於認識到其負面價值的時候，人們早已品嘗到重大代價所帶來的苦果，可以預料，也許人們幾十年都會生活在它的巨大陰影中而難以自拔。對文明的破壞很可能在一夕之間，對它的重建卻需要付出幾代人的努力——這一現象，已為一戰、二戰後世界各國的歷史所證實。我冷靜思之，現代性進入 20 世紀中國的歷史，是歷史發展的必然趨勢，這是中國人不得不作出的一種選擇。對之，我是沒有異議的，對它的進步意義和價值，也作了肯定的評價。但是，如何將它嫁接到中國文學上來，我以為卻有很多需要重新審視和反思的問題：其一、就現代性對中國文學的建設而言，宜於作為一種知識的參照，一個外來的動力，但不能視為絕對的真理，尤其不能使之發展成為一個束縛作家思想和藝術創造力的「機制」。縱觀當代文學，我們恰恰在這裏有某些教訓。現代性文學制度對文學的約束、控制，最終導致了當代文學的萬花凋零，到文革，文學則被推向了萬丈深淵。其二、應該警惕包裝著封建專制外殼的「現代性」，這種現代性可能比純粹西方意義上的現代性更可怕，對當代文學的摧毀更徹底、更全面。這種現代性的話語方式，可以在以下文藝術語中得到指認，例如「社會主義現實主義」、「革命的浪漫主義與革命的現實主義的結合」、「政治標準第一、藝術標準第二」、「主題先行」、「作家的立場與感情問題」、「謳歌」、「批判」，又例如，「資產階級情緒」、「深入生活」、「工農兵文學」、「正面人物」、「反面人物」、「高、大、全」，等等，而它們所設定的文學創作模式、創作方法、美學原則，使文學創作的公式化、概念化傾向，超過了文學史上的很多的時期。其三、現代性指的是文化、社會結構和體制變化的層面，它呈現的是複數的形式；文學創作指的審美、心理體驗和文字形象表現的層面，它主要是以作者的單數形式來顯現的。因此，現代性不能簡單取代具體的文學創作，更不能取代一個作家觀察世界、判斷問題和藝術表現的自主權利。我們注意到，在當代文學中，沒有人懷疑過用現代性直接取代作家的創作所帶來的嚴重後果，而這種「無邊的現代性」，則是導致郭沫若、茅盾、巴金、老舍和曹禺出現想像力危機和文學創作危機的一個主要「陷阱」。可以說，將現代性代替文學或等同於文學，是 50—70 年代中國文學的水平遠遠低於中國現代文學的關鍵因素，在今天，它則成為人們認識「走進當代的魯、郭、茅、巴、老、曹」現象的一個維度。

問題在於，我們就生活在我們所描述的「歷史」之中。我們的人生觀、世界觀，我們認識世界和體驗世界的方式、習慣，都來自這一歷史階段的「給予」——在我從收集材料、構思全書結構直到最後寫作的一年多的時間裏，我一直被糾纏於「兩個歷史」之間：一個是「魯、郭、茅、巴、老、曹」在當代的「歷史」，另一個是我個人的「歷史」。怎樣處理這兩個歷史的關係，怎樣深入其「中」，又超出其「外」；怎樣既符合歷史本來的「分寸」，又堅持了審視和重新檢討的責任——是對我的研究的嚴峻挑戰。我意識到，這實際是一個類似於西西佛斯的精神「困境」，是一場終究沒有「結局」的歷險。而這，正是我們這代學人不可能逃避的命運。也許，這又是我們這代人的幸運。通過自己艱苦的研究，我們得以瞭解了當時文學界的苦悶，以及這種整體性的彷徨和茫然在文學大師那裏所達到的深度與廣度——在這個意義上，我們「敘述」了自己的歷史——它正是我早已強烈地意識到，而且初步開始的工作。

目　次

第一章

魯迅：堂・吉訶德的困惑

堂・吉訶德是西班牙偉大的現實主義作家塞萬提斯筆下的一個不朽形象。在作品中，堂・吉訶德面對強大的封建傳統及其勢力，手執長矛、攜帶著啤酒桶衝鋒陷陣，以四兩搏千斤的罕見勇氣，向不可戰勝的敵人發起了純粹無謂、然而非常悲壯的攻擊。堂・吉訶德的形象，為現代文明史留下了一個既十分可笑也極其深遠的未完話題。

《堂・吉訶德》是五四時期翻譯到中國的。連翻譯者都意料不到的是，這個在歐洲大陸異常孤獨的滑稽人物，卻在現代中國找到了眾多「知音」。[1]可以說，在漫長的歷史長河中，中國現代作家身上或多或少、或隱或顯的都有某種「堂・吉訶德」的情結。最早稱魯迅「堂・克蓄德」的，是太陽社的錢杏村等人。魯迅曾明確地告訴許廣平：「至於『還要反抗』，倒是真的，但我知道『所以反抗之故』，與小鬼截然不同。你的反抗，是為了希望光明的到來罷？我想，一

1　在今天北大西門內的校園中，矗立著一尊西班牙作家塞萬提斯的銅像。表面上看，是在「紀念」這位曾塑造了堂・吉訶德不朽形象的偉大作家，但深層次上卻另有深意，因為它與「反抗」和「探索」所共同熔鑄的北大精神實際有某種深切的關聯。

定是如此的。但我的反抗，卻不過是與黑暗搗亂。」[2]他還表示：「我對他們也並沒有什麼仇。但因為他們是代表惡勢力的緣故，所以我就做了堂‧克蓄德，而他們卻做了活的風車。」[3]魯迅把反抗概括為「搗亂」，說明他不相信反抗能改變社會現狀，而他之所以存在就在要與黑暗搗亂到底。郭沫若坦然承認，我「近來很起了一種反抗的意趣，我想中國現在最多的人物，怕就是蠻都軍底手兵和假新詩的名士了。」[4]儘管這種反抗的對象非常抽象，甚至缺乏具體性和確定性。所以，汪暉把魯迅的反抗稱之為「絕望的反抗」，這個觀點也可以擴大為對中國現代作家思想行為的一種普遍觀察。他說：「魯迅的人生哲學與他的社會思想一樣，從不同的方面把魯迅引向了他所生存的世界。對於個體來說，這是一種不思未來的創造和反抗」，「這裏只有一個並不完全『同一』的統一點：反抗——對社會生活，對個體生存」。[5]

在現代中國的語境中，堂‧吉訶德的反抗精神是與改革社會、重造新人的目標聯繫在一起的。首先，它是對個人判斷能力的肯定，是對個性自由與獨立的張揚；其次，它認為個人與社會的衝突矛盾，是現實社會的主要矛盾，而社會之所以不公正就在它否定了個人本身。1928 年成仿吾在《文化批判》的「祝詞」中指出：「《文化批判》當在這一方面

2　《魯迅全集》第 11 卷第 79 頁，人民文學出版社，1991。
3　郁達夫：《回憶魯迅》，（上海）《宇宙風乙刊》，1939 年 3-8 月。
4　致友人陳建雷書，轉引自龔濟民、方仁念《郭沫若傳》第 57 頁，北京十月文藝出版社，1988。
5　汪暉：《反抗絕望——魯迅及其文學世界》第 111 頁，河北教育出版社，2000。

負起它的歷史的任務。它將從事資本主義社會的合理的批判，它將描出近代帝國主義的行樂圖，它將解答我們『幹什麼』的問題，指導我們從那裏幹起」，並說「這是一種偉大的啟蒙。」[6]儘管與左翼作家在思想傾向上南轅北轍，但 1948 年蕭乾《自由主義者的信念》一文的觀點卻與前者有「異曲同工」之感。他說，自由主義也即個性自由是「一種理想，一種抱負，信奉此理想包袱的，坐在沙發上和挺立在斷頭臺上，信念得一般堅定。」而個性自由理念中最關鍵的是「政治自由與經濟平等並重」，通俗地說，就是既要思想、政治的「自由」，又要「大家有飯吃」，既要滿足精神的自由欲望，又要解決生存問題，不能「捨二求一」。[7]

但天真的堂・吉訶德主義者容易健忘的，恰恰是「堂・吉訶德」式的挫折。魯迅、郭沫若等一代人的堂・吉訶德式的思想行為是在歷史轉折的空隙中出現的，中國共產黨和各個民主黨派的搗亂，日本人入侵帶來的民族衝突，使國民黨一直未能構築起其嚴密的文藝思想和文藝制度。魯迅不斷變換筆名的鬥爭策略其實並不高明，相反，倒說明當時的檢查制度過於鬆弛和漏洞百出。這使得更多的堂・吉訶德主義者即使沒有真正的寫作自由，畢竟還能獲得一個雖然狹小、但終究尚有的生存空間。[8]然而後來文化調整的主要目標之

6　成仿吾：《祝詞》，載《文化批判》創刊號，1928 年 1 月。

7　見 1948 年 1 月 8 日《大公報》。

8　以魯迅為例，30 年代國民黨曾以「墮落文人」之罪名通緝過他，但短暫避難之後，魯迅照樣住在租界的家中，秘密與共產黨友人瞿秋白、馮雪峰等往來。這種通而不「緝」的現象，在後來「天網恢恢、疏而不漏」的酷烈環境中是不可想像的，也是值得深思的。

一，是改造資產階級「個人主義」思想，它首先要消解的就是堂・吉訶德式的個人英雄衝動，而它的政治理想，是要將堂・吉訶德們的思想統一到社會主義的康莊大道上去。

一、遭遇文化轉型

1949 年秋，隨著新中國的成立，對知識份子及其文化思想改造的序幕正式拉開。10 月 3 日至 19 日，全國新華書店第一次出版工作會議在北京召開，除暫時保留少數私人書店外，建議把大多數書店納入國家管理的體制上來；10 月 11 日，華北地區高等教育委員會頒佈《各大學、專科學校、文法學院各系課程暫行規定》，開始約束課堂教學的內容；新任教育部長馬敘倫在全國教育工作會議上闡述新民主主義教育總方針；1950 年 7 月 11 日，文化部發佈電影新片領發上演執照、國產新片輸出、國外影片輸入、電影舊片清理等暫行辦法；10 月 12 日，教育部宣佈接收私立輔仁大學；據新華社 12 月 14 日消息，商務印書館、中華書局、開明書店、三聯書店和聯營書店 5 家私營和公私合營書店，聯合組建中國圖書發行公司；1951 年 1 月 8 日，魯迅紀念館在上海成立；2 月 12 日，根據教育部關於處理接受外國津貼的高等學校的精神，著名的教會大學燕京大學被接管，緊接著私立滬江大學、廣州大學、國民大學、文化大學和廣州法學院等數所大學，被接收或被合併。[9]在以上新聞出版、電影、大學被改造、限制和調整接管的種種迹象中，我們已經預感到一個文化總「轉軌」時代的到來。

然而有意思的是，與上海成立魯迅紀念館形成鮮明對照的，卻是魯迅昔日學生和追隨者們對文化調整的陣法混亂的小小抵抗。除胡風公開的三十萬言「上書」外，他年輕的朋友之間用「匿名」的方式對文藝政策調整表示出譏刺和不安。1950 年 10 月 6 日，阿壠在致胡風、路翎的信中稱：「在純防禦中，在挨打主義中，是沈悶而苦痛的」，「但他們是無力的，不講理可惱，但不講理正是無力」，在此情況下，「連一寸土地也放鬆不得。」胡風在信中告知路翎說：「有人談到時，應表示正面的意見，甚至不妨以嬉笑的態度否定它，以試攻來，以試攻去。」張中曉致胡風書中稱：「這書，也許在延安時有用，但，現在，我覺得是不行了。照現在的行情，它能屠殺生靈，怪不得幫閒們奉之若圖騰」。1952 年 2 月，胡風又致信綠原，表示，「在深入淺出的甘苦之言，並不片面。因為為了真理，這個『主動』就特別艱難」，「問題就是這麼一個責任感，要不然不是可以心平氣和地例行公事做太平犬麼？」[10]沿用舊時代「指桑罵槐」的春秋筆法固然不能苟同，但「言路」不通，建國初年諸多文人已開始競相媚上的惡劣風氣，是造成這一畸形文壇現象的一個原因。所謂「胡風集團」，其實是一批血氣方剛、不懂政治卻又愛

9　參見新華月報編輯部編：《新中國五十年大事記》（上）第 2-35 頁，人民出版社，1999。

10　李輝：《胡風集團冤案始末》第 62-92 頁，人民日報出版社，1989。

談論政治的現代知識份子。他們中的一部分人，雖然曾是在文化戰線與國民黨浴血奮戰的共產黨人，但終究還是文人氣十足、而且散漫自由的職業作家，只知道像堂·吉訶德勇猛地反抗，而不知道作為共產黨員他必須「少數服從多數」、「個人服從組織」。所以，當他們還像過去那樣站在個性主義立場反抗主流文化的壓迫並懷疑文化調整的歷史合理性的時候，實際已為後來的悲劇埋下了伏筆。

值得關注的是魯迅妻子許廣平的「反應」。與胡風北上消極，不肯赴任的表現不同，她對新文化顯示了積極的配合姿態。許廣平指出：「由於對祖國和人民的熱愛，由於對革命事業的無限忠誠，魯迅在最後幾年中不但沒有放鬆自己的工作，反而懷著『趕著做』的心情，做了許多事情。」[11]她說，「自從他學習了馬克思主義的理論，相信了這個真理以後，就不但用它來『煮自己的肉』，而且也執著地以之教育他周圍的人，使真理之火從自己的身邊燃起。當時，正是大革命失敗之後，白色恐怖極其嚴重，但魯迅一經馬列主義是真理，就不但要自己學習，而且還要宣傳，教育別人。」[12]她還指出，魯迅之所以保存瞿秋白的文稿而不事先付印，「充分顯示出他對黨的尊重」，因此，「充分覺得魯迅服從黨的精神，絕對相信黨，肯定黨領導的革命事業必然在不遠的將來獲得勝利！」她以為魯迅的意義，就在於「一切交給黨，聽命於黨，這就是非黨的布爾什維克的魯迅給後人留下的一

11 許廣平：《魯迅的日常生活》，1956 年 10 月 4 日《文匯報》。

12 許廣平：《我又一次當學生》，引自《十年攜手共艱危——許廣平憶魯迅》第 200 頁，河北教育出版社，2001。

個必須遵照的範例。」[13]按照這一思想邏輯，許廣平做出了重要的「抉擇」。1948 年 10 月，她被人護送從上海走陸路經廣東進入香港，之後，又從海路秘密進入東北解放區，1949 年 2 月到達北平。3 月，作為國統區婦女代表團團長參加中華全國婦女第一次代表大會，被選為婦聯執行委員。10 月，她被任命為政務院副秘書長。50 年代，她先後任全國政協常委、中國婦聯副主席、中國文聯委員、中國民主促進會副主席。1960 年加入中國共產黨。50、60 年代，許廣平對自己的晚年道路及其選擇曾在不同場合有過解釋，她認為是受了「革命者為了人民的利益貢獻一切，連自己的生命在內「英勇行為很深感染的緣故，「不然怎麼叫做革命！」[14]還因為自己和魯迅一樣，「看到偉大的中國人民，還有中國共產黨的真誠為國，眼界大了，希望也大了。」[15]

事實上，無論對胡風派成員、還是對許廣平這些 30、40 年代的文人來說，以知識份子思想改造為主軸的新文化調整，不僅是他們完全陌生的，也是他們不曾料到的。這種成熟於延安時期、以改寫知識份子心靈為目標的政治運動，預期目的雖是要求知識份子文學適應並熔化到低層次的工農兵文學之中，但它的最終結果已經是大家熟悉的事情。《武訓傳》批判是毛澤東 1949 年以後在文化思想上指揮的第一

13　許廣平：《瞿秋白與魯迅》，引自《十年攜手共艱危》第 222、219 頁，河北教育出版社，2001。

14　同前註。

15　許廣平：《回憶魯迅在廣州的時候》，《魯迅回憶錄》第 1 卷，上海文藝出版社，1979。

場大戰役，它以毛澤東的旗開得勝而告終。他在 1951 年 10 月 23 日召開的全國政協一屆三次會議的開幕詞中，興奮地提到自己所發起的知識份子自我教育和自我改造的運動有了可喜的進展：「思想鬥爭改造，首先是各種知識份子的思想改造，是我國在各方面徹底實現民主改革和逐步實行工業化的重要條件之一。因此，我們預祝這個自我教育和自我改造運動能夠在穩步前進中獲得更大的成就。」這種風雲變幻的政治運動，給更多的人的卻是一種無法擺脫的「宿命」的感覺。由於無形力量的控制，許多著名的文學藝術家和知識份子紛紛在《人民日報》上撰文「檢討」與「否定」自己，例如朱光潛的《最近學習中幾點檢討》、遊國恩的《我在解放前走的是怎樣一條道路》、梁思成的《我為誰服務了二十餘年》、羅常培的《我究竟站在什麼立場為誰服務》、蔡楚生的《改造思想，為貫徹毛主席文藝路線而奮鬥》，等等。而這一年則是落魄作家沈從文的生死線。「1951 年 11 月 11 日他在《光明日報》發表檢討式的長文《我的學習》，其中談到 1949 年的困頓：『北京城是和平解放的，對歷史對新中國都極重要，我卻在自己作成的思想戰爭中病到下來。』沈從文不自覺地使用了當時流行的『思想戰爭』這幾個字，恰好表達了情感枯竭、崩潰的真實狀態。」[16]

以上背景，實際「預設」了魯迅在當代中國的文化命運。反過來說，像他一生中大多數時間內所遭受的困境一樣，他

---

[16] 陳徒手：《午門城下的沈從文》，引自《人有病，天知否》第 13 頁，人民文學出版社，2000。

與當代文化的關係未必就像人們想像的那樣順利。在文化權威的眼裏，魯迅是一個「團結」對象。要想對文藝界開展思想改造，必須自魯迅精神世界和文學世界的改造始。因為作為五四新文化運動先驅者陣營中唯一的「幸存者」的魯迅，[17] 所代表的是五四以後中國現代文學這筆豐富的遺產，而這筆遺產的精神傾向和價值追求恰恰是與當代文化不很和諧的。但魯迅恰恰又是大多數現代作家的偶像和精神寄託，他的思想節操和文章風骨仍對後者的創作發揮著潛移默化和規範的作用。因此，在對「魯迅精神」的宣傳和讚揚中，就必然包含有「利用」的成份，包含有對魯迅思想的改造，目的在於使魯迅精神對社會主義文化有利，對改造深受魯迅影響的大多數現代作家的思想有利。這一改造工作，在解放初期的魯迅研究中有典型反映。在《魯迅論俄羅斯文學・序言》中，馮雪峰有意淡化尼采超人哲學對魯迅早期思想的影響，他指出：「對於人民力量的探索者的魯迅，尼采的超人哲學，雖然有過影響，但終於成為在魯迅那裏不算重要，不能生根，而不久就被魯迅自己看輕，後來是由他自己完全清算了。尼采和魯迅發生了一度的姻緣，僅僅由於如下的原因：尼采的那種主觀的和悲觀主義的號叫，以及那種詭辯式的警辟的表現方式，曾經和拜倫與叔本華的厭世主義一同投合著青年魯迅的某種孤傲的、反庸俗主義的情緒，主要的是當時的魯迅很中意尼采對於資產階級的平庸性的那種猛烈的攻

17　五四新文化運動的思想先驅者如陳獨秀、胡適、周作人、劉半農、錢玄同等，解放後都曾受冷落或否定，唯有魯迅是個例外，從這個意義上說，他是他們中唯一的「幸存者」。

擊，卻沒有足夠的能力去發現掩蓋在那種攻擊之下的尼采自己的庸俗性」。[18]陳湧認為，魯迅早期思想的局限性在於，他「當時還沒有接觸到馬克思主義，他心目中的『十九世紀大潮』還只是尼采、叔本華、易卜生這些人的思想，他對於資本主義根本矛盾的所在，對於中國應該選擇怎樣的道路，他暫時還是無法知道，或者不很了然的。」[19]在這裏，是否接受馬克思主義成為評價魯迅意義的重要標準。基於這一絕對標準，魯迅思想世界中的個性主義理路受到研究者的質疑和挑剔，而另一條革命人道主義和文學階級性的思想理路，卻被誇張性地放大為他「必然」性的思想道路，「就這樣，革命的人道主義，破天荒地在古老中國大地上奔湧出來了」，「對魯迅或人民革命派說來，不管在邏輯性的主觀認識上如何，卻是誕生在無產者這一邊，滿懷著勞動人民的火熱的渴求，帶著初生的集體主義的精神衝上前線的。」[20]值得考量的是，參與魯迅思想「改造」的，不單有文化和學術權威，更有魯迅學生輩的思想追隨者。某種程度上，他們既是這場「文化轉型」的直接受害者，又與這一轉型在思想脈絡和精神傳承上有著千絲萬縷、割不斷理還亂的血脈聯繫。

---

18 參見馮雪峰為羅果夫編：《魯迅論俄羅斯文學》一書所寫的「序言」，北京時代出版社，1949年11月。

19 陳湧：《一個偉大的知識份子的道路》，《人民文學》第3卷第1期，1950年11月1日。

20 胡風：《不死的青春》，收入《為了明天》，作家書屋，1950年11月。

二、與「毛選」齊名的《魯迅全集》

各種版本和修訂版的《毛澤東選集》，無疑是解放後發行量最大的出版物，據說迄今累計在 3、4 億冊左右。而在文人著作中，發行量最大的出版物則首推《魯迅全集》。據不完全統計，僅 1981 年至今先後 5 次印刷，有 3 萬套之多。此數位還不包括 1951 年後出版的各種魯迅著作版本。[21]在用紙質量、錯別字率少、社會影響和傳播等方面，中國現代文學史上最大的作家與中國共產黨領袖的個人著作幾乎享有同等的待遇和盛譽。這一現象，可稱為當代中國出版史的「奇觀」之一。

魯迅著譯的編輯出版，始於「民國時期」。1936 年魯迅辭世後，儘管有他的《死》這篇「趕快收殮，埋掉，拉倒」和「不要做任何關於紀念的事情」的「遺囑」在先，許廣平直接參加的《魯迅全集》收集、整理和出版工作，仍然在緊鑼密鼓地進行。在當時，「全集」出版演變成了對國民黨統治的一次最大的示威。但由於官方的阻撓破壞，和書商的投機取巧，魚目混珠，1938 年出版的《魯迅全集》不僅很不完善，而且遺漏甚多，錯訛百出。為確定魯迅在中國現代文學史上的崇高地位，中央人民政府出版總署 1950 年 10 月 7 日作出部署，決定以「政府行為」組織這一浩大工程：由出版總署代表魯迅家屬向各私營書店收回魯迅著作版權，建立

21　據筆者 2001 年 5 月 23 日對壟斷性出版和發行這兩種著作的人民出版社、人民文學出版社發行部門所作的電話採訪確認，發行量為以上數字。

魯迅著作編刊社，任命馮雪峰為社長兼總編輯，主持編輯、注釋、校訂工作。馮接任後，迅速選調了林辰、孫用、王士箐、楊霽雲等專家和當事人組成工作班子，不久，該班子又因他調任人民文學出版社社長兼總編輯遷往北京，成為該出版社的「魯迅著作編輯室」（簡稱「魯編室」）。有人指出，該班子在短短幾年裏就作了大量工作：「一、魯迅的全部創作（包括書信、日記）都根據手稿，第一次所載報刊，各版單行本作了校勘，二、以普通初中畢業生能大致看懂為標準，對全部創作和書信作了注釋；三、搜集和徵集到了大量魯迅的佚文和新發現的書信，計佚文 106 篇，書信 301 封；四、初步整理了魯迅輯錄和校勘的古籍和譯著；五、搜集了部分魯迅傳記材料；六、對魯迅日記中牽涉到的全部人物作了初步調查；七、編寫了簡單的魯迅年譜；八、編了魯迅文學辭彙的索引草稿」等等。[22]因政府積極牽頭、資金充足、人員齊備，出版工作取得了令人驚歎的進展。1951 年影印出版了 24 本《魯迅日記》（1959 年又排印出版過一次），1956 年 5 月至 1958 年 10 月出齊 10 卷《魯迅全集》注釋本，1956 年 9 月至 1959 年 8 月出齊 24 種魯迅著作單行本（注釋同全集本），1958 年 4 月至 9 月 10 卷《魯迅譯文集》相繼問世，同時還出版了一些回憶魯迅的主要著作。正如馮雪峰為編輯部寫的「出版說明」中所說：「這次出版的《魯迅全集》是一種新的版本。它同 1939 年由魯迅先生紀念委員會編輯和魯迅全集出版社出版的全集的最大的不同，是這個

[22] 陳早春、萬家驥：《馮雪峰評傳》第 457、458 頁，重慶出版社，1993。

新版本專收魯迅的創作、評論和文學史著作等」，「此外，本版新收入現在已經搜集到的全部書信」，（據說書信當時已搜集到 1165 封，但經過整理和注釋後刊行的僅為 334 封），而且全部作品「都經過了一番校勘，凡在過去各版中印錯的字或標點為我們所已經發現的，都已經加以改正」。歷經 10 餘年的風雨滄桑，解放後新版《魯迅全集》的最大變化是：它變知識份子群體的操作而為政府的操作，魯迅思想的獨立性開始受到主流意識形態的審視、詮釋和監控，進入到政府所掌控的出版發行渠道當中。這一變化，集中體現為「注釋」對全集思想傾向和思想價值所作的「重新」解釋，「它們是在佔有大量資料的基礎上，用歷史唯物主義觀點，對魯迅的思想、作品的時代背景、重要人物、重大的思想鬥爭、思想鬥爭、文化鬥爭等等作了介紹和評價，對作品中引用的典籍、出現的疑難詞句也都作了解釋。」[23]

這種「整合」工作，與《毛澤東選集》的出版程序非常相似。為統一中共全黨的思想，進而統一全國人民的思想，1946 年劉少奇在中共七大上提出以毛澤東思想作為全黨的「指導思想」。1951 年 10 月 12 日，《毛澤東選集》第一卷由人民出版社出版，之後，劉少奇親任中共中央毛澤東著作編輯委員會主任。正像《魯迅全集》出版的坎坷歷史一樣，《毛澤東選集》的問世也有一個相當曲折複雜的過程。據毛選第一卷的《本書出版的說明》，解放前「各地方」也曾有幾種版本的《毛澤東選集》倉促印刷，因未「經過著者審查」，

---

[23] 同註 22。

「體例頗為雜亂，文字亦有錯訛」，而「這部選集，是按照中國共產黨成立後所經歷的各個歷史時期並且按照著作年月次序而編輯的」；又據《第二版出版說明》，它還經過了一個「修訂」與「注釋」的過程：「這次修訂，對有些文章誤署的寫作時間或發表時間，對正文中的某些史實以及少量錯字、漏字等，作了校正」，「對有些題解，作了少量史實和提法方面的修正」。另外，「《毛澤東選集》第一至四卷的修訂工作，主要是校訂注釋」，「注釋校訂工作是根據毛澤東同志的意見，從一九六二年起著手進行的，後因『文化大革命』而中斷」，到文革後才恢復工作。[24]因此，它呈現的不僅是毛澤東作為政治家完整的思想發展和個人奮鬥歷程，也囊括了中國共產黨由不自覺到自覺的一部奮鬥史，和一個現代政黨由在野黨變為執政黨的發展史。顯然，除了毛澤東個人的酷嗜、激賞與推崇外，《魯迅全集》之所以與《毛選》同樣著名，其中深層的歷史文化原因是：一、從反傳統、反中心、反權威到堅決反對國民黨的正統統治，堅持文化立場的邊緣地位和批判主流意識形態的激烈徹底，以及把這種批判與個人的思想追求始終與廣大人民群眾的切身利益密切結合，與現代民族國家的目標相結合，是魯迅與毛澤東共同的現實處境和思想出發點；二、由非正統的、叛逆的思想，最終發展與確立為社會的正統思想，成為中華民族一個時期思想、行為、倫理的規範和楷模，又是兩人極其相似的文化宿命。在這個意義上，「整理」、「修訂」與「注釋」與其

24 《毛澤東選集》第一卷第1-4頁，人民出版社，1991。

是兩位現代偉人對中國社會的解讀，不如說是現代中國對他們的解讀。現代中國按照自己的現實功利和願望重新塑造了兩位偉人的形象。

為現代中國打造「聖人」，將其作為社會發展與統治的思想基石，根本上是出於中華民族源遠流長的傳統文化心理。基於這種心理，毛澤東給予了魯迅以至高無上的評價：「魯迅在中國的價值，據我看要算是中國的第一等聖人。孔夫子是封建社會的聖人，魯迅則是現代中國的聖人。」[25]「毛澤東對人的評價一向很有保留和分寸，在他的一生中，得到他熱烈評價的恐怕只有魯迅一人。」[26]表面上，它不免有些離奇和不可思議，但從中國近代史的角度看，卻又是完全合理與符合歷史本身的邏輯的。晚清以降，中國社會陷入了全面危機，一方面是社會體制即王權統治的危機，但更為尖銳的，則是思想信仰的危機，或說「聖人」缺席的危機。北伐前後，孫中山暫時成為中國革命的精神領袖和監護人，但他的死最終導致了國、共兩黨的徹底分裂。在很長一段歷史時期內，處於弱勢的中國共產黨及其軍隊在胡適等主流派知識份子集團的眼裏，始終是被當作影響中國社會發展的不穩定因素看待的。他指出，「現在統一的最大障礙是在各地割據的局面之上絕沒有一個代表全國或全省人民的機關」，雖然他不贊成蔣介石武力統一的手段，卻支持他「制裁割據軍閥的勢力。」[27]抗戰後，他又致信毛澤東放下武器參加國民合

[25] 毛澤東：《論魯迅》，1981 年 9 月 22 日《人民日報》。
[26] 李書磊：《1942：走向民間》第 137 頁，山東教育出版社，1998。
[27] 胡適：《統一的路》，《獨立評論》第 28 號。

法政府。所以，毛澤東一直非常痛恨胡適集團的所作所為，為報「舊仇」和「新恨」，他在解放前夕把胡適列為「戰犯」，1954 年又發起「批判胡適資產階級思想運動」。對勢單力薄的中共，魯迅則抱以同情和偏袒的態度。他冒著危險掩護中共領導人瞿秋白、陳賡等人，當聞知紅軍勝利抵達陝北，很快致電支持這支已經所剩無幾的疲憊之師：「英勇的紅軍將領和士兵們，你們的勇敢的鬥爭，你們的偉大勝利，是中華民族解放史上最光榮的一頁」。[28]魯迅一生都討厭政治，但他卻堅定地同情少數的叛逆者。雖然他不一定真正理解中國共產黨，然而，他卻視其為國民黨政府的「持不同政見者」，正是魯迅的這一態度，使中國共產黨在廣大知識份子中才不至於過於寂寞。

正像胡適在臺灣被視為「當代聖人」一樣，魯迅在大陸的文化地位是無人望其項背的。他們的存在，恰好彌補了中國晚清後一百多年來聖人的空缺，儘管兩人的形象在兩岸始終存有爭議。《魯迅全集》現象是推崇聖人心理的一個有趣的折射。對於精神人格上一直缺乏獨立性的民族而言，推崇、維護和崇拜聖人，是掩飾精神貧乏性的最好的表現。但具有諷刺意味的是，魯迅雖說是毛澤東之下最為當代中國人所熟悉的文化名人，他的全集也遍佈大小書店、書攤和私人書房，然而除少數研究者之外，幾乎沒有幾個國人通讀他的著作，更遑論真正按照他的人格與思想精神投入社會的實踐。即使在知識份子中，也乏有他這種富有敏銳批判精神的

---

[28] 1936 年 10 月 28 日《紅色中華》（陝北）。

「中國的脊梁」。在我看來，熱鬧的《魯迅全集》「出版熱」背後，恰恰隱藏的是魯迅思想的寂寞和孤單。也正從他的孤單與寂寞中，人們看到了他反覆被利用和誤讀的悲哀。

三、「故居」和「紀念館」在各地競相興建

與《魯迅全集》的出版同樣添列建國後文學藝術界「大事」的，是魯迅「故居」和「紀念館」在全國各地的競相興建。

事情的伊始，可能僅僅是未亡人許廣平出於對自己先生的一種追念。1949 年 10 月 1 日，新中國剛誕生，許廣平即將北京阜城門西三條 21 號的魯迅故居按照生前原樣佈置，於 10 月 19 日魯迅 13 周年忌辰當天向外開放。但事實上，許廣平想完全按照個人意願操辦與魯迅有關的事，這時已經不很現實。兩年前的 6 月，朱安病故不久，當時北京地下黨工作者王冶秋即通過北平高等法院，將故居查封，實施了保護。[29]就在故居對外開放當天，《人民日報》記者也追蹤到現場，據當日題為《今日魯迅忌辰——北大等校將舉行紀念晚會——先生故居定今開放》的一條消息：「今日是革命文豪魯迅先生逝世十三周年紀念日，華北高教會文物處在北京

29　此人解放後長期任文化部文物局局長，直接領導全國各地魯迅故居及紀念館的興建和管理工作。相反，他卻對另一個著名的現代文人沈從文，抱著極其冷漠和鄙視的態度。參見陳徒手：《午門城下的沈從文》這篇文章，引自《人有病，天知否》一書，人民文學出版社，2000。

圖書館佈置了一個紀念魯迅先生的展覽會，……同時許廣平並將魯迅先生故居（阜城門內宮門口內西三條二十一號）依照魯迅先生生前之居住情形加以佈置。「不久，許廣平卻改了口，援引一位蘇聯學者的話說：「人民解放軍的力量，不但解放了中國的土地和人民，連死了的魯迅也被解放了」，又說，「所以現在充分研究魯迅、批評魯迅、介紹魯迅，都應該由中國人民起來廣泛從事。因為這工作是屬於大眾的，不單是那一部分人的事，更不是我們少數幾個人可以做得了的」，她希望「依照毛主席的指示，以『實事求是』的精神，把這位文化革命巨人，更完整，更真確的介紹給讀者。」[30]這段話，實際潛藏著一個現實「背景」：即將魯迅的個性主義與正在發展的革命話語溝通，將他（及同類知識份子）藉以安身立命的精英文化與已成主流的工農兵文化溝通。通過魯迅故居這個特殊符號，五四新文化運動的「人道主義、個人主義」尺度正在發展演變為「社會主義的」的尺度。於是，「被解放」的魯迅不再是他個人，而成為中國革命的一部分，而且成為社會主義社會的一員。正如官方主辦的人民文學出版社接管了《魯迅全集》的出版權一樣，1950 年，中華人民共和國文化部文物局正式接管魯迅故居。當年 2 月，文物局派人對許廣平捐獻的魯迅遺物進行了清點，在保持原貌基礎上對故居徹底修繕，9 月初竣工。2001 年 5 月 28 日，我冒著炎炎烈日，在魯迅博物館書店查到了該館 1996 年內

---

30 許廣平：《胡今虛〈魯迅作品及其他〉讀後感》，上海泥土出版社，1950。

部印行、現在外面已很難見到的《北京魯迅博物館四十周年》這本圖冊。這本圖冊，在我們面前展現了「魯博」建館的「歷史」蹤跡：1954 年初，文化部決定在魯迅故居東側籌建魯迅紀念館（後更名魯迅博物館）；1955 年 11 月 20 日，文化部召開會議，審定批准了第十三次設計方案，會議由沈雁冰主持，郭沫若、周揚、夏衍、馮雪峰、許廣平和林默涵到場；1955 年 12 月，北京第五建築公司承接建築任務；1956 年 10 月 18 日，紀念館「預展」，參觀者甚眾，其中有郭沫若、沈鈞儒、吳玉章、沈雁冰、胡喬木、周揚及日本友人內山完造等；80 年代，國家領導人葉劍英為該館題詞；該館還被確定為「北京青少年思想教育基地」，成為對廣大青少年進行政治思想教育的一個重要窗口。1994 年底，博物館新建成了一座具有濃厚民族風格的新陳列廳。新陳列廳集主展廳、專題廳、文物庫房和服務用房為一體，建築面積達 3390 平方米，成為一座具有先進的防水、防火、防盜和恒溫等設施的現代建築。[31]

稍晚一年建成的，是上海魯迅紀念館。它始建在魯迅故居左側，大陸新村 10 號。1956 年在虹口公園內建成具有紹

---

[31] 與這座豪華的現代民族建築相比，「真實」的魯迅故居則顯得寒磣、窄促。據蔡升曾、鄭智編：《魯迅知識入門》，故居只「是個普通的小四合院，南北房各 3 間；東西房各 2 間，通過小院西北端的一條小夾道，可到北房後面的小花園。北房東側一間是魯迅母親魯瑞的臥房；西側一間住著魯迅的原配夫人朱安女士；中間堂屋後面接出了一間灰棚，人稱『老虎尾巴』，魯迅自稱『綠林書屋』，是魯迅的臥室兼工作室。在這僅有 8.4 平方米的斗室裏，魯迅寫下了《野草》、《華蓋集》、《華蓋集續編》、《彷徨》的大部分及《墳》、《朝花夕拾》中的大部分文章。」（文化藝術出版社，1996）

興民俗風格的新館，館額由周恩來題寫。魯迅故居本來是一幢磚木結構的 3 層樓房。由於人地兩生及安全上的考慮，魯迅和許廣平 1933 年遷入大陸新村之前，曾先後在閘北橫濱路景雲里 23 號、18 號和 17 號，四川北路 2093 號北川公寓等處輾轉羈居。從外表上看，魯迅故居是按原貌佈置的。會客廳裏擺放著當年的書櫥、手搖留聲機、海嬰的小書櫃、小桌椅。穿過會客廳的花玻璃門是餐室。餐室正中放著八仙桌，周圍是 4 只雕花草圓坐椅及雙層碗櫃、衣帽架。二樓是魯迅的臥室兼工作室。東牆邊是黑漆鐵床，床的南側是書櫃、籐椅。西牆邊放著梳妝檯、茶几、籐椅、大衣櫃等物品。南窗下，是陪伴了魯迅十個春秋的書桌，上面放著紙、墨、煙缸等——雖然一切都充滿了濃厚的生活、書卷氣息，但它實際突出的卻是鬥爭的主題，「紀念館的魯迅生平事迹展覽，重點是反映魯迅在上海光輝的十年。」[32]它還試圖昭示參觀者，「魯迅非常熱愛勞動人民，認為自己是勞動人民隊伍中的一人，所以魯迅的一生，都是為人民的解放事業而奮鬥。」[33]但有意思的是，坐落在上海虹口公園中的魯迅墓，卻一再向著非勞動人民化的「規格」而「攀升」。從歷史材料看，魯迅原本是樸素而簡陋的。1936 年 10 月 22 日，魯迅葬於上海西郊萬國公墓。當時的墓地很顯局促，只是一個土堆，後面立了一塊高 71.2 米、頂寬 31.5 釐米、底寬 58 釐米的梯形水泥墓碑，碑的上端是普通鑲瓷燒製的魯迅遺像。

---

[32] 同註 31，第 208 頁。

[33] 許廣平：《紀念魯迅》，1956 年 10 月 19 日《勞動報》。

1949 年 9 月後，經進步人士及魯迅生前友好資助改建的魯迅墓有了明顯改觀。改建後的墓地，占地 64 平方米，全部用蘇州金山花崗岩建造。迎面是供瞻仰者插花的四個石花瓶，中間稍後是墓槨，已顯巍峨之態。1956 年，國務院作出魯迅墓遷建於虹口公園的決定。現在的魯迅墓，占地 1600 平方米，只見周圍青松環繞，翠竹掩映，花崗石的墓臺上矗立著巨大的墓碑，上面鐫刻著毛澤東親自題寫的「魯迅先生之墓」6 個大字。墓前還赫然立有魯迅坐姿銅像。解放後周作人的魯迅評論，正面肯定多於挑剔，歌頌之中難免會夾雜著嫉妒的心態，但他對上海魯迅墓的議論，至少可以作為另外一種角度的評價來看待的。他曾尖刻地說：「死後隨人擺佈，說是紀念其實有些實是戲弄，我從照片看見上海的墳頭所設塑像，那實在可以算作最大的侮弄，高坐在椅上的人豈非即是頭戴紙冠之形象乎？即使陳西瀅輩畫這樣的一張相，作為諷刺，也很適當了。」[34]

從魯迅一生的著述看，他對故鄉紹興似乎沒有特殊的感情留戀，雖說他的小說大多取材於此，而且他據此演繹的各種人生故事，曾給中國的幾代讀者以長久的心靈激動和深刻的感染。然而，當地政府卻不介意魯迅的態度。1953 年，他們在魯迅故居大興土木，建起了占地 1300 平方米、中西合璧的新建築，使這座晚清時走向衰落、破敗的官紳庭院突然重放出異樣的光彩。大廳門口的「紹興魯迅紀念館」是魯迅前宿敵郭沫若題寫的，不知九泉之下的他得知此事會做何

34　《致曹聚仁信》，黃開發編《知堂書信》第 297 頁，華夏出版社，1994。

感想。走進魯迅故居石庫門，穿平房，過走廊就可以看到一幢坐北朝南的中式二層樓房，樓下東面一間是魯迅誕生的地方；西側一間曾是魯迅臥室。後面一進兩間的樓房，東首前半間是會客、吃飯的地方；後半間是魯迅母親魯瑞的臥室。西首是祖母蔣氏的臥室。出故居後門是百草園，其實它不為魯迅一家獨有，而是新台門周氏家族所共有的菜園。三味書屋原是清末紹興城裏一所以嚴厲著稱的私塾，魯迅 12 歲至 17 歲時曾在此師從壽鏡吾先生讀書。我們注意到，雖然家庭變故之後「出當鋪」、「入藥店」的心靈折磨，分家時受本族長輩閒氣使魯迅對故鄉產生了一生都無法癒合的距離感和冷漠感，而且他當年是揣著「八元川資」含著屈辱的眼淚離開這座小城的，但在他少有的關於故鄉的散文中，人們仍然能感受其中煥發出的異常新鮮、溫馨的詩意。魯迅在《從百草園到三味書屋》中寫道：「我家的後面有一個很大的園，相傳叫作百草園。……其中似乎確鑿只有一些野草；但那時卻是我的樂園。」「不必說碧綠的菜畦，光滑的石井欄，高大的皂莢樹，紫紅的桑椹；也不必說鳴蟬在樹葉裏長吟，肥胖的黃蜂伏在菜花上，……單是周圍的短短的泥牆根一帶，就有無限趣味。」[35]在所有的魯迅紀念館和博物館中，大概只有這座建築是最具人情味、能夠促人聯想的罷。不可否認，50 年前，當地政府興建它除了不必隱諱的政治動機外，也不排除借這位偉大的同鄉之光振興鄉邦、增添人氣的意思。但在今天，魯迅紀念館無形中卻產生了一種不便言說的

[35] 載《莽原》半月刊第 1 卷第 19 期，1926 年 10 月。

商業利潤，因為，它畢竟已成為水鄉紹興旅遊事業中的「一景」。在神秘、嚴肅的氣氛中，與其說它具有人們所希望的「教育」功能，毋寧說刺激起的反倒是遊客們好奇的心理……滄桑巨變，人物皆非——魯迅，和他的紀念館也未能逃過這市場經濟之劫——不知讀者讀到這裏，會不會「感慨繫之」呢？當然，這是後話。

大興魯迅故居、紀念館籌建之風，直到 60 年代初才開始走向低迷。原因在於：第一、歌功頌德已被培養成全社會普遍的風氣，「聖人」、「神壇」早在廣大人民群眾的心目中聳立起來，再做已經有「畫蛇添足」之嫌——實際上也不必要；第二、「階級鬥爭」之弦的日益拉緊，造成了社會生活的緊張化和非日常化，那麼它勢必連帶出一個課題，即如何重新「解讀」魯迅的問題。位於廣州延安二路大鐘樓內的魯迅紀念館，應該是這一背景下的產物。大鐘樓原為中山大學校本部的辦公樓，因有國民黨「一大」會址，當年許多共產黨領導人、國民黨左派領袖都曾在此活動而得名。雖然「鐘」容易使人產生豐富的聯想，但從大鐘樓的地形外貌看，應該是與其名比較吻合的。只見正門乃拱形圓柱廓，廓上有平臺，廓下是門廳。樓的前半部是二層；後半部為一層，其平面似「山」形。而樓頂四面均裝置了時鐘。縱觀中國社會急劇動蕩而漫長的「轉型期」，這種構造的確充滿了象徵的意味。國、共兩黨都是以時間性、行動性而著稱的現代政黨，正是在這裏，他們之間開始攜手完成革命統一大業的第一次不乏愉快的合作，也開始埋下了第一次決裂的種子。鐘樓二層東側原是校長、秘書的辦公室，西側則是會議室和時為中大教務主任兼中文系教授和現代文人魯迅的工作間和臥室。歷史的某種偶然性，使得魯迅在國、共兩黨的分裂之地完成了他思想前、後期的轉變過程。照後來權威思想的邏輯推理，他正是在「大鐘樓」上遺棄國民黨的政治信仰而轉向同情共產黨的政治主張的。「大鐘樓」，沒有理由不成為魯迅生命的分界嶺。所以，廣州魯迅紀念館的名氣雖遠遠不及北京、上海和紹興的紀念館，但它的政治分量和特殊意義卻遠遠在後者之上。細查魯迅這一時期的文章，例如不太出名的那篇《在鐘樓上》，他曾這樣「追憶」道：「我住的是中山大學中最中央而最高的處所，通稱『大鐘樓』。一月之後，聽得一個戴瓜皮帽的秘書說，才知道這是最優待的住所，非『主任』之流是不准住的。但後來我一搬出，又聽說就給一位辦事員住進去了，莫明其妙。不過當我住在那裏的時候，總還是非主任主流即不准住的地方，所以直到知道辦事員搬進去了的那一天為止，我總是常常又感激，又慚愧」。又說，「那時我於廣州無愛憎，因而也就無欣戚，無褒貶。我抱著夢幻而來，一遇實際，便被從夢境放逐了。我覺得廣州究竟是中國的一部分，雖然奇異的花果，特別的語言，可以混淆遊子的耳目，但實際是和我走過的別處都差不多」。顯然，並不存在思想「分期」之說，所謂的「遺棄」與「同情」也缺少基本根據。那麼，是什麼使魯迅並不覺得大鐘樓有特別奇異之處呢？他在文中引用勃洛克評論葉賽寧和梭波裏的話指出，「共產黨不妨礙做詩，但於覺得自己是大作家的事卻有妨礙。大作家者，是感覺自己一切創作的核心，在自己裏面保持著規律的。」他承認，「共產黨和詩，革命和長信，真有這樣地不相容麼？我想。以上是那時的我想。」[36]
魯迅向來是贊成作家參與社會變革的，顯然他又始終不忘自己是一個以寫作為生的作家，堅決地在內心深處「保持著規律」——也正因如此，他的豐富而矛盾的思想總被人改寫與曲解。他在這篇文章中的「表白」，大概也不會收入諸如廣州紀念館的「陳列室」，為熱愛魯迅的讀者和研究者提供哪怕只是一星點兒的歷史「旁證」的。實際上，自從瞿秋白在《魯迅雜感選集・序言》中對魯迅「從進化論進到階級論，從紳士階級的逆子貳臣進到無產階級和勞動群眾的真正的友人，以至於戰士」的評價發表以來，這一觀點就隨著政策的需要被無邊無際地演繹和誇大著，而它一旦成為經典性的結論時，關於魯迅的造神化和庸俗化也就以不可阻擋之勢開始了。

四、規模浩大的「魯學」

在當代的學術研究中，當屬「魯迅研究界「的規模最大、人數最多、資料最為齊全，持續的時間也最久。50 年代以後，各所大學的圖書館和中文系資料室普遍闢出「魯迅專櫃」，供廣大師生查閱和研究；開設了諸如「魯迅研究」、「魯迅思想研究」、「魯迅作品研究」的專題課與選修課。70 年代，經中共中央決定，在魯迅博物館和中國社會科學

36　《語絲》（上海）第 4 卷第 1 期，1927 年 12 月。

院文學研究所成立了由著名學者李何林、唐弢和王瑤牽頭的「魯迅研究室」，負責協調與指導全國的魯迅研究工作。[37]與此同時，創辦了《魯迅研究月刊》、《魯迅研究》等學術雜誌。關於魯迅的研究著作佔據了中國現代文學研究著作的「半壁江山」，各類浩如煙海的資料更是不可計數。據說，目前全國大學和研究機構中專門研究魯迅的人有數百人之多，還有一些人在社會上被冠以「魯迅研究專家」的頭銜。在被稱之為某某「界」的小說和詩歌等門類之外，得到「界」的許可的唯有「魯迅研究界」一家。更有甚者，它還在「紅學」之外獲得了「魯學」的美名。

50、60年代，成名於30年代後的左翼文學評論家和魯迅的友人、學生、妻子、兄弟，幾乎全部捲入這一浩大工程。[38]這一時期，他們出版的魯迅研究著作也堪可觀，計有：許傑的《魯迅小說講話》（1951）、李霽野的《魯迅精神》（1951）、徐懋庸的《魯迅——偉大的思想家與偉大的革命家》（1951）、王士箐的《魯迅》（1951）、馮雪峰的《魯迅和他少年時候的朋友》（1951）、劉雪葦的《魯迅散論》（1951）、馮雪峰的《回憶魯迅》（1952）、胡風的《從源頭到洪流》（1952）、王瑤的《魯迅與中國文學》（1952）、周遐壽的《魯迅的故家》（1953）、周遐壽的《魯迅小說裏的人物》（1954）、耿庸的《〈阿Q正傳〉研究》（1953）、華崗的《魯迅思想的邏輯發展》（1953）、朱彤的《魯迅作品的分析》（一、

---

37 為此，有關方面特將李何林從天津南開大學調動進京，將王瑤從北大借來。

38 在這批人中，周作人是被許廣平斥為「吃魯迅飯」的，應屬「另類」。

二、三）（1953、1954）、巴人的《魯迅的小說》（1956）、陳湧等《魯迅作品論集》（1956）、王西彥的《論阿 Q 的悲劇》（1957）、周啟明的《魯迅的青年時代》（1957）、唐弢的《魯迅在文學戰線上》（1957）、川島的《和魯迅相處的日子》（1958）、許欽文的《〈彷徨〉分析》、《〈　喊〉分析》（1958）、王士菁的《魯迅傳》（1959）、許廣平的《魯迅回憶錄》（1961）、周振甫的《魯迅詩歌注》（1962）等等。在新時代，有如此之多的人把罕見的熱情和精力投入到對一個作家的回憶與研究中，絕不是一個偶然現象。一方面，它說明大多數人確實是把魯迅當做自己人生的導師、精神領袖來崇拜的，一旦國民黨設置的禁區被打破，而共產黨又把他樹為文化界偶像，這種長期處於壓抑狀態的崇拜之情便如山洪暴發般地噴發而出；另一方面，也不乏有迎合主流意識形態肯定與褒揚「魯迅精神」的心理動機。解放後，凡是擁護黨的文化政策都被視為「進步」，而魯迅既然被這一文化政策看做是知識份子與工農大眾相結合的典型和榜樣，那麼，研究魯迅自然就是政治上要求進步的具體表現；最後一個方面，出於一種知識者天真的幻想，以為意識形態體制真的信奉了魯迅的硬骨頭精神和他在對舊文化批判中特立獨行的人格風範的幼稚幻覺，許多研究者顯然是在心理層面上把魯迅作為他們維護傳統知識份子文化精神最後一道無形的「屏障」。另外，對魯迅的研究，在某種程度上也被演化為對個人痛苦與思想困惑的一種解脫。

但顯然，瞿秋白和毛澤東對魯迅的經典評論，是所有研究者共同的出發點，也是思想的「底線」。而在這一先驗的思想「框架」中，有三種學術表現是值得注意的：一是左翼文學評論家完全是根據毛澤東的評價來割裂魯迅思想與創作發展的完整過程的，他們的研究工作因此帶有明顯的政治功利性和非學術的色彩；二是魯迅的追隨者雖然也肯定了他在反對國民黨文化圍剿中的鬥爭精神，以及提倡無產階級文藝過程中的鮮明立場，但又拒絕把它與五四精神和魯迅本人豐富複雜的精神世界加以聯繫；三是家人對魯迅正面形象的極力美化，對其性格氣質及方方面面有意無意地遮蔽，這些「回憶」與「敘說」顯然變成了魯迅研究工作的嚴重障礙。當然，周作人還算客觀的發掘和研究是一個例外。

陳湧一開始就把魯迅思想定調在「戰鬥的」、「馬克思主義者」政治角色上。他指出：「魯迅的文藝思想是中國革命的和馬克思主義的文學理論遺產的一個十分重要的部分。魯迅的文藝思想是戰鬥的，同時又是實事求是的，是在和各種敵對的文藝思想作鬥爭、同時又是在解決中國文藝實際問題的過程中鍛煉並豐富起來的」，[39]據此，他反對把尼采思想納入魯迅早期思想的觀點，認為即使有所沾染，主要是由於當時沒有接觸到馬克思主義造成的。[40]陳湧將魯迅前、後期思想人為割裂的看法，令人奇怪地居然得到了當時很多人的熱烈認同。阿英說：「魯迅先生在他的全部作品裏，也就是全部生命裏，是充分地表現了這種愛國主義國際主義

---

[39] 陳湧：《魯迅文藝思想的幾個重要方面》，《人民文學》第 4 卷第 6 期，1951 年 11 月 1 日。

[40] 陳湧：《一個偉大的知識份子的道路》，《人民文學》第 3 卷第一期，1950 年 11 月 1 日。

精神的。這……也就必然是一個共產主義者。……魯迅先生的戰鬥精神，與共產黨的戰鬥精神，是完全契合的。」[41]馮雪峰也說：「魯迅先生領導著左聯的那幾年，他自己完全明白的：我們黨在支持他，而他在我們黨的旗幟之下戰鬥。在這幾年中，我所看見，魯迅先生在思想和精神上和我們黨的方向相一致，簡直達到了像一個很好的黨員那樣的地步。」[42]李何林則斬釘截鐵地表示：「我不同意魯迅先生的前期思想是單純的進化論思想，我認為除這種思想之外，還與無產階級思想即階級論思想，在無形中影響著他，為他在無意中所掌握，所運用。」[43]

許欽文對把魯迅人為地「拔高」的做法含蓄地表示了不屑，他指出：「魯迅先生在〈中國新文學大系小說二集序〉上自己說明，是『意在暴露家族制度和禮教的弊害』。『五四』運動的口號之一是打倒吃人的禮教，魯迅先生創作小說，為的是改革人吃人的封建社會，改變麻木的人的精神；這就是用文學形式強有力地開反封建的一大炮。」[44]孫伏園在《五四運動與魯迅先生的〈狂人日記〉》一文中也認為，這篇小說實際是一篇鼓吹「人權」的作品，認為因為它的晦澀、深奧，讀它正像讀四書五經一樣，是大人的事，「至少

41　阿英：《魯迅先生的道路》，1949 年 10 月 18 日《進步日報》。

42　馮雪峰：《黨給魯迅以力量》，《文藝報》第四卷第 5 期，1951 年 6 月 25 日。

43　李何林：《五四時代新文學所受無產階級思想的影響》，收入《中國新文學研究》，《新建設》雜誌社，1951。

44　參見許欽文《魯迅小說助讀》（中冊）中關於《狂人日記》的分析，上海四聯出版社，1954。

要有孩子的人才有讀的資格」，而孩子們不必讀，這會「使他們的小腦子染上一點汙濁」。但該文很快受到「曲解魯迅」的粗暴指責。[45]與陳湧、馮雪峰和阿英明顯不同的是，畢生追隨魯迅而不具有黨派背景和受其利益驅動的許、孫二人，更傾向於把魯迅與五四反封建的思想精神看做一個整體，認為魯迅實際是五四文學革命的一部思想遺產。這一做法儘管與魯迅研究中的主流意見相違，在世人眼裏有「落後」之嫌，但作為左翼文學批評以外的另一種聲音，對當時的過激觀點是一種補救和匡正。對許、孫的看法表示支持的是川島。他認為魯迅在他們那一代青年的心目中主要是一個「認真的為真理鬥爭到死」的思想鬥士而非其他，「他只是一顆巨星，在寒野裏指示我們老老小小前進」，因此，某種意義上他是「我們的蘇格拉底」，[46]是精神導師和引路人。

如果稍許考察魯迅研究的「規模」和「盛況」，我們可以從中發現一個「規律」：在 1976 年「四人幫」倒臺中國社會恢復正常狀態之前，「魯迅研究」可謂是當代學術研究中風險最小、獲益最大的一個領域，直說起來就是一個令人羨慕的「行業」。正因為它「保險」，才使得那麼多優秀的學者趨之若鶩，其熱鬧程度猶如「過江之鯽」；也正因為「保險業」的主方是權威意識形態，從事魯迅研究的學者的思想自然要受到前者的控制與支配，直至最後放棄批評的主體性。

---

45 羅君天：《不要曲解魯迅——讀孫伏園的〈五四運動與魯迅先生的狂人日記〉以後》，1951 年 6 月 25 日《文匯報》。

46 川島：《魯迅先生——我們的夥伴，是一顆巨星》，1949 年 10 月 19 日《進步日報》。

一旦把這一行業真正當做「行業」來運作，而不再當作嚴肅、獨立的學術事業來看待，那麼，它的庸俗化勢必就會暴露無遺。正如有人後來指出的：「似乎魯迅沒有什麼缺點、錯誤，是所謂『完人』，似乎魯迅在什麼時候、任何問題上都為我們留下了現成的結論，魯迅的話對現實無一不切合。大自政治運動，小至具體工作，都要拉魯迅來比附一番，從而使實用主義、庸俗社會學在魯迅研究領域惡性膨脹起來。」[47]

不過，將魯迅研究當做一項文化工程來運作，確實獲得了顯而易見的成功。魯迅研究在當代學術中被發展成一場「造神」運動，它極大地回應了現代民族國家對自身歷史合法性的訴求；另一方面，魯迅也變成許多研究者精神世界中的偶像，以至他的思想變成一種人生的信條和戒律。「魯迅是我們的先驅，他的全部作品都說明他在這些問題上比我們思考得更多、更深，而不是比我們更少」。[48]「記得當年我曾作出『三不離——不離開中國本土，不離開北京大學，不離開現代文學（首先是魯迅）』的決定，這些年的思想、學術與自我生命的發展是多虧於此的。我與魯迅、青年學生、北京大學精神上的血肉聯繫……可以說是『相濡以沫』，而把我們的心連在一起的，仍然是魯迅。」[49]「我幾乎要逃避，卻終於發現這是枉然——魯迅似乎是一種無法拒斥的力量」，「有一點是肯定的：魯迅是我有生以來對我的思想情

---

[47] 袁良駿：《當代魯迅研究史》第362頁，陝西教育出版社，1992。

[48] 王富仁：《中國魯迅研究的歷史和現狀》第146頁，浙江人民出版社，1999。

[49] 錢理群：《走進當代的魯迅・後記》，北京大學出版社，1999。

感方式產生巨大的、決定性影響的人，雖然在我出身之前二十多年他就離開了這個世界。」[50]從上述材料中不難得出一個印象：所有的魯迅研究者最後都成了他狂熱而癡迷的精神崇拜者——正如當年與魯迅接觸過的青年作家、批評家，最後幾乎都成為他的崇拜者一樣。但值得注意、也值得思考的是，在這一「崇拜」氣氛中不自覺地把魯迅精神與個人生存狀態「並置」的現象，卻未在李歐梵、王德威等海外現代文學研究者身上發生。[51]但顯然，由於 80、90 年代以來大陸魯迅研究者的「當代中國」語境，使得他們在對魯迅精神世界的探討中，有意無意地與「改造」魯迅精神世界的當代意識形態發生了令人驚駭的合謀。所以，連他們中的有的人也開始意識到，他們「都是在 1949 年至 1966 年之間的封閉的文化環境中接受教育的，他們的理論話語基本上由當時占主導地位的三種權威性話語構成：馬克思主義、毛澤東思想、魯迅思想，其文學觀是在兩種不同的現實主義作品的影響下形成的：西方 19 世紀的批判現實主義、蘇聯和中國的社會主義現實主義。」[52]也就是說，他們基本是在上述思想框架和

---

[50] 汪暉：《反抗絕望・後記》，河北教育出版社，2000。

[51] 在李歐梵的《鐵屋中的吶喊》、王德威的《想像中國的方法》等著作及「序」、「跋」中，看不到任何像大陸學者那樣的「精神獨白」，相反，他們倒十分警惕這一現象的出現。例如李歐梵指出：「魯迅是一個內心生活極豐富也極深沈的人，完全不是當時大陸某些學者所『捧』出來的形象」。他表示要與後者唱唱「反調」，把「在神化的過程中被扭曲和誤解」的魯迅，再扭轉匡正過來。（參見《鐵屋中的吶喊》「中譯本自序」、「原序」，嶽麓書社，1999）

[52] 參見馮雪峰為果洛夫編《魯迅論俄羅斯文學》一書所寫的「導言」，北京時代出版社，1949。

思維慣性中思考並研究魯迅的，而他們現在佔據的大學和科研機構這一「講壇」，又成為傳播其研究成果的主要窗口；通過這個講壇培養的本科生、碩士生乃至博士生，他們解讀魯迅的思維方式及其成果，也將會在更加漫長的時間長河中繼續「傳播」與「延續」下去——因為事實上，他們這一代人的著作已經成為魯迅研究領域中一份不可繞過的學術遺產。我以為，由於當代權威意識形態所導演、以魯迅為平臺的這一宏大的思想文化工程，顯然在幾代學人身上潛移默化地取得了成功。但我更願意把它稱作是一種「大陸」學術現象，以示與近年來興起的「海外」學術現象相區別。

五、值得注意的許廣平、周作人現象

在當代魯迅研究中，「回憶錄」佔據著十分耀眼的地位。在關於魯迅的「回憶體」寫作中，許廣平、周作人和許壽裳無疑是最突出、最具代表性的三位作者。許壽裳因從 30 年代起就起勁宣傳魯迅而惹腦了國民黨當局，1948 年，他終被刺殺於臺灣。而許廣平和周作人的關係一直到死都處於緊張對峙的狀態。原因主要是：為朱安打抱不平的周作人始終不承認許廣平在周家的正式地位，所謂「中年以來重新來秋冬行春令，大講戀愛」，「老人也有好色的」的尖銳譏評，[53]表面是沖著魯迅而來，實際也包括有對許廣平的重大打

---

53 周作人譏刺魯迅與許廣平戀愛關係的文章，主要有《中年》、《老人

擊；而在「兄弟失和」的家庭糾紛中堅決維護魯迅的許廣平，則利用解放後周作人政治上的「落水狗」地位，以《所謂兄弟》一文反唇相譏，認為周作人不光經濟上「摳門」，在女師大風潮中盡顯「軟骨頭」本色，解放後還靠魯迅吃飯，是那種典型無聊之徒的「謬托知己」，其刻薄尖酸的程度，絲毫不亞於周氏。[54]事實上，作為當代魯迅研究中重要的兩家，他們研究魯迅時的差異與某種分歧，不單緣於家庭糾紛，更主要是緣自思想與人生態度的的分歧乃至對立。

考辨魯迅研究中的「許廣平現象」，不能離開影響她後半生的當代中國的政治語境，也不能脫離她一生的曲折道路。許廣平，自號景宋（含景仰母親之意），小名雲姑，曾用筆名平林、歸真、寒潭、君平、持平、正言等，魯迅夫人。1898 年陰曆正月 22 日生於廣州高第街一個破敗的官宦大族之家。「反抗」是貫穿許廣平前半生的人生追求。13 歲時她就強烈反對父母的包辦婚姻，逃到天津求學。1925 年，她以女師大學生會總幹事之名義領導該校學潮，同北洋政府任命的校長楊蔭榆堅決鬥爭。與魯迅同居後，更是熾熱地支持與追隨魯迅反傳統、反政府的事業；魯迅去世之後，為了捍衛魯迅的戰鬥傳統，繼承魯迅遺志，她冒著極大危險整理與出版各種版本的魯迅著作。「不反抗就永遠沈墜下去，校

的胡鬧》兩篇，平心而論，他的評論也失之「公允」，有人身攻擊之嫌。《中年》，1930 年 3 月 18 日《益世報》；《老人的胡鬧》，《論語》1936 年 9 期。

54 《許廣平文集》第 2 卷第 246-259 頁，江蘇文藝出版社，1998。

事，國事……都是如此」，[55]這句話可以說是許廣平的大膽剖白，某種程度上也可以說是她前半生的生動寫照。然而1949後，她的人生道路和思想都發生了較大轉折。解放後，由於魯迅的原因，許廣平獲得了極高的個人榮譽。她由一個普通的作家遺屬，一躍而為全國人民代表大會常務委員、全國婦聯副主席、民主促進會副主席、中國作協理事，直到官至中央人民政府政務院副秘書長。她由此成為已故、包括健在的中國現代作家夫人中地位最為顯赫的一位。其實誰都明白，這種任命不是基於許廣平有非凡的個人行政能力和其他秉賦，而是出於政府對已經離世的魯迅的追授，是通過這種方式對魯迅表示高度肯定和欣賞。許廣平不過是魯迅活在人間的代表而已，她是作為魯迅的「化身」而活動於各種舞臺的。對此，許廣平也心如明鏡，洞若觀火。她在《為魯迅逝世二十周年作》中指出：「魯迅雖是從舊時代來的，而當他誠懇地接受馬克思主義的思想，接受黨的指示之後，他的工作，於人民就更有意義，人民就永遠記得他。」[56]由於魯迅在國民黨報刊檢查官那裏是被「封殺」的對象，是作為「持不同政見者」來看待的，而他在解放後不僅被奉為思想正宗，還被最高思想權威確定為新文化發展的的「方向」，鮮明對照之下，許廣平的思想轉變自然在意料當中——雖然她在一些政治運動中的激進態度和迎合態度，又令魯迅的學生和追隨者們大感意外和困惑。

55　《兩地書》，錄自《許廣平文集》第3卷第29頁。

56　《文藝報》第19號，1956年10月15日。

50、60 年代，《魯迅全集》及有關著作的出版事宜由政府全權接管，毋須許廣平再像過去那樣奔走呼號、勉為其難，但已進晚年的她，還是十分勤奮地向廣大讀者自覺宣傳和普及魯迅精神，寫下了諸如《欣慰的紀念》（1951）、《關於魯迅的生活》（1954）、《魯迅回憶錄》（1960）等多種著作，為當代的魯迅研究作出了獨特的貢獻。尤其是近 10 萬字的《魯迅回憶錄》，更是成為「後人研究魯迅必讀的文字」，[57]被世人看做「研究魯迅生平事迹的必讀資料」。[58]記述魯迅的生平事迹和將魯迅與中國革命事業人為地加以聯繫，是許廣平這一時期魯迅研究的主要特色。關於前者，在學術界已有公評，不再贅述。在許廣平看來，魯迅是把自己的思考與創作自覺地與中國革命緊密結合在一起的，她認為：「一九二一年中國共產黨成立以後，中國人民如火如荼的反帝、反封建的革命運動，蓬蓬勃勃地在全國各地發動了起來，魯迅深深埋藏在胸底的憤火，立即被點燃起來了，他完全捲進這個歷史的洪流裏去了。」[59]「九一八」事變後，「他回應了『中國目前的革命的政黨向全國人民所提出的抗日統一戰線的政策』的號召，無條件地加入了這個戰線。而這革命的政黨也即是中國共產黨。」[60]她還指出，在長期的鬥爭實踐中，魯迅不惟主動地遵「革命之命」，而且更是主動地遵中國共產黨的「將令」，在黨的領導下堅決戰鬥，與

---

57 倪墨炎、陳九英：《魯迅與許廣平》第 212 頁，上海書店出版社，2001。
58 朱正：《魯迅回憶錄正誤・後記》，浙江人民出版社，1999。
59 許廣平：《「五四」前後》，引自《魯迅回憶錄》，作家出版社，1960。
60 許廣平：《不容情的對敵戰鬥》，1951 年 10 月 19 日《人民日報》。

黨的領袖結下了深厚友誼。「魯迅在上海時期的工作，是在黨的具體領導之下進行的。他對黨的關懷熱愛，是和每一個革命者一樣的。他對黨的尊重，是達到最高點的。自己無時無刻不是以一個『小兵』的態度自處的」，「他寤寐以求的是如何為黨增加力量，如何為黨更好地工作，如何想法為黨和革命造就大批的戰士。」[61]為強調這一點，她還在許多文章中花去不少筆墨回憶魯迅與中共領導人如瞿秋白、李立三、陳賡等人的交往。當然更具有「渲染」色彩的，是關於給毛澤東、周恩來「送火腿」的情節。她曾興奮地回憶道：「曾經盛傳過這樣一個故事：魯迅托人帶了兩隻火腿，到延安去送給毛主席和黨中央各位領導同志」。[62]馮雪峰也證實，1936 年 10 月初，當時魯迅有一點錢在他手裏，他就替魯迅買了「一隻相當大的金華火腿」委託「交通」送給毛澤東，魯迅知道後說「很好」。另外，又將剛出版的《海上述林》分別贈毛、周兩人。但馮雪峰到延安，張聞天很生氣地說：「書是送到的，火腿給他們（指八路軍西安辦事處的劉鼎等人）吃了。」他把情況報告給毛澤東，毛卻高興地笑著說：「我曉得了。」[63]為此許廣平總結說：「魯迅親眼看到，不是別人，正是中國共產黨領導著全國人民，在這條道路上披

61　許廣平：《魯迅回憶錄・前言》。文中作者尖銳指責馮雪峰說：「馮雪峰在他的所謂《回憶魯迅》中說：『魯迅先生自己是最清楚的，是左聯在借用他的地位與名譽』。這是嚴重的歪曲，是他自己極端個人主義的反映，於魯迅無損。」作家出版社，1960。

62　許廣平：《魯迅回憶錄》下冊，第 1201 頁，作家出版社，1960。

63　馮雪峰：《散篇》（中冊）第 993-994 頁，轉引自朱正《魯迅回憶錄正誤》第 222、223 頁，浙江人民出版社，1999。

荊斬棘、浴血奮戰地英勇前進，因此他對中國共產黨無限熱愛，誠誠懇懇在黨的教育和領導之下，為中國人民的解放事業貢獻自己的智慧和力量。」[64]

解放後，許廣平經常向工人、青年甚至小學生宣傳魯迅，這些演講稿後來被整理成文章公開發表。在這些演講中，她是按照青年導師和「完人」的標準塑造魯迅形象的。1956 年 9 月，她在應團中央之邀的演講中指出：魯迅與青年的關係是通過三個方面體現的，一是「無私地幫助青年」，二是「指導青年」，三是「保護青年」。她認為魯迅的可貴之處就在於與時代精神的結合上，因此「要學習魯迅」就要學習他「全心全意為人民服務的精神」，而學習他的「戰鬥精神」，就要「拋棄那些同社會主義不相容的封建主義的和資產階級的東西」，除開展「新事物」與「舊事物」之間的鬥爭外，還應該「對反革命殘餘無情地鬥爭」。[65]在《和小朋友們談魯迅》中，她根據他們的年齡特點，著重談了魯迅小時候的「讀書」、「玩耍」、「怎樣對待同學和自己的兄弟姐妹」和「怎樣對待自己的老師」等方面的內容。她說：「魯迅對待敵人是：『以眼還眼，以牙還牙』。意思就是說，你瞪我一眼，我也要瞪你一眼；你咬我一口，我也要咬你一口」，而他對「所有的孩子都是很熱情的。如看到孩子生病，不論是對他自己的，或是親戚、朋友的孩子都是一樣的關心。」又說：「他知道：『只有無產者才有將來。』現在他

---

[64] 《「黨的一名小兵」》，《許廣平文集》第 2 卷第 325 頁，江蘇文藝出版社，1998。

[65] 許廣平：《魯迅和青年》，1956 年 9 月 25、26 日《中國青年報》。

的這個理想實現了，你們大家可以『幸福的度日，合理的做人』了！」[66]在以《文藝——革命鬥爭的武器》為題「跟工人同志們談談魯迅」的講話中，她著重強調魯迅與無產階級的關係，認為一個「要求為中國革命事業而終生奮鬥的戰士，他不能不投身於無產階級的隊伍」，而一個甘願「遵奉」革命前驅者「將令」的作家，「他就不能不認識到無產階級文藝是無產階級鬥爭的一翼」，正是在這裏，「魯迅終於找到了自己前進的道路」。[67]她還在《魯迅與翻譯》、《魯迅的日常生活》、《略談魯迅對祖國文化遺產的一二事》、《魯迅先生怎樣對待寫作和編輯工作》、《魯迅的講演與講課》等回憶文章中，把魯迅描繪成一個工作「認真」、生活「樸素」的「偉大的處處為人民設想」的完美的人，而對於他痛恨「中醫」和「京劇」，則盡力做了掩飾或解釋。

許廣平在歷次政治運動中都平安度過，與毛澤東在延安時期對魯迅歷史功績的定論有極大關係。但「風雲變幻中，許廣平多次陷入精神苦悶」，「大勢所趨，她不得不隨聲附和，把魯迅生前好友說成反革命分子」。同時，她根據形勢需要，寫了一些應景式的回憶錄，這些文字「看似頌揚魯迅，實則恰恰貶低了魯迅」，[68]因此引起了魯迅研究者的不滿，其中，對她批評最尖銳的，當屬完成於「文革」末、1979

---

[66] 《輔導員》第10期（總30期），1956年10月12日。

[67] 1961年9月24日《工人日報》。

[68] 孫郁、黃喬生主編：《回望魯迅——十年攜手共艱危・代後記》，河北教育出版社，2001。

年才公開出版的朱正《魯迅回憶錄正誤》一書。[69]

朱正所「正」的許廣平《魯迅回憶錄》之「誤」，表面是要為矯正其「記憶」上的誤差，但主要還是匡正她對魯迅的「美化」和「神化」。例如，許廣平在《民元前的魯迅先生》中說，章太炎因被袁世凱囚禁憤而絕食，最終是魯迅「親自到監獄婉轉陳詞才進食的」。但朱正根據章太炎的《自定年譜》和《魯迅日記》否定了上述說法，認為「章太炎中止絕食一事與魯迅無關」[70]；據許廣平《魯迅回憶錄》，李立三與魯迅見面，主要談的是「團結」和「無產階級是最革命、最先進的階級」兩個問題，「經過那次會見以後，魯迅的一切行動完全遵照黨的指示貫徹實行了。」然而，朱在考證了許多材料後發現，李立三約魯迅談話的目的，是希望魯迅公開發表一篇支持立三路線的宣言，遭到了魯迅的拒絕。魯迅表示不贊成赤膊上陣，而主張採用「壕溝戰」、「散兵戰」，如果照李立三的意思去做，他只能到外國去做「寓公」。兩人結果不歡而散。他據此指出，「許廣平所說的『完全遵照』『貫徹實行』」，其實「與事實有很大的出入」[71]；又例如，為提升魯迅的「戰士」形象，許廣平認為魯迅「最珍惜時間」，

---

69 據朱正說，該書是1975年經馮雪峰和孫用審閱、修改後才定稿的。馮在致朱的書信中認為他對許廣平的態度「驕傲」，「口吻」不合適，所以，根據這個意見修改的定稿本不如初稿本尖銳，可惜我們現在已無法讀到作者的初稿。（參見《魯迅回憶錄正誤》，浙江人民出版社，1999。）

70 朱正：《章太炎中止絕食一事與魯迅無關》，參見《魯迅回憶錄正誤》一書，浙江人民出版社，1999。

71 朱正：《關於魯迅和李立三的會見》，參見《魯迅回憶錄正誤》，浙江人民出版社，1999。

即使偶爾有往某咖啡店「飲咖啡」的記載，也無非是「替黨傳遞什麼文件」，「或是替某個同志尋找黨的關係」。朱氏卻借馮雪峰的回憶和許本人在 1940 年寫的《瑣談》一文，推翻了上述觀點，認為「魯迅『絕不是清教徒』，工作和戰鬥之外，他也有休息和娛樂，他也完全可以不帶著另外的什麼目的去飲飲茶，飲飲咖啡」，希望不是狹窄的，而是全面地認識魯迅[72]；朱正還指出，許廣平《魯迅先生怎樣對待寫作和編輯工作》中關於魯迅法文「比較差」之說，也帶有虛構成份，他在經過大量查證後指出：「第一，在魯迅的傳記材料中，從來沒有見到過他學習法語的記載。第二，在魯迅的大量譯文中，沒有一篇是根據法文原本譯出的。他曾經不止一次明確地表示：他不懂得法文。」[73]

不幸的是，許廣平最終未逃脫「文革」這場劫難。「文革」爆發後，她捐獻國家的一部分魯迅書信突然丟失。情急之中，她寫信給中央，要求追查。後來，卻在江青住處發現了那幾個麻袋。許廣平因為受驚，突發心臟病身亡。[74]她的一生從反抗始，到服從終，令人感慨地劃上了一個悲劇性的句號。而這個句號折射到她的魯迅研究上，則為人們提供了一個似乎未完的關於知識份子命運的深刻話題。解放初，許廣平曾在一篇為人所作的序言中告誡世人：「中國向來是善

72 朱正：《也戰鬥，也休息》，參見《魯迅回憶錄正誤》，浙江人民出版社，1999。

73 朱正：《魯迅懂得法文嗎？》，參見《魯迅回憶錄正誤》，浙江人民出版社，1999。

74 此處參考了黃喬生的部分觀點和材料，見孫郁、黃喬生主編：《回憶魯迅——十年攜手共艱危・代後記》，河北教育出版社，2001。

於作偽的地方，不但可以偽託死人說話，更常有偽作，竄改別人文章，偽造別人書法，以至於偽制歷代古物等等。」[75]在《所謂兄弟》一文中，她借魯迅之口指責周作人道：「文人的遭殃，不在生前的被攻擊和被冷落，一瞑之後，言行兩亡，於是無聊之徒，謬托知己，是非蜂起，既以自炫，又以賣錢，連死屍也成了他們的沽名獲利之具，這倒是值得悲哀的。」[76]未知，陷入「困境」的她將作何感想？但王富仁主張寬容、歷史和全面地認識「許廣平現象」，他指出：「許廣平所接觸的是魯迅作為一個現實的人的最平凡、最樸素的一面，也是最複雜、最透明的一面，但她沒有把這一面當做她寫作的重心，而是把外界社會群眾也能瞭解的東西作為敘述的重點，這就使她失去了自己的優勢」，「我認為我們應當這樣看待許廣平的這些錯誤：她是在維護魯迅現實聲譽的目的下出現這諸多錯誤的。她缺乏魯迅那種深邃的思想透視力和獨立不倚的精神品格，但她又真誠地想在多變的政治環境中保持魯迅的社會聲譽，這就使她不能不對魯迅生前的言行隨時進行主觀性很強的整理和加工。魯迅與馮雪峰、瞿秋白、胡風、周揚等左翼作家聯盟的領導人都分別有著既相矛盾、又相聯合的關係，當他們在現實社會中具有崇高的社會聲譽時，她片面強調了彼此一致的一面，而在他們在政治上失意之後，她就又利用另外一部分事實將彼此絕對對立起來，這就使她不能不陷於前後矛盾之中。但假若考慮到她的所有這

75 許廣平：《胡今虛〈魯迅作品及其他〉讀後感》，上海泥土出版社，1950。

76 《許廣平文集》第2卷第258、259頁，江蘇文藝出版社，1998。

些行為都是被動性的，除了維護魯迅個人的聲譽外她沒有其他任何個人的政治目的，也並非利用魯迅夫人的地位主動消滅自己的政敵或私敵，她的這些錯誤就是可以原諒的了，而對於她回憶中的一些史實材料，我們還是應當注意進行過細的分析的」。[77]

周作人不僅是五四時代的耀眼人物之一，也是魯迅多年攜手的胞弟，因此，在當代魯迅研究中具有特殊的分量。但周作人魯迅研究的動機，卻較多受到人們的垢病。錢理群在他的《周作人傳》中認為，儘管他聲稱他的「回憶」是為了「回報魯迅『知己』之情」，但事實並不完全如此。「新中國成立後，魯迅被尊為文學革命的『主將』，不僅他的作品，連同有關他的研究、資料，都因而獲得了很高的價值」，所以以周作人為人的高傲，寫這類文章明顯有『為稻粱謀』之嫌；他既要賺錢糊口，就必然把這些『資本』的作用發揮到最大限度。他最初將自己的日記秘而不宣，後來又儘量兜售，都出於這經濟的考慮和壓力。」[78]許廣平尖銳地指出：今天研究魯迅「如以周作人的作品做參考，我覺得是很危險的」，他的文字「有無虛假」很可懷疑，因他現在是「靠魯迅吃飯」。[79]對此表示不同意見的是王富仁，他認為，周作人的文字「是魯迅回憶錄寫作中成就最高的一類，對於此後

[77] 王富仁：《中國魯迅研究的歷史與現狀》第146、147頁，浙江人民出版社，1999。

[78] 錢理群：《周作人傳》第541頁，北京十月文藝出版社，1990。

[79] 《魯迅先生生平事迹創作準備會——許廣平答畫家問座談會記錄》，此記錄作於1956年5月25日，地點在上海美術家協會，發表在《新美術》1984年1期。

的魯迅研究貢獻最大。這不僅因為周作人的特殊身份和他的廣博的學識，更因為他的寫作目的的純學術性。他是以充分浮現有關魯迅的歷史事實和人物為其根本目的的。這使他的作品包含著更豐富的歷史資訊和文化資訊。」他指出，周作人與馮雪峰、許廣平的根本區別，就在他不以「現行的價值尺度」去評價魯迅。[80]

1936 年魯迅去世不久，周作人即在應邀寫的《關於魯迅》、《關於魯迅之二》兩篇文章中，對當時文壇開始出現的「捧魯迅」之風提出了明確批評。他告誡人們，不要違背魯迅意願而把他當做「神」或是「偶像和傀儡」，魯迅評論的著眼點應該是「人」。解放後，周作人的處境轉向了難堪和艱難，不排除他寫魯迅回憶錄有稻粱之「謀」，也不排除有應景的阿諛之詞，但總的來看，沒有遊離他早期的思想軌道。這一獨到眼光和思想氣息，在本時期所寫的《魯迅的故家》、《魯迅小說裏的人物》、《魯迅的青年時代》和《知堂回想錄》等著作均有明顯散發，因此形成了一種在當代魯迅研究中特立獨行的姿態。與 50、60 年代魯迅研究的流行觀點不同的是，周作人把魯迅的生平和思想發展還原到當時的時代氛圍之中，而不是置於當代意識形態的觀照當中。這決定了，他不是以現成的政治結論看待魯迅，而是以魯迅個人的特點和背景來看待他的。他認為，民國初年魯迅之所以「抄古碑」而不聞世事，一是

---

[80] 王富仁：《中國魯迅研究的歷史與現狀》第 146 頁，浙江人民出版社，1999。

出於對現實的失望，於是逐漸轉向了消極；二是不願與當時「嫖賭蓄妾」、「玩古董書畫」的無聊士人同流合污。而他最終決定走出沈寂落寞的 S 會館與投身社會變革的潮流，則完全是緣自他自身的思想邏輯：「在夏夜的那一夕談之後，魯迅忽然積極起來，這是什麼緣故呢？魯迅對於文學革命即是改寫白話文的問題當時無甚興趣，可是對於思想革命卻看得極重，這是他從想辦《新生》那時代起所有的願望，現在經錢君來舊事重提，好像是在埋著的火藥線上點了火，便立即爆發起來了。」[81]出於上述動機，他不願人為地「拔高」魯迅小說的「思想意義」，更厭惡穿鑿附會地將他筆下的人物與國家的宏大敘事生硬地加以聯繫。例如，他在評論《狂人日記》時指出，小說的中心思想是禮教吃人，「而禮教吃人，所包含甚廣，這裏借狂人說話」，是「打倒禮教的一篇宣傳文字，文藝和學術問題都是次要的事」；《孔乙己》有挖苦讀書人的意思，「他是一個破落大戶的子弟和窮讀書人的代表，著者用了他的故事差不多就寫出了這一群人的末路」。據周作人回憶，該小說還有影射「本家的那些人」之嫌；周作人認為，《藥》的想像來自作者頭腦中《水滸傳》中人肉饅頭和李時珍《本草綱目》「人肉可煎吃」的知識，又做了一些發揮，意思是要「表示這藥的虛妄」；針對當時把阿 Q 形象簡單化的研究傾向，周作人指出，作品的「內容」其實「有點複雜」，

81　止庵編：《關於魯迅》第 177-182 頁，第 204-309 頁，第 415-426 頁，新疆人民出版社，1997。

因此，他不願附和對這個形象誇大和隨意演義的意見，聲稱自己「不談文藝思想」；在他看來，《祝福》中祥林嫂的原型取自魯迅一個本家的遠房祖母，「祥林嫂的悲劇是女人的再嫁問題」，也即「封建道德和迷信的壓迫下的婦女的悲劇」。然而，在舊中國「除了禮教代表的士大夫家以外，寡婦並不禁止再嫁」。「魯鎮」的「魯四老爺」也有暗示新台門周家之意，但魯迅當時「在故鄉已經沒有家」，所以他認為這是作者對人物做了「小說化」的處理，不能再從「寫實」的角度來理解；借《在酒樓上》這篇小說，他又論到魯迅的「故鄉觀」。他說，「著者對於他的故鄉一向沒有表示過深的懷念，這不但在小說上，就是《朝花夕拾》上也是如此。大抵對於鄉下的人士最為反感，除了一般封建的士大夫以外，特殊的是師爺和錢店夥計，（鄉下人叫作「錢店官」）這兩類，氣味都有點惡劣。但是對於地方氣候和風物也不無留戀之意」；他又認為，《孤獨者》中主人公的性格，「多少也有點與范愛農相像，但事情並不是他的」，更多卻留下了魯迅「不少自述」的痕迹。而《傷逝》這篇小說大概「全是寫的空想」，故不應該隨意演繹和放大。[82]按照以上思路，他在《魯迅的青年時代》一書中指出，魯迅前期思想雖然如世人所說，走的是「棄醫從文」和「文藝救國」的路，但也不能對它的意義任意誇大。他認為在魯迅前期思想形成過程中，進化論雖然發揮了巨大作用，也不應排除國學對他潛移默化的影響，「他

---

[82] 周作人：《魯迅小說裡的人物》，上海出版公司，1954 年。

愛楚辭和溫李的詩，六朝的文，現在加上文字學的知識，從根本上認識了漢文，使他眼界大開」。[83]

在魯迅回憶與研究中，周作人賡續的實際是他一貫的文章風格：冷靜、平淡、含蓄而忌空疏的議論。他基本是在「就事論事」中進行魯迅研究的，很少在對傳主生平事迹之外延伸、放大和做無限制的發揮，也幾乎不與解放後的現實政策牽強附會，加以主觀聯繫，這使得他的「回憶」顯得內斂而節制，徐緩、內在但又富有含義。在對魯迅的評價中，努力做到不誇大、不縮小，不添枝加葉，也不削減隱匿，始終以史家的筆法，以事實來冷靜和從容不迫地敘述對象，因此確立了一個比較公允，相對也較為中立的研究態度和立場。但這不等於說他放棄了評判的尺度，放棄了這種回憶的主體性，誠如他自己所表白的：「寫文章本來是為自己，但他同時要一個看的對手」，「寫文章即是不甘寂寞」，[84]又聲稱，「我平常對於宣傳不大有什麼敬意，因為我不相信廣告」，更因為它「在中國則差不多同化於八股文而成為新牌的遵命文學。」[85]所以，即使在 50 年代末的社會環境中，「周作人有時給人以傲慢的印象」[86]——也許因為如此，他才得以堅持他自己所謂的文章之「道」。在我看來，面對 50、60 年代主流文化的強大聲勢，周作人未必就有超人的「自覺」和「境界」，但我相信，他在評價魯迅中的客觀和中立，無形

---

83 周作人：《魯迅的青年時代》，中國青年出版社，1957 年。
84 周作人：《結緣豆》，《談風》1936 年 10 期。
85 周作人：《遵命文學》，1936 年 10 月 20 日《世界日報》。
86 文潔若：《晚年的周作人》，《讀書》1996 年 6 期。

之中卻分明照出了不少人的過度造作和誇張，他的不趨新求奇的為文態度，不但使他的回憶文章成為魯迅研究中一份不可或缺的歷史文獻，某種程度上，也使之有幸保有了藝術的生命力。

六、魯迅在當代的「錯位」

有人在對陳獨秀、胡適、魯迅和周作人的文化思想進行比較時，曾敏銳地指出：「中國新文化運動是在『民主與科學』的旗幟下進行的。這個旗幟意味著要以先進的理想來改造落後的中國，這是許多人都懂得的。但是，我們還要懂得事情的另一面，即落後的中國並非與世界隔絕的，它畢竟是二十世紀的世界的一部分，在這個意義上新文化運動未嘗不可以說是『舊文化運動』，是要用十八世紀的理性來規範二十世紀的中國的現實。也正是在這個意義上，新文化運動的第一批代表人物，可以說大都是十八世紀的大腦。只有魯迅，他的文化思想開始就是現代的或接近現代的，同他的敏銳的現代人感覺，沒有什麼矛盾。陳獨秀後來則是從政治上矯正了自己的時代錯位。胡適的現代人感覺方面，似乎很不敏銳。而周作人的頭腦和感覺的時代反差最為強烈，他對自己文化心態的矛盾最為自覺，於是他最典型地顯現為一個『生錯了時代的人』。」[87]這是對周作人在 20 世紀中國中的

[87] 舒蕪：《周作人的是非功過》（增訂本）第 125 頁，遼寧教育出版社，

文化命運的相當深刻的概括。借此觀點，可以說與「時代錯位」的命運，同樣也降臨到魯迅的身上。

表面上，魯迅被確定為新文化的「方向」是出於新中國對於他的需要，但實質上，魯迅之「走進當代」乃是他個人文化性格和追求的使然。一般而論，魯迅的思想世界是極其複雜和矛盾的，但以批判中國傳統文化為底色的激進主義文化態度，卻是貫穿其一生各個時期的一條主要的思想脈絡。李長之在 30 年代就評價說：「魯迅在思想上，不夠一個思想家，他在思想上，只是一個戰士，對舊制度舊文明施以猛烈地攻擊的戰士。然而在文藝上，卻毫無問題的，他乃是一個詩人。」[88]林語堂指出：「魯迅與其是文人，無如號為戰士。戰士者何？頂盔披甲，持矛把盾交鋒以為樂，不披甲則不樂，即使無鋒可交，無矛可持，拾一石子投狗，偶中，亦快然於胸中。」[89]梁實秋則認為：「沒有人能說清楚『魯迅思想』是什麼……魯迅思想，其實只是以尖酸刻薄的筆調表示他之『不滿於現狀』的態度而已。而單單的『不滿於現狀』卻不能構成為一種思想。」[90]值得注意的是，馬克思主義學派雖與自由主義知識份子在評價魯迅時所得出的結論是截然相反的，但他們在肯定魯迅戰士型的社會角色時，觀點上卻又表現出與自由主義知識份子驚人的一致。瞿秋白的評論

2000。

88 李長之：《魯迅批判》，北新書局，1936。

89 林語堂：《悼魯迅》，《宇宙風》第 33 期，1937 年 1 月。

90 轉引自房向東：《魯迅：最受誣衊的人》第 6 頁，上海書店出版社，2000。

在於突出魯迅思想的發展過程，然而在他的文字中更引人注目的則是對魯迅戰士形象的強調。毛澤東是從中國革命的實際需要認識魯迅的，因此，他在對進行魯迅「主將」、「骨頭是最硬的」、「衝鋒陷陣」和「民族英雄」的評論時，優先考慮的是後者在革命鬥爭中戰士的而非思想者的作用。

20 世紀是中國選擇現代化道路的世紀，也是內憂外患最為頻繁的世紀。現代化進程的屢屢挫折，使得中華民族一百多年來始終處於一種異常的焦慮、敏感和衝動之中。正是這種民族心理為激進主義文化思潮準備了天然的溫床，使之獲得了比自由主義和文化保守主義優先發展的社會條件。魯迅的現代型的文化思想、現代人的敏銳感覺，他的好鬥的和痛打落水狗的性格特徵，都使他最容易成為這個時代的「亮點」，成為急切要求社會變革的廣大青年的偶像，也最易於成為被歷史所青睞的知識份子作家之一。反過來說，他獨立不屈的戰士的形象，他對黑暗中國的反抗，都說明這是處在變革旋渦中的時代最為渴求的姿態。眾多的回憶以有力的事實證明了中國對魯迅的期待：大家「擠到教務處，包圍他，使得他團團地轉，滿都是人的城牆，肉身做的堡壘。這城堡不是預備做來攻擊他，正相反，是衛護他的鐵壁銅牆」[91]；「大夏大學的禮堂兼雨操場是擠滿了人」，「毫無疑義，大部分的學生是為瞻仰魯迅先生的言論丰采才集合起來的」[92]；

---

91 許廣平：《魯迅和青年們》，《文藝陣地》第 2 卷第 10 期，1938 年 10 月。

92 鄭伯奇：《魯迅先生的演講》，轉引自《許廣平文集》第 2 卷第 222 頁。

「我的書桌上擺了一本《中流》，我讀了信後，隨手把這刊物翻開，我見到這樣的一句話，我把它反覆地念著：『他的垂老不變的青年的情熱，到死亡不屈的戰士的精神，將和他的深湛的著作永留人間』」[93]；「魯迅的葬事，實在是中國文學史上空前的一座紀念碑，他的葬儀，也可以說是……一次示威運動。工人、學生、婦女團體，以及魯迅生前的摯友親戚，和讀他的著作，受他的感化的不相識的男男女女，參加行列的，總有一萬人以上。」[94]以上回憶，無疑將魯迅徹底的戰士化了，把他納入反抗社會與現實秩序、鼓吹激烈的政治變革的社會激流之中。

然而我以為，魯迅本質上是一位偉大的社會批判者，戰士雖是他最突出的文化性格，但他一生的思考與寫作主要是在思想文化領域裏進行的。與政治家不同在於，他的思想富有啟示性，然而卻缺乏具體鬥爭實踐的操作性。尤其當中國共產黨領導的革命取得了國家政權，從邊緣地位躍升到中心和正宗地位之後，魯迅「堂・吉訶德」式的批評精神便陷入了莫名的尷尬。這是因為：一、正如李歐梵所說的那樣：「魯迅的政治承擔是紮根於一種道德感情，因而不容許任何的機變權詐和實用主義。這種道德傾向的內在邏輯必然會使他反對那種職業的政治家……這就是一些人想用文學口號作為一種統一戰線的策略時，他所以拒絕的原因」，「魯迅的這種道德感和行為給他的有些學生提供了榜樣，這些學生和他

93　巴金：《一點不能忘卻的記憶》，《中流》第 1 卷第 5 期，1936 年 11 月。

94　同註 3。

一樣，也有倔強的性格，如胡風和蕭軍等。」[95]眾所周知，解放後文化調整的一個突出標誌就是它強調的「統一」性，它的目的是用政治化的教條來規範作家的思想和創作。魯迅如果活到了當代，很難說不會與統一性的思想規範發生激烈的衝突。二、魯迅的小說、散文和雜文始終是圍繞著個人的「覺醒」而思考和設計的，他在論文《文化偏至論》、《破惡聲論》中，以施蒂納、叔本華、基爾凱郭爾和尼采的「個人「學說為哲學背景，把「人各有己，朕歸於我」作為通向「人國」的途徑，否定了一切外在於人的物質和精神的「專制」形式，道德、倫理、國家以及「世界人」和「國民」等類屬概念；即使在晚年，他對個人問題的執著思考也從未發生過動搖。正因為如此，他對壓抑個性發展的現實秩序一向採取徹底懷疑和否定的態度。建國後，對知識份子的思想改造在文化、教育界轟轟烈烈地展開，而文學藝術家則是主要改造的目標之一。周揚指出：「資產階級個人主義者和個人主義思想嚴重的人，要過社會主義的關是不容易的。他們勉強地過了民主革命的關，但到了過社會主義這一關，他們頭腦中的個人主義就和社會主義無法調和了。」[96]在此情況下，「魯迅精神」必然會被抽象為「為人民服務」的社會主義道德觀念，而作為他思想兩個支柱之一的「個性主義」（另一支柱是「人道主義」），也必然遭到了揚棄。於是，在「知識份子思想改造」的大背景中，「個性主義」被人為地肢解

---

[95] 李歐梵：《鐵屋中的吶喊》第230頁，嶽麓書社，1999。
[96] 周揚：《文藝戰線上的一場大辯論》，1958年2月28日《人民日報》。

為魯迅的「前期思想」，它的意義，被認為是走向「共產主義道路」的一個過程。魯迅思想世界的被肢解，恰恰證明瞭它作為一種批判精神在當代語境中的「不合時宜」；而他思想的被扭曲、被肢解和被刪削，正說明它在新的文化環境中實際是被懷疑的。三、根據以上推論，我們發現，魯迅在新中國的被推崇其實是一個十分奇怪的現象。一方面，魯迅所激烈批判的封建禮教雖然被主流文化置換成「萬惡的舊社會」、「三座大山」等政治學概念，然而在讀魯迅著作的人的眼裏，現實生活中的「封建思想殘餘」，其實卻驗證了魯迅思想的犀利和入木三分；一方面，在被主流文化演繹的「魯迅精神「的表層上，魯迅精神與社會主義文化思想實現了圓滿的接軌。但在深層裏，卻給人以「南轅北轍」的總體感覺。對上述魯迅宣傳中的「二律背反」現象，我稱其為是一種本質意義上的「相互取消」。

魯迅在當代的「錯位」，還可以在權威評論者「言」與「行」的相左上略微做些考察。郭沫若和周揚曾是不同歷史時期最著名的魯迅批判者與否定者，後來，出於現實功利的考慮，他們一變而為頌揚魯迅的代表性人物。1946 年，郭沫若就指出：「在近代學人中我最欽佩的是魯迅和王國維，但我很抱愧，在兩位先生生前我都不曾拜見過，而認識了他們的偉大卻都是在他們的死後，毫無疑問，我是一位後知後覺的人」，他還用吹捧的語氣說，如果對兩人進行比較的話，「那便是魯迅先生隨著時代的進展而進展，並且領導了時代的前進，而王國維先生卻中止在了一個階段上，竟成為了時代的犧牲品。」[97]解放後，他更是在演說、談話和文章中言必說魯迅，對魯迅的「硬骨頭精神「給予了相當誇張的讚揚。但在長期的人生歷程中，郭沫若的行為卻走到了魯迅精神的反面，為世人留下了諸多悲劇性的笑柄。「郭沫若最大的悲劇」，就是「不要立場，不辨是非，捧紅踏黑，落井下石，是我們民族文化傳統精神最不齒的品行」。「1966 年，『文革』剛開始時他『獻給親愛的江青同志』的一首詩，現在多為人們垢病」；「『四五運動』以後，在稍有良知稍有頭腦的中國人都知道孰好孰壞的情況下，他仍在神定氣閑地寫：『走資派，奮螳臂，鄧小平，妄圖倒退』。奈『翻案不得人心』。『三項為綱』批透，復辟罪行怒討，動地走雷霆』（《水調歌頭・慶祝無產階級文化大革命十周年》）。最有趣的是周揚的「表現」。在許多公開場合，他似乎都成了魯迅精神堅決的維護者和自覺的闡釋者。例如，他熱情地肯定「五四以來，以魯迅為首的一切進步的革命的文藝工作者」，在文藝與現實、文藝與廣大群眾的結合上「作了不少苦心的探索和努力」。[98]他還把「魯迅精神」不斷加以「放大」和「延伸」，將之與古典戲曲、繼承文學遺產、階級鬥爭、作家思想改造乃至下鄉體驗生活等大大小小的現象相聯繫。但就是同一個周揚，又扮演了魯迅學生和忠實信徒胡風、馮雪峰和蕭軍等人政治生命的「掘墓人」角色。他不僅組織了對他們的「批鬥會」，示意和支持眾人與他們「堅決鬥爭」和「劃

---

[97] 陳友康：《不可以選擇什麼》，《方法》1998 年 7 期。

[98] 周揚：《新的人民的文藝》，《中華全國文學藝術工作者代表大會紀念文集》。

清界限」，進行殘酷迫害，而且多次親撰文章，對胡、馮等施以致命打擊。具有反諷意味的是，胡風、馮雪峰等極力捍衛的正是魯迅的思想和文藝觀點，甘心以死為代價來做魯迅精神的「守夜人」。儘管上述情況充滿了殘酷的戲劇性，但它們畢竟又是無法繞過的歷史事實。它從某些方面折射出了魯迅在當代中國的「命運」。在他離世前寫的《死》裏面，他就表示過不相信死後能夠「輪迴」，曾用他慣常的尖刻語調說：「相傳鬼的衣服，是和臨終時一樣的，窮人無好衣服，做了鬼也決不怎麼體面，實在遠不如立刻投胎，化為赤條條的嬰兒的上算」，並聲稱自己在死的問題上其實是一個「隨便黨」。[99]魯迅能夠預知自己的「生前」，卻無法掌握自己的「死後」。這是魯迅的悲劇，也是我們這些活在魯迅思想裏的人的悲劇。

---

[99] 該文見《魯迅全集》第 6 卷，人民文學出版社，1991。

第二章

郭沫若：中國歌德之道路

在中國新文學史上，郭沫若是與魯迅並列的兩面旗幟之一。他的名字不僅代表著個人的形象，而且是中國新文學史的一個劃時代意義的形象。他不僅在過去的文學史上產生了巨大的影響，而且也將是未來文學發展中的一個相當重要的參照。郭沫若戰士兼詩人的多變的性格，不妨說正是一直處於活躍的探索期和青春期的 20 世紀中國文學的性格的化身，它的意義和影響恐怕不是人微言輕的我們現在就可以估定的，因為我們的思想方式至今仍然被籠罩在歷史的規劃與支配之中，只有放在更加深遠的人類文明的時間長河和背景中，它的價值才能真正凸現出來。

在文學資歷上，郭沫若是晚陳獨秀、胡適和魯迅等五四先驅半輩，卻與中國社會的具體改革實踐「接軌」最早、後來被證明結合也最成功的現代文人。用現在時髦的話說，是知識份子走「理論」與「實踐」相結合道路的一個典型。1926 年，他以國民革命軍總政治部副主任的身份參加北伐，留下一段奇特而浪漫的從軍生涯。1938 年，他再次就任戰時最高軍事機構國民黨中央軍事委員會政治部第三廳廳長一職，領導一批文人深入廣大戰區，對中國軍人進行了一次近代以來規模最大也最壯觀的戰前動員。1941 年，無職無權的他又大搞影射政治的「屈原研究」。[1]次年，把舞臺搬進國民黨統治的心臟——重慶，明目張膽地用話劇《屈原》對蔣介石的消極抗戰大發屈原式的「牢騷」。在政治與文藝兩條戰線同時、且遊刃有餘得心應手的文人，中國現代文人中無人能與郭沫若相提並論，這一「桂冠」非他莫屬。

郭沫若的一生可以分作兩半：前半期是叛逆和批判的，後半期是服從和歌頌的。可以說戰士的激情和膽略與侍臣逢迎壓抑性格的交錯雜陳、相互纏繞，構成了他複雜而多元的精神世界，同時也是郭沫若研究的難點之一。20-40 年代，是現代文人表現最為真率、耿直的一個時期。歷史證明，郭沫若正是在這一時代氣候中顯示了他難能可貴的文化鬥士的本色。20 年代中，當蔣介石背叛孫中山與中共攜手革命的折衷路線而推行他極端的民族主義路線時，郭沫若奮然而起，寫下了可作一時名文的討蔣檄文《請看今日之蔣介石》。暫且不說它的政治意義，僅僅從知識份子參與社會改革的主動態度而言，它本身的社會批判性應該可圈可點。而郭沫若在歷史轉折關頭不畏縮、不敷衍的鮮明態度，無疑是對五四知識份子批判與反思精神的自覺傳承。也許正因為如此，他的前半生多被人所嘉許，而後半生卻時常為人所詬病。在過去，人們不是因為它的政治意義曲意抬高，就是粗暴而狹隘地全面否定和貶低。然

---

[1] 1941 年 7 月，郭沫若的《屈原研究》一書由群益出版社出版，內收《屈原時代》、《屈原身世及其作品》、《屈原賦今譯》等篇；12 月 21 日，在中華職業學校作題為《屈原的藝術與思想》的講演；同月又作《屈原考》，以大量材料證明：「屈原的確有其人，不是神話中人物。」

而，郭沫若現象是一個遠為複雜的文化現象，用任何一種陳舊、簡單的標準都是不足以評論它的。

一、廟堂與心態

解放後，一生與中國革命緊密結合的郭沫若得到了極高的榮譽：全國政協二、三、五屆副主席、全國人大一至五屆副委員長、政務院副總理兼文教委員會主任、中國科學院院長、中國科學院哲學社會科學部主任、全國文聯主席、中國科技大學校長、中國人民保衛世界和平委員會主席、中蘇友協副會長、中日友協名譽會長；「文革」中，被選為中國共產黨九、十、十一屆中央委員。不僅如此，郭沫若還榮膺大陸現代文人中的幾個「第一」：他的文章第一個作為黨內文件下發，要求各級黨組織認真學習，「你的《甲申三百年祭》，我們把它當作整風文件看待」；[2]在 1941 年周恩來主持的「郭

2　毛澤東 1944 年 11 月 21 日在延安致郭沫若信，1979 年 1 月 1 日《人民日報》。信中所說「此黨內文件」，即 1944 年 6 月 7 日《中央宣傳部、總政治部通知》。《通知》指出：「《解放日報》近發表郭沫若的史論《甲申三百年祭》與蘇聯高涅楚克的劇本《前線》，並由新華社全文廣播，兩文都是反對驕傲的。郭文指出李自成之敗在於進北京後，忽略敵人，不講政策，脫離群眾，妄殺幹部」，「實為明末農民革命留給我們的一大教訓。」「這兩篇作品對我們的重大意義，就是要我們全黨，首先是高級領導同志，無論遇到何種有利形勢與實際勝利，無論自己如何功在黨國、德高望重，必須永遠保持清醒與學習態度，萬萬不可衝昏頭腦，忘其所以，重蹈李自成與戈爾洛夫的覆轍。」（引自《郭沫若研究資料》（上）第 443 頁，中國社會科學出版社，1986。）

沫若誕辰五十周年」紀念會上，他成為第一個被中共祝壽的現代作家；1949 年 3 月，他以黨外人士身份第一次率中國代表團赴巴黎參加第一屆世界擁護和平大會；第一位作家出身的國家領導人。正如有人指出的：「他和魯迅一樣，是我國現代文化史上一位學識淵博、才華卓具的著名學者。他是繼魯迅之後，在中國共產黨領導下，在毛澤東思想指引下，我國文化戰線上又一面光輝旗幟。」[3]

解放後他個人活動的一個突出變化，是由過去那種「民間」、「邊緣」和「在野」的文人狀態，躋身於國家決策層的行列之中。在 1949 到 1957 年上半年中共與民主黨派合作的「蜜月期」，郭沫若對國家大政方針的參與，可以說達到了顛峰狀態：1949 年 5、6 月間，他頻繁來往於北京和毛澤東香山住所、中南海勤政殿之間，與毛澤東、朱德、周恩來、李濟深、沈鈞儒、陳叔通一道商量新政協籌備事宜；9 月 29 日，去頤年堂毛澤東寓所，與毛澤東、周恩來、李立三、李濟深、沈鈞儒、陳叔通和黃炎培八人討論，修改毛澤東自擬的就職公告稿；1950 年 2 月 5 日，在政務院文教委員會第二次會議上作文教委員會工作計劃要點的報告，通過了 1950 年文教委員會工作計劃草案；1951 年 9 月 3 日，出席中央人民政府第十二次會議，聽取周恩來的外交報告和陳雲的財政報告；1952 年 5 月 6 日，和周恩來出席中國捷克斯洛伐克文化協定等幾個文件的簽字儀式，並講話祝賀；1954 年 3

---

3 鄧小平 1978 年 6 月 18 日在「郭沫若追悼大會」上所致的《悼詞》，1978 年 6 月 19 日《人民日報》。

月 23 日，出席中華人民共和國憲法起草委員會第一次會議，毛澤東在會上提出了中共中央起草的憲法草案初稿；1956 年 1 月 25 日，參加最高國務會議，會議討論並通過了中共中央提出的《1956 年至 1967 年全國農業發展綱要（草案）；1957 年 11 月 2 日，以中國代表團團員的身份，隨毛澤東離京出訪莫斯科。5 日，隨同毛澤東到紅場拜謁列寧、史達林陵墓。7 日上午，隨毛澤東出席紅場閱兵式……這些材料說明，以上並不是給中國現代文人的最高禮遇，而是給予郭沫若個人的最高禮遇。從 20 年代中期開始，郭沫若就渴望通過進入中國社會的中心舞臺來實現他改造舊中國的理想，所以，從邊緣到中心，完全符合他的人生選擇和性格邏輯。

隨著社會身份的變化，郭沫若寫文章的眼光、視野和措辭也發生了一系列引人注目的變化。例如，他不再以「我」這樣的第一人稱，而變為以「我們」、「全國」、「廣大人民群眾」的複數人稱發表看法；他的文章中開始增加了「權威」的分量，而「回應」與「號召」則是他作文的一個最為醒目的調整的標記。在全國第一次文代會上，他在周恩來的報告後發言說：「我們誠懇的全部接受周副主席給我們的指示，努力改造自己，向人民學習，學習我們不熟悉的東西，老老實實，恭恭敬敬的學習，熱誠地做毛主席的學生。」[4]在《反社會主義的胡風綱領》中，他指出：「多年來，胡風在文藝領域內系統地宣傳資產階級唯心主義，反對馬克思，並

4　文見 1949 年 7 月 7 日《人民日報》。

形成了他自己的一個小集團」，「從胡風的思想實際和他所採取的行動實際來看，他所散播的思想毒素是不亞於胡適的」，究其實質，即「反對和人民群眾結合，實際上就是反對全中國知識份子走社會主義革命的道路。」[5]對解放以來文化界狀況郭沫若做過這樣的估價，他認為：「幾年來在廣大知識界進行了思想改造運動，馬克思主義思想有了廣泛的傳播，這是必須肯定的成就。但是和別的部門在建設事業上的蓬蓬勃勃的發展比較起來，我們的學術文化部門在思想論戰方面的空氣卻未免太沈寂了。對於資產階級錯誤思想我們既沒有進行有系統的、認真的批判，甚至還有人採取了投降主義的態度。」[6]1958 年，毛澤東提出了「革命的浪漫主義與革命的現實主義相結合」的指導方針，郭沫若聞知後，立即發表了《浪漫主義和現實主義》等多篇文章熱情附和。他認為：「不管是浪漫主義或者是現實主義，只要是革命的就是好了。革命的浪漫主義，那是以浪漫主義為基調，和現實主義結合了，詩歌可能更多地發揮這種風格。革命的現實主義，那是以現實主義為基調，和浪漫主義結合了，小說可能更多地發揮這種風格。」屈原表面上看是一個浪漫主義者，但他又是「一位偉大的現實主義者」；魯迅的特徵是「冷」，實際「他的作品充滿著熱情」，有「濃厚的浪漫主義的成分」。「最顯明的例證是我們的偉大領袖毛澤東同志了」，「他是最偉大的一位現實主義者，但我也敢於說，毛澤東同志又是

---

5 文見《文藝報》1955 年第 7 號。

6 郭沫若：《三點建議》，《文藝報》1954 年第 23、24 號。

最偉大的一位浪漫主義者。他是偉大的革命家，同時又是偉大的作家、詩人。」[7]

如果說，解放前郭沫若宣稱自己是「黨喇叭」，與他現實主義的文藝觀是完全一致的；解放後他甘心做黨喇叭，也是無出於左右的。解放後，黨和國家不僅給了郭沫若極高的政治地位和榮譽，也給了他一般作家不敢望其項背的榮華富貴的生活待遇。他像其他作家一樣照常拿不菲的稿費、版稅，而且也像其他國家領導人那樣享受高工資（領行政級別工資，月薪 500 元）、特供及許多補貼，配有秘書、警衛、聽差、司機、廚子等數人，過的是一般人不敢想像的錦衣玉食的生活。1949 年 5 月 22 日，于立群攜子女由香港來京，住的是西四大院胡同五號這個普通中略大的院子。但「門口」有「崗哨」，如果約見，需經「警衛人員引進門去」。[8]後來，又搬至經過精心修繕的舊王府——前海西街 18 號。1994 年初夏，筆者有幸踏訪這座已更名為「郭沫若故居」的皇皇豪宅。從朱漆的大門進入，先是一座假山，接著是前後兩重院落，由兩幢約兩層樓高的高大、宏偉的飛檐走壁的古建築組成，且迴廊環繞。前面一座為郭的書房、會客室，後面一座為全家的起居室和臥室。郭宅規模之大、之幽深，不禁令

---

7 郭沫若：《浪漫主義和現實主義》，《紅旗》1958 年第 3 期。次年初，他又在《人民文學》1 月號發表了在文化界產生很大影響的《就目前創作中的幾個問題答〈人民文學〉編者問》的長文，重申對「革命浪漫主義與革命現實主義相結合」觀點的支持。

8 龔濟民、方仁念：《郭沫若傳》第 403、404 頁，北京十月文藝出版社，1988；與郭同屬國內一流文史專家的俞平伯月薪 180 元、顧頡剛 218 元、翦伯贊成 217 元、陳寅恪 253 元。

筆者所瞠目結舌。僅以 1960、1961 兩年為例。這兩年可謂郭沫若和夫人于立群的「旅遊年」。請允許我把他的行程抄錄如下：1960 年春節，郭沫若飛回離別十多年的重慶，登枇杷山，訪曾家岩、天官府；這年 3 月，又飛赴延安，在楊家嶺、寶塔山下一遊；3 月下旬，為修改劇本《武則天》，專程去西安，先後踏訪了高宗與武后合葬的乾陵等處。1961 年為上行下效的「調查研究年」，這一年我們在祖國大地上看到的是郭氏夫婦匆忙旅遊的「身影」：該年郭從國外訪問歸來，兩次遊覽昆明；2、3 月間，又攜于立群走訪湛江、海南島，並順訪兩人結情的武漢珞珈山；5 月，再去泰山；9 月，由重慶乘江滬輪沿江而下，經三峽，宿萬縣，激起一時豪情；9 月遊興不減的他參觀上海豫園，又轉道富春江，遊嚴子陵釣台，接著赴廣東從化、肇慶七星岩。郭沫若每到一處，都留有詩詞和墨寶，以至現在旅遊的人在祖國大好河山上能夠見到他隨手題寫的多而又濫的作品和條幅，並非難事。郭沫若出遊時，前有迎者，後有隨從，前呼後擁，在現代以來中國的文人墨客中也許達到了很高的規格。身居廟堂，享盡人間奢華的他，興奮之態在諸多詩詞中自然每有披露，我們不妨一覽：「欣逢研究調查年，／北極飛臨南海邊。／兔尾嶺前乘快艇，／鹿回頭上射飛鳶。／鹽田日曬成銀嶺，／椰實人蹬落碧天。／自古瓊瑤稱此島，／珠崖畢竟占春先。」（《頌海南島》）；「玉帶蜿蜒畫卷雄，／灕江秀麗復深宏。／神奇景物疑三峽，／瑷黛煙雲繞萬峰。／石上望夫猶有婦，／崖頭畫馬欲成龍。／名山坐使人陶醉，／豪飲當年憶似虹。」（《春泛灕江》）。

然而，以治上古史名聞遐爾的他，比普通人應該更具有對文人墨客涉足政壇命運的警醒力和洞察力。他對自己的真實「處境」，未必就沒有一點認識。有人回憶說：「大約是 1960 年，在中南海懷仁堂上演一部新編歷史劇。這是郭老寫的一部為曹操翻案的戲，由北京人民藝術劇院上演。」「散戲之後，大家正在退場，一位將軍對他旁邊的人半開玩笑地大聲說：『曹操如果像郭老寫的這樣好，我就介紹他入黨。』當時康生也在場，我看到包括他在內的許多人都笑了。毫無疑問，當時那位將軍和他周圍的人都是非常『自己人』的，康生是非常權威的革命理論家。我不記得郭沫若先生當時是否在場，但這種玩笑包含的輕佻和不以為然，以及周圍人對這種玩笑心領神會的回應，卻留在我的印象裏」。[9]不僅如此，「郭老，郭老，詩多好的少」這種並不友好的笑話，也在相當一級的圈子裏廣泛地流傳。據說，這個笑話的「始作俑者」其實就是郭自己。在特殊範圍內如履薄冰的他，反右的時候「聽到丁玲是右派大吃一驚，聽到艾青是右派又大吃一驚。丁、艾都是老黨員，對郭震動很大他說，像我們這樣的人，如果不好好改造自己，驕傲自滿，就會成為右派。」又據陳明遠追述，「1963 年以後，特別是毛澤東提出『千萬不要忘記階級鬥爭』和『裴多菲俱樂部』的問題之後，趙丹、白楊來北京人民大會堂開會碰到郭老，他外表表現得很淡漠再不像往常那麼親熱友好，他知道趙丹愛放炮，嘴上把不住門。他在公開場合不讓人感覺和誰有私交。他對北京人

9　羅點點：《紅色家族檔案》第 107、108 頁，南海出版社，1999。

藝還是有感情的，但外表上也保持距離。」又說，「他給自己在社會結構裏的定位，放在科學界。1962 年在廣州有兩個會，科學的會他熱熱心，自始至終參與；文藝的會只露了一面；看得出對文藝不願意參與。凡是文聯的事，他都按周揚的意見（他認為也就是毛主席意見）辦。」[10]儘管他與陳明遠的書信存有爭議，[11]但這些在「文革」後逐漸披露的書信，卻幫助讀者走進了郭沫若完全不同於他在報紙、電視上的「形象」的另一個複雜的精神世界，人們更感到震驚的，也許是「另一個」郭沫若的存在：他在 1963 年 11 月 14 日的信中說：「來信提出的問題很重要。我跟你有同感。大躍進運動中，處處『放衛星』、『發喜報』、搞『獻禮』，一哄而起，又一哄而散；浮誇虛假的歪風邪氣，泛濫成災。……『上有好之，下必甚焉』。不僅可笑，而且可厭！假話、套話、空話，都是新文藝的大敵，也是新社會的大敵。」而在大躍進中，正是他十分踴躍地大放「詩歌衛星」，鼓動文藝家們走「兩結合」的創作道路；1965 年 9 月 20 日的信中又說：「現在哪里談得上開誠佈公。兩面三刀、落井下石，踩著別人肩膀往上爬，甚至不惜賣友求榮者，大有人在。我看

10 胡化：《高處不勝寒——關於郭沫若的訪談》，引自丁東編：《反思郭沫若》第 266-269 頁，作家出版社，1998。

11 在 90 年代，圍繞郭沫若和陳明遠書信的「真偽」問題出現了不同意見，參加爭論的文章有：舒人的《郭沫若致陳明遠書信質疑綜述》、蕭露丹的《周尊攘訪談紀要》、錢若的《關於〈郭沫若書信集〉》、陳明遠的《答郭平英的公開信》、田達威的《莫讓疑團誤後人》、劉素明的《關於郭沫若致陳明遠書簡》和葉新躍的《以群保存的郭沫若書簡》等（均見《反思郭沫若》一書）。這些針鋒相對、各執一詞的文章，為我們研究郭沫若晚年充滿矛盾的思想世界，提供了極其重要的資料。

不必跟那些無聊文人去糾纏了。因此，我勸你千萬不要去寫什麼反駁的文章，那不是什麼『學術討論』，你千萬不要上當！」世人大概不會淡忘，每逢「引蛇出洞」的所謂「學術討論」中，郭老唱的都是紅臉。1955 年，他在一次很多人在場的發言中，還曾聲色俱厲地要求有關方面將胡風等人「繩之以法」，大有置之於死地過度興奮之態；在 1965 年 5 月 5 日、12 月 22 日的兩封信中，他再次剖白心迹說：「至於我自己，有時我內心是很悲哀的。」「我的那些分行的散文，都是應制應景之作，根本就不配稱為什麼『詩』！」「建國以後，行政事物纏身，大小會議、送往迎來，耗費了許多時間和精力」，「我說過早已厭於應酬、只求清靜的話，指的是不樂意與那幫無聊之輩交往。」[12]文革前，郭沫若還對自己的靈魂做過如此不乏嚴苛的「審視」。他說：「現在，我們兩個在一起談話，是有什麼談什麼，你也不會作戲。可是一轉眼，我跟別的人，往往就不得不逢場作戲了。這是很悲哀的。凡是逢場作戲的人，寫出來的東西，都會遭到後人的嘲笑。」[13]如果上述文字屬實，不是訛傳，也不是偽造，那麼可以斷言，這是 50、60 年代的郭沫若用整個靈魂吐訴出來的絕叫，沒有沈痛的經驗的人，是寫不出這樣沾著血淚的獨白的！當然，也有人認為，郭沫若的內心世界是多元的：他「在心理學分類上屬於一種矛盾、多元（多重性）的人格型。一方面，外向、情欲旺盛、豪情不羈；另一方面，

12　轉引自丁東：《五本書看一代學人》，《黃河》1996 年第 4 期。

13　馮錫剛：《郭沫若在「文革」後期》，選自《淚雨集》，生活·讀書·新知三聯書店，1979。

內藏、陰鬱煩悶、城府頗深。一方面熱誠仗義，另一方面趨炎附勢」[14]，主張以歷史的、全面的眼光來研究他。

郭沫若不是沒有茫然的感覺。以他豐富、深邃的歷史知識，不會覺察不到自己在社會結構中的確切位置。他是左翼作家，是信奉馬克思主義的歷史學家，一生都嚮往也都積極實踐充滿激情和戰鬥的生涯。像大多數中國現代知識份子一樣，他厭惡國民黨的腐敗政治，把憂國憂民的理想寄託在主張全中國人民解放的中國共產黨人的身上。其實，他像同時代的很多人那樣，是對國民黨失望，同時渴望共產主義的那種自由才去投身革命，他渴望著一種個人精神自由也才去參與共產主義運動。由於有了這一條主要思想線索，1948 年他毅然從香港去解放區，積極參與新中國的建立，才可以說是一種合乎內在邏輯的思想行為。建國初年，郭沫若完全陶醉在人民群眾「翻身解放」的喜悅之中，這種情緒在 1959 到 1962 年間達到了最高潮。1963 年，是郭沫若思想重要的轉折期。一件大事是階級鬥爭搞到了他的家庭，他的兒子郭世英被打成反動學生並被強迫勞教，再就是階級鬥爭已經蔓延到社會的各個角落，弄得文化藝術界人人自危，這對郭沫若震動很大。以上的書信，從一個側面證明了他思想上發生的變化，同時也給他寄人籬下的強烈現實感受。而這一感受與他對歷史經驗的瞭解結合起來，呈現的恰恰是過去研究中一直忽略的郭沫若相對完整的世界。

---

14 陳明遠：《湖畔散步談郭沫若》，《黃河》1998 年第 5 期。

二、文化觀和文藝觀

寫到這裏我不禁捫心自問：我們是不是太苛刻郭沫若了？是不是太以今天非意識形態化的態度強求他了？在閱讀有關文獻時，我時常敏感到，郭沫若文化觀的源頭其實主要是兩個，一是五四時代的進化論，另一是馬克思主義的歷史唯物主義。進化論使他一生都在追隨時代的重大變化，並將每一時期的變化確定為自己思想和行文的基點；歷史唯物主義使得他習慣於用現實的功利主義協調與政治、現代政黨的關係，處理各種錯綜複雜的現實矛盾。「善變」並不是所有進化論者和馬克思主義者必然的人生模式，但進化論中「物競天擇」的思想導向與歷史唯物主義的核心精神，卻總能使它忠實的信奉者通過不斷的「變」來為在時代大潮衝擊和裹挾中的精神個體以準確的「定位」。也就是說，郭沫若的文化觀實乃是五四精神與馬克思主義的一種奇怪駁雜的結合體。終其一生，他處世哲學和行事方式雖然常常超出我們的想像，但最終卻都在我們對現代中國文化的預設之中。

作為中國 20 世紀知識份子的代表，郭沫若一生的文化思考極其寬泛，從詩歌到小說，從戲劇到文論，從甲骨文到歷史研究，他都留下了不失獨特豐富的真知灼見；而作為一個落後民族的知識份子，他所有的文化活動都脫不開一個經世致用的動機，即如何使自己的民族擺脫失敗的困境，走向解放、光明和強盛。1943 年的《中國文化之傳統精神》，可以看做他對自己最關心的問題的一個簡明的答案，是「畫龍點睛」之筆。他指出：「我們所見的孔子，是兼有康得和歌德那樣的偉大的天才，圓滿的人格，永遠有生命的巨人。他把自己的個性發展到了極度——在深度如在廣度。」在他看來，孔子對今天的意義主要還在他「苟日新，日日新，又日新」的進化思想和執著頑強的追求方面，「這樣不斷自勵，不斷向上，不斷更新」，「進而以天下為己任，為拯四海的同胞而殺身成仁的那樣的誠心，把自己的智慧發揮到無限大，使與天地偉大的作用相比而無愧，終至於與神無多讓的那種崇高的精神，便是真的『勇』之極致。這樣的人，不論遇到何種災殃，皆能泰然自適。」[15]解放後，郭沫若的文化思考領域日益狹窄，但除奉承迎合之作外，其思考基本沒有脫離原已形成的既定軌道。他先後出版了《奴隸制時代》、《文史論集》、《讀〈隨園詩話〉箚記》等，繼續從事甲骨文的搜集、整理和著錄，並主編歷時 26 年、收甲骨 41956 片和有 13 冊之巨的《甲骨文合集》；另外，主持《管子集校》，重新標點《鹽鐵論》，校訂出版了《再生緣》前 17 卷本等。其中，引起史學界關於奴隸制社會與封建社會「分期」爭論的《奴隸制時代》最令人側目。出於進化論者的本性，郭沫若即使治上古史也以服務於當世為目標。在此書中，他力排眾議地把奴隸制的下限敲定在春秋與戰國之交，即西元前 475 年。他認為，殷周時代的特徵是一切生產資料均為王室所有，井田制直到春秋年間仍是當時土地國有制的骨幹。由於生產力的發展，私田出現並逐漸擴大，導致魯宣公十五年（西元前 594 年）正式廢除井田制，承認公田和私

[15] 載《野草月刊》第 5 卷第 8 期，1943 年 3 月 1 日。

田的私有權，這便產生了地主所有制的生產方式；由於私家肥於公家，下層便逐漸超越上層，天子倒楣了，諸侯起來，諸候倒楣了，卿大夫起來，卿大夫倒楣了，陪臣起來，環環相扣，從而促使了生產者（奴隸）身份的根本改變。這一重大變革，意味著奴隸制的崩潰；戰國時期各國的變革，如田氏代齊，韓、趙、魏三家分晉，不僅是改姓換代的政權更迭，而且表明社會起了質變的社會革命；斬斷了殷周以來血緣聯帶的傳統，造就了一批新型的執政者。各國執政者都出身微賤。所謂雞鳴狗盜之徒、引車賣漿之流，亦能成為天下名人；最後在意識形態上也反映出新舊時代的區別，其表現是：天子至尊地位發生動搖，人格神形象日益模糊，產生了無神論的宇宙觀。生產者的價值、地位和身份提高，出現了與等級觀大相徑庭的「泛愛眾」思想。因此，隨著「民為貴」思想的深入人心，人民語言、民間形式登上大雅之堂，推動了詩文文體的變革。

為曹操翻案，是郭沫若晚年文化觀中最後一個、因此也最值得關注的「亮點」之一。他先寫《替曹操翻案》一文，繼而又作話劇《蔡文姬》。1959 年，他曾公開聲明：「我寫《蔡文姬》的主要目的就是要替曹操翻案」，這是因為，「曹操對於我們民族的發展、文化的發展，確實是有過貢獻的人」。他認為，歷來史書之所以對曹一向採取貶低的立場，是緣於「從舊有的正統觀念來看曹操」。「我們今天研究歷史或者評判歷史人物，總的根據歷史唯物主義，實事求是地來進行」。根據歷史唯物主義的觀點，他對曹操打黃巾農民起義軍做了辯解，「曹操儘管打了黃巾義軍，不能否認他也受到農民起義的影響，逼著他不能不走上比較為人民謀利益的道路」。所以，他非常明確地相信，曹操的歷史「功績」有以下兩個方面：一、「他使漢末崩潰的社會逐漸安定了下來，使黃河流域的生產秩序得到恢復和發展，使流離失所的人民得到安居樂業。」「除了在郡國廣泛開立屯田之外，在他的統治下還興修了好些水利」，「在文學方面的貢獻，就是痛恨曹操的人也無法否定。」二、「他的才、學、識，他的生活態度，作為一千七、八百年前的人來看，已經就夠出人頭地了。」為了證明曹操有人本思想，當然也不排除為了迎合 50 年代流行的「與工農相結合」社會理念，郭沫若甚至舉出一個他和工人一道打刀的例子，認為它與「古代帝王親耕籍田」在本質上是有所區別的，「因為在一千七八百年前的知識份子就能夠重視體力勞動，實在是件了不起的事」，以至還穿鑿附會地說：「請想想看吧，我們今天有些比較進步的知識份子，就在一年七八個月以前，不是都還在輕視體力勞動，看不起勞動人民嗎？」[16]

值得注意的是，郭沫若在考察歷史人物的活動、研究他們的功過是非時，一般都把他們是否得到人民的支持聯繫起來。這固然與當時「人民創造歷史」的權威意見的影響和左右有關，但不能不看到，這種思想的形成確又有其自身的發展邏輯。1951 年，他借回顧劇本《虎符》的創作之機明確指出：「秦始皇的統一中國，並不是秦始皇一個人的力量。

---

16 郭沫若：《〈蔡文姬〉序》，選自 1959 年文物出版社版《蔡文姬》一書。

由秦國來說，那是自孝公以來，特別是自商鞅變法以來，六世的政績的積累。由春秋的十二諸侯歸併為戰國的七雄，更歸併為嬴秦的一統，各國的先進者或多或少對於歷史都有過貢獻，而尤其不可抹殺人民大眾的支持」，「如果得不到人民大眾支持，那是任何事業都不能完成的，幸而完成了也不能鞏固的。」為此他說，戰國七雄當時都有統一中國的機會，秦的改良主義之所以取得了一時的成功，原因就在「商鞅的政策符合秦國人民的利益，被一貫地執行下來，而其他的國家或因失掉了革命性，或因改良得不徹底，腐化因循，故終至於失敗。」但他又說，「秦國的統一辦法並不高明，請看秦國破趙於長平，坑趙降卒四十萬人於長平一事就可以明白了。當時的人民誠然希望中國的統一，這是自春秋以來歷史發展的趨勢，但不一定歡迎秦國的統一」，因為它的肆殺政策與苛政最終又違背了人民希望休生養息、和平發展的歷史願望。[17]他指出：「在武后統治的五十多年間不曾有過大規模的農民起義，是值得注意的。」徐敬業在揚州叛亂，其性質雜奪取政權，最終歸於失敗。「詩人陳子昂曾經說過：『揚州構逆，殆有五旬，而海內晏然，纖塵不動』」，原因何在，是由於沒有人民支持。而武則天「以一個女性統治者，一輩子都在和豪門貴族作鬥爭，如果沒有得到人民的擁護，她便不能取得勝利，她的政權是不能鞏固的。」[18]

17　郭沫若：《由〈虎符〉說到悲劇精神》，選自《奴隸制時代》，上海文藝出版社，1952。

18　郭沫若：《我怎樣寫〈武則天〉？》，1962 年 7 月 8 日《光明日報》。

郭沫若這種以進化論思想為內核、以人民至上主義為指向並兼有個人英雄主義色彩的文化觀，由來已久。這是五四走向左翼的一代人的文化理念與中國社會變革實踐相結合之後的必然結果。1919 年，27 歲的郭沫若與人發起成立夏社（取華夏之意），進行愛國反日宣傳，作《同文同種辨》和《抵制日貨之究竟》等文章。學醫失敗後，他更感到愛國要另起灶爐，遂於之後轉向文藝，1921 年發起成立創造社。到他創作出轟動一時的新詩《鳳凰涅磐》的時候，他已經是一個感情衝動和富有煽動性的愛國主義者了。在他看來，救國之路首先應始於張揚個性主義：「我想我們的詩只要是我們心中的詩意詩境底純真的表現，命泉中流出來的 STRAIN，心琴上彈出來的 MELODY，心底顫動，靈底喊叫，那便是真詩，好詩」，[19]「大逆不道！大逆不道！但是大逆不道就算大逆不道罷，凡在一種新舊交替的時代，有多少後來的聖賢在當時是溢為叛逆的」，他坦然承認，「我懷著這種思想已經有多少年辰」。[20]但郭沫若又發現，個性解放僅僅是愛國的第一步，如想實現民族的振興，就要借助集體的也即人民的力量。他後來說：「1924 年《創造周報》決定停下來，我就跑到日本去了。到日本，我翻譯了河上肇的《社會組織與社會革命》。河上肇是當時日本有名的馬克思主義經濟學者。在翻譯中，一方面學習了一些馬克思主義理論，

---

19 郭沫若：《談詩歌創作〈通訊三則〉》，1920 年 2 月 1 日《時事新報·學燈》。

20 郭沫若：《寫在〈三個叛逆的女性〉後面》，《三個叛逆的女性》，上海光華書局，1926。

另一方面，對河上肇也感到不滿足了。因為他沒有從無產階級革命運動出發，只強調社會變革在經濟一方面的物質條件，而忽略了政治方面的問題。」[21]把愛國與個性主義聯繫起來，這種文化觀中已經包含著進化論的思想邏輯；將愛國落實在民族振興的基礎上，所凸顯的正是人民至上主義的內容；而把二者整合到一起，則堪稱是郭沫若這代知識份子「中西合璧」式的現代愛國思想。然而，綜觀郭沫若一生思想的整體，他的著眼點仍專注於偏狹的民族主義，他沒有把現代民族主義中所蘊含的民主主義（其中也包含著個性主義）真正張揚出來，並作為其文化觀中不可撼動的思想基石。所以儘管他早期鼓吹、至晚年也並沒有完全放棄民主主義思想，他卻未必完全理解民主主義的深層含義；他把人民至上主義與民族主義合而為一，卻沒想到，人民至上主義如果不以民主主義為內核，那麼它最終只能變成愚民政策的包裝材料。郭沫若在解放後以「變」而著稱，以迎合為特徵，除了性格上的因素外，根本原因還在其文化觀中民主主義（包括個性主義）的嚴重缺失。因此，當狹隘的愛國主義被現代民族國家巧妙包裝和利用後，這種愛國主義勢必也走向了末路。

他的文藝觀，是他的文化觀的延伸。「服務現實政治」和「浪漫主義」，是其文藝觀中的兩個中心點。如前所述，借文藝的形式參與政治，是郭沫若自 20 年代中期後樹立的文藝觀點，50 年代後，它被膨脹到了極端與變態的地步。解放後，郭沫若出版的文藝論集有《雄雞集》（1959）、《文

21　《郭沫若同志答青年問》，《文學知識》1959 年 5 月號。

史論集》（1961）和《李白與杜甫》（1971）等，計數十萬字之多，但真正談文論藝的文章寥寥無幾，絕大部分都是強調文藝為政治服務的文章。早在 1946 年，郭沫若就在一篇題為《文藝的新舊內容和形式》的文章中指出：「今天的文藝作品，不僅要有種種新的知識和感覺，主要的還要有新的思想，要以工農大眾為我們的對象，要誠心誠意為他們服務。這是新文藝的最新最基本的條件。」[22]建國後，隨著文藝成為黨的文化政策的一部分，他對服務對象的指認也更加明確和具體。他認為，廣大的文藝工作者應該「竭誠地擁護工人階級領導的人民民主專政，擁護黨和政府的方針政策，存心為人民服務，為國家建設服務，抱著自我犧牲的精神，在自己的學術崗位上或文藝崗位上實事求是地進行工作，那他的思想、立場和方法就會合乎馬克思列寧主義的軌轍。」[23]沿著這條思路，在批判胡風的運動中，他把「反對作家與工農兵相結合，實際上也就是反對文藝為工農兵服務「列為胡風文藝思想的主要「罪狀」之一，並反問道：「社會主義現實主義的作家一致承認文學是整個革命事業的一個組成部分，並且自覺地要做先進的公民，要成為走在群眾隊伍的最前列的戰士，這樣的作家，難道反而不要為當前政治任務服務嗎？」[24]郭沫若當代文藝觀的另一重要支點，是具有明顯政治功利色彩的浪漫主義。我們知道，由於毛澤東的個人嗜好，浪漫主義在 1958 年後成為國內壓倒一切的文藝思潮和

22 本文為演講稿，原載《文藝春秋》3 卷 1 期，1946 年。
23 郭沫若：《三點建議》，《文藝報》第 23、24 號，1954 年。
24 郭沫若：《反社會主義的胡風綱領》，《文藝報》1955 年第 7 號。

創作風氣。不可否認，郭沫若熱烈的附和中自有其由衷的真實性和歷史傳承性，他畢竟「是一個偏於主觀」的作家，[25]歌德的主情主義和泛神論思想曾長期在他的文學觀念中佔據著上風，並成為他創作的最高美學原則。[26]然而，又必須指出的是，如果說他早期的浪漫主義文藝觀主要是不是以個性解放為思想基礎的，代表著創造社作家共同的思想和情感傾向，那麼他解放後對浪漫主義的提倡則明顯夾雜著「幫閒」的成份，與個人的文藝趣味已經風馬牛不相及。毛澤東「革命浪漫主義與革命現實主義相結合」的文藝主張發表後，郭沫若發表了三篇重要文章和「答編者問」，即《浪漫主義和現實主義》、《就目前創作中的幾個問題答〈人民文學〉編者問》和《〈紅旗歌謠〉編者的話》。當有人問到這個口號有什麼重要意義時，郭沫若不假思索地說：「在文學上提出革命的現實主義與革命的浪漫主義相結合的創作方法是非常適時的，具有重大的時代意義的。它不僅適用於現在，就是將來進入共產主義後也還是適用」。又說，「很多人說魯迅是現實主義作家，我們不反對，但如果反過來說他是偉大的浪漫主義作家，我看也不是不可以。比如阿 Q 這個人物，實際並不存在，他不是以積極的英雄的姿態出現，而是集消極的可憎的東西於一身，事實上也是誇大的產物。」[27]一時

---

25 郭沫若：《論國內的評壇及我對於創作上的態度》，1922 年 8 月 4 日《時事新報．學燈》。

26 參見郭沫若《〈少年維特之煩惱〉序引》，《創造》季刊第 1 卷第 1 期，1926 年 9 月。

27 郭沫若：《就目前創作中的幾個問題答〈人民文學〉編者問》，《人民文學》1959 年 1 月號。

間，郭沫若的詩人之態畢露，還使用了這樣的「詩化」語言，他說：「勞動人民的建設社會主義的熱情泛濫成為了詩歌的大洪水。文藝作家要學習，要找課堂，不到這兒來還到什麼地方去呢」，「目前的大躍進時代應該說就是革命的浪漫主義時代」，「一種新的關係生動活潑地洋溢著，真正真正使個人心情舒暢。草木鳥獸，山岩礦藏，我想，怕都在感受到新時代的氣息。你看，豬肉在見風長，果實在見風長，糧食在見風長，鋼鐵在見風長」，「人到了這樣的環境，哪能不變？就是『花崗岩頭腦』也要變。」[28]如此癲狂之語，已無法用正常人的思維加以度量。但如果瞭解郭沫若文藝觀產生的時代語境，卻又不能不說這是難能可貴的材料，令人受益匪淺。

通過對郭沫若文化觀和文藝觀思路的整理已足以見出他性格的本質。他外露、淺顯詩人的氣質使他從文化革命轉向政治革命；他依靠政黨兼善天下的現代知識份子策略可謂用心良苦，這種策略使他謀求並實現了與政黨的合作，然而正是郭沫若這種知識份子的秉性使他從未變成一個真正的黨人。但考察他文化觀和文藝觀的歷史延展，又足以使我們相信他之思想追求的不乏真誠，透過表象對其中的蜿蜒、坎坷和荒謬報以歷史的同情。

---

28 參見郭沫若：《浪漫主義和現實主義》，《紅旗》1958 年第 3 期；郭沫若：《就目前創作中的幾個問題答〈人民文學〉編者問》，《人民文學》1959 年第 1 期。

三、《蔡文姬》等的上場

郭沫若寫於當代的幾部歷史劇，歷來為人褒貶不一。但作為他這一時期思想的形象載體，這些戲劇卻能幫助人們窺見作者真實的內心世界；如果放在他一生的文學創作中，它們足以將郭沫若作為傑出戲劇家的完整形象縫合起來並展現於世人眼前。

1959年至1962年，郭沫若的歷史劇創作再起高潮，迎來了他同類文學體裁的又一個黃金時代。1959年2月完成《蔡文姬》，1960年1月完成《武則天》，1962年10月完成《鄭成功》。郭沫若歷史劇的第一創作季節是20到40年代，在這一季節的後半期即40年代，《屈原》、《高漸離》和《孔雀膽》與其說展現的是古代主題，還不如說是政治鬥爭的主題，作者以個人表達公然為「皖南事件」中被當局打壓的中國共產黨伸張正義的政治動機，就連站在政治之外的孫伏園也一眼「看」了出來。「這是中國精神，殺身成仁的精神」，昨天看見報上登載法國淪陷區裏的德國當局審問法國的愛國志士倍力的情形。「問官讓倍力選擇兩條路，第一條是投降納粹，即刻給予高官厚祿；第二條，反抗納粹，死，倍力毫不躊躇的選擇第二條」。[29]如果說詩代表著郭沫若的青春，代表著青春對世界的單純、熱烈的嚮往，戲劇則反映了他對政治的渴望和參與，代表了他成年的成熟和世故。由詩而歷史劇體現了郭沫若人生狀態的變換。至少，這在政治

---

[29] 孫伏園：《讀〈屈原〉劇本》，1942年2月7日《中央日報》（副刊）第2版。

鬥爭日益白熱化的40年代是不待言說的。然而，20年後，物換星移，天翻地覆，民主主義早從私議成為公論，從在野變為在任，郭沫若的人生心態想必也會發生另一輪的變換——其實不然。一般公論都認為《蔡文姬》、《武則天》和《鄭成功》仍如作者前期一樣，是為「時事」而作，有「歌頌」和「讚美」之意圖。更有人指出：「《蔡文姬》和《武則天》兩劇，則主要是出於歷史的、學術的興趣」，是「要推翻重要的史案」，這都是因為「時代要求不同，因而寫劇的主要動機和行文用辭，也必然隨之變化發展。」[30]然而，經過了建國十年後「首席文人」的虛榮和光環，經過了個人的深切體驗和其實戰戰兢兢的潛心觀察，郭沫若已經完成了對當代中國社會的參與與歸化，不再是站在洞庭湖邊那個聲色俱厲地宣讀《雷電頌》的屈原。他的「天狗」式的自由和縱情早已胎死詩中，雖然他解放後的新詩、舊體詩詞表面上不乏做作的浪漫主義激情。細察《蔡》、《武》兩劇，會發現郭沫若竟不是一個政治戰士，而變成了一個多情善感、心靈脆弱的文人。研究一個政治角色突然間人性恢復，返樸歸真，的確是那樣的發人深省。

《蔡文姬》可說是郭沫若這一年乃至他一生中的得意之筆。在該劇的「序」中，他聲稱是要「替曹操翻案「，但感情最重、也最真實的卻是下面這些句子：福樓拜「曾經說：『波娃麗夫人就是我！——是照著我寫的。』我也可以照樣說一句：『蔡文姬就是我！——是照著我寫的』」，「其中有不少

---

30 王大敏：《郭沫若史劇論》第167、168頁，武漢出版社，1992。

關於我的感情的東西，也有不少關於我的生活的東西」，因為「在我的生活中，同蔡文姬有過類似的經歷，相近的感情。」[31] 由此推敲，劇中最為感人倒不是匈奴與漢朝修好、曹操的賢明——而是蔡文姬與一對兒女的生離死別，前者反而變成後者感情渲染上的陪襯；給人啟發的也不是民族團結的空洞大道理，倒是後臺反覆合唱、迴盪在整座舞臺上下的蔡文姬親作的《胡笳詩》，卻深入骨髓、撕心裂肺，引起了人們泣血般的同情和心靈深處的哀慟！一開場，只見蔡文姬形容憔悴、形單影隻，一個人在彩棚下長久地徘徊。漢朝使臣和單于在頻繁催她起程，數千里之外的故鄉似乎已經依稀可見，可她卻不得不骨肉分離，扔下一對兒女踏上遙遙不歸路。作品在第一幕劈頭寫道：

胡兒：媽！（向文姬跑去。）

文姬：（停步）呵，伊屠知牙師，你一早到什麼地方去來？

胡兒：我去打兔子來，我聽見好些人在說，媽，你今天就要回漢朝去了，是真的嗎？

文姬：（遲疑，歎氣，掩淚）……

胡兒：（抱擁其母）媽，你在哭嗎？你為什麼要哭呢？回漢朝去不是好事嗎？你不是經常在說，要帶我們回去嗎？我是很高興的啦！

文姬：（索性哭出聲來了）伊屠知牙師！我的兒！（撫抱胡兒，泣不成聲。有一會，才哽咽著說）娘這幾天一直沒

31　郭沫若：《〈蔡文姬〉序》，文物出版社，1959。

有告訴你。漢朝的曹丞相派遣了專使來，要把娘接回去，送來了很多的黃金玉器，錦緞綾羅。單于呼廚泉已經答應了。我已經考慮了三天，今天是第四天了，我須得作最後的決定。

之後，聲調遼闊、蒼涼而催人淚下的《胡笳詩》第十三拍在幕後緩緩響起：

不謂殘生呵卻得旋歸，
撫抱胡兒呵泣下沾衣。
漢使迎我呵四牡啡啡，
胡兒號呵誰得知？
與我生死呵逢此時！
……

在第三幕，場景切換到長安郊外，蔡邕之墓旁。時已夜半，萬籟俱寂。「文姬著披風，獨自一人由天幕之一走出，因經長途跋涉，兼復思念子女，愈形憔悴。」郭沫若在這裏把筆直戳到蔡文姬的內心深處：

（行至墓前跪禱，向墓獨白）父親，大家都睡定了，我現在又來看你來了。你怕會責備我吧？曹丞相苦心孤旨地贖取我回來，應該是天大的喜事。但我真不應該呵，我總是一心想念著我留在南匈奴的兒女。……我離開他們已經一個月了，差不多每晚上都睡不好覺。我總想在夢裏看見他們一眼，但奇怪的是他們總不來入夢。爹爹，你說，我離開了他們，他們是怎樣地傷心呵……我無時無刻都在想呵，飯也不想吃，覺也不能睡。像這樣，我到底能夠做些什麼呢？呵，我辜負了曹丞相，我辜負了你啦，爹爹！（跪下）曹丞相要我學那班昭，讓我回來繼承父親的遺業，幫助撰述《續漢書》。但我現在已經成了一個廢人。我有什麼本領能夠做到班昭？我有什麼力量能夠撰述《續漢書》呢？呵，父親，請你譴責我吧！譴責我吧！我為什麼一定要回來？我為什麼一定要回來呵？……

倦極，倒在墓前，昏厥。

抄完蔡文姬冗長的道白，我的心靈受到了強烈的震撼，眼前立刻浮現出 30 多年前郭沫若拋棄安娜和幼子、毅然回國參加抗戰的情形。當年，他也曾在一篇深懷負疚和痛惜之情的文章裏寫道：「昨夜睡甚不安，今晨四時半起床，將寢衣換上了一件和服，踱進了自己的書齋。為妻及四兒一女寫好留白，決心趁他們尚在熟睡中離去」，然而「自己禁不住淌下了眼淚」；「走上了大道，一步一回首地，望著妻兒們所睡的家」，「眼淚總是忍耐不住地湧」，他意識到，自己已經「走到看不見家的最後的一步」，這是一種事實上的「訣別」。[32]出於救國和報國之心，郭沫若做出了最大的個人犧牲。中國向有撰史言志、借詩文抒發牢騷與塊壘的文人傳統，大概沒有人懷疑：此時的蔡文姬就是郭沫若，而此時的郭沫若，就是那個身陷孤境和無人相告的蔡文姬！所以，他

32　郭沫若：《由日本回來了》，該文最初發表於上海《宇宙風》半月刊第 47 期，1937 年 8 月。

才會坦然地告知世人，告知他信任的觀眾，「蔡文姬就是我！——是照著我寫的。」儘管出於某種顧忌，他聲稱「我沒有絲毫意識，企圖把蔡文姬的時代和現代聯繫起來」，[33]但字裏行間，莫不透露出他含蓄深沈的現實感受——他不過是在借蔡文姬的形象影射活在當時的自己而已。

一個有意思的問題是郭沫若為什麼如此鍾情於蔡文姬。《蔡》劇聲言是在替曹操翻案，但蔡文姬占去的卻是全劇四分之三以上的篇幅，搶了重頭戲。而且他這一時期言必稱蔡文姬，表達詩化情緒的時候寫蔡文姬，考察歷史的時候也寫蔡文姬，1959 年內，僅與蔡文姬有關的文章即有 8 篇之多。[34]在當年 1 月 25 日發表於《光明日報》的《談蔡文姬的〈胡笳十八拍〉》一文中，他提出了與胡適、鄭振鐸、劉大杰等相反的意見，不惜冒被史學界同仁譏笑的危險。[35]他憤懣地抱怨道，「蔡文姬《胡笳十八拍》的遭遇，比蔡文姬本人的遭遇似乎還要慘，《後漢書》的《董祀妻傳》裏面沒有提到它，《晉書》、《宋書》的《樂志》也沒有提到」，說這部長詩「那是多麼深切動人的作品呵！那像滾滾不盡的海濤，那像噴發著融岩的活火山，那是整個的靈魂吐訴出來的絕叫。我是堅決相信那一定是蔡文姬作的，沒有那種親身經歷的人，寫不出那樣的文字來。」還有人注意到戲裏戲外

33 郭沫若：《〈蔡文姬〉序》，文物出版社，1959。

34 參見王繼權、童煒鋼編：《郭沫若年譜》（下）「1959 年」部分，江蘇人民出版社，1983。

35 據葛劍雄《郭沫若和譚其驤》一文所述，著名史學家、復旦教授譚其驤當年就對此說頗不以為然，言辭間多有嘲笑。參見《反思郭沫若》第 76-79 頁，作家出版社，1998。

的郭沫若，曹禺回憶說，劇本在北京人藝上演後，記得他「一邊看一邊流淚。他對我說：『蔡文姬是我用心血寫出來的，蔡文姬就是我。』」[36]「四人幫」倒臺後，「人藝的同志們聽說郭老聽到電臺重播《蔡文姬》的錄音時，激動地流下熱淚。」[37]在這裏，郭沫若是在自比蔡文姬，蔡文姬和他同樣是一個明曉大義但深受委屈的人，他幾乎是和蔡文姬化為一體了。但 50 年代的郭沫若為什麼要到一千多年前去尋找心靈的知音，要急切地對其進行身份的認同，卻是一個十分值得探討的問題。首先郭沫若和蔡文姬都是國家重要的文臣，都受命於危難之際，且得到明主的賞識。然而不同的是，蔡文姬以整理出父親 400 多篇遺著而善終，最後嫁於董祀並光榮引退，而郭沫若雖然擁有顯赫的職務和頭銜，事實上卻是一個象徵性的符號，他當然要將這一處境與蔡文姬在南匈奴時的處境暗中加以比附了；蔡文姬因東漢末年的動亂而被擄，身處逆境 12 年，郭沫若建國後表面上一帆風順實際上卻逆水行舟，儘管身居廟堂卻不一定有真正的精神自由。郭沫若和蔡文姬命運的另一相似之處是他們都曾是拋家別子的國家忠臣，而且均有過寸腸欲斷的人生體驗。在 1937 年 7 月 25 日他寫道：「向住了十年的島國作了最後的訣別，但有六條眼不能見的紙帶，永遠和我連繫著」，[38]他接著在劇中點出了蔡文姬同樣的人生困厄：「我比生病還要難過。能夠回去，我是很高興的。十二年來，我認為無望的希望竟

---

[36] 曹禺：《郭老活在我們的心裏》，1978 年 6 月 20 日《光明日報》。

[37] 轉引自《郭沫若年譜》（下）第 216 頁，江蘇人民出版社，1983。

[38] 《郭沫若自傳》第 233 頁，江蘇文藝出版社，1996。

公然達到了。但是，兒呵，你不知道為娘的苦痛。娘要回去，……卻又不得不丟掉你們！」正是通過蔡文姬的形象，郭沫若久結心底的塊壘得到了發泄，他的身世及其一切不便示人的苦惱借蔡文姬之口得到了表達，郭沫若為什麼偏愛蔡文姬，是毋須再挑明了。

自然，郭沫若寫《蔡文姬》的動機可能不止以上所述，以他對政治的世故和處世手腕他的創作大概不會演化為赤裸裸的個人行為。事實上 1958、1959 兩年他得到了一般人不敢奢望的榮譽和諸多喜事：1958 年 2 月被任命就任中國科學院院長，12 月與李四光、李德全和錢學森等名流光榮入黨，1959 年 4 月當選為全國政協副主席，《郭沫若選集》、《郭沫若文集》和其他著作由多家出版社推出，另外，大量新詩天女散花般地飄向全國各家刊物……然而，在此期間發起的大躍進運動，以自上而下普遍熱昏的狀態在全國各地鋪開。「報紙上宣傳，馬上要實行共產主義，廢除家庭，兒童公有制，男的集中住男宿舍，女的集中住女宿舍」，[39]大躍進後期，「人民生活普遍日益下降，部分地區已經十分困難」，「一些地區的農民開始外流逃荒」。[40]身居高位、且知道真實「內情」的郭沫若，不可能在老百姓命運倒懸的緊急時刻置若罔聞和無動於衷。他畢竟是那個寫出過《請看今日之蔣介石》的勇敢無畏的戰士，畢竟曾經以天才和狂氣的雷雨般的《屈原》震撼過沈悶、黑暗重慶的作家，

---

[39] 韋君宜：《思痛錄》第 72 頁，北京十月文藝出版社，1988。

[40] 蘇曉康等：《「烏托邦」祭》，第 28、29 頁，中國新聞出版社，1988。

對把「人民至上」信奉為天條的郭沫若，起碼的「良知」還不致在內心深處喪失殆盡。這就觸及到了一個深層次的本質性問題：郭沫若為什麼在這一時刻寫《蔡文姬》？1942年，他曾借屈原之口對意志軟弱的宋玉說道：「在這戰亂的年代，一個人的氣節很要緊。太平時代的人容易做，在和平裡生，在和平裡死，沒有什麼波瀾，沒有什麼曲折。但在大波大瀾的時代，要做成一個人實在不是容易的事，重要的原因也就是每一個人都是貪生怕死。在應該生的時候，只是糊裏糊塗地生。到了應該死的時候，又不能慷慷慨慨地死。一個人就這樣被糟蹋了。」《蔡文姬》雖醞釀於1958年底，但郭沫若在該劇「序」中明確指出他早就有寫它之意，「幼時發蒙，讀過《三字經》，早就接觸到『蔡文姬能辨琴』的故事。」只是「沒有想到隔了六十多年，我卻把蔡文姬戲劇化了。」一直久埋心中的願望，經現實的導火索一點，便如火山般猛烈地噴發了出來。從劇情看，蔡文姬之歸漢，不僅是為實現父願，還因為是尋找「明主」而來，曹操結束了漢末的大動亂，「使黃河流域的生產秩序得到恢復和發展，使流離失所的人民得到安居樂業」。蔡文姬甘受與兒女訣別的徹骨之痛而毅然返鄉，這既是對太平盛世的熱烈讚美，也是對亂世與濁世的徹底否定。郭沫若寫出了一千多年前悲喜交集的人生故事，同時也否定了現世的自己。可以說，通過此劇，郭沫若的憤懣之情既深藏其裏，又躍然紙上。《蔡》劇中這一重要玄機，終於在20年後被郭的老友徐遲揭破，他說，歷史人物蔡文姬「曾如此撥動了郭沫若的心弦，因為他自己也曾去國十年」，

「沒有這個切身的經歷，他就不會如此深切地體味了蔡文姬的哀傷」，又說，「他也需要訴述他心靈中的隱痛，寫出他魂魄中的微顫。借《胡笳十八拍》的詩句，他表達了自己無可奈何的心情，以『生死鴛鴦，鏡劍配合』之意，來解釋了他自己的一段身世」。在徐遲看來還不止這些，他非常希望讀者能真正明鑒：「個人哀愁」還在其次，郭沫若實際是通過此劇來發揮他「以天下人的兒女作為自己兒女」的思想，他「落墨之時，也懷有范仲淹在岳陽樓上的心情」。「《蔡文姬》這個歷史劇，觸及了更深刻的政治內容。」[41]

1959 年 7 月，郭沫若動了寫另一部四幕歷史劇《武則天》的心思，至次年 1 月 10 日完成。它初稿為五幕，定稿縮短為四幕。與《蔡文姬》相比，《武則天》並不是最滿意之作；但與前者取得了驚人的一致在於，它同樣是「明主「的呼喚。《武則天》從初稿到定稿歷時兩年過半，其間作者還專門踏訪西安的高宗與武后合葬墓乾陵。雖說《武則天》和《蔡文姬》一樣都是「翻案戲」，但郭沫若寫《武則天》時的主觀感情卻要收斂得多。人藝導演焦菊隱也看出郭沫若僅僅想翻案但不想把自己過多擺進戲裏去，他在導演「雜記」中很老練地指出：「如果可以把《蔡文姬》的人物比作感情的化身的話，《武則天》的人物就可以比作理智的化身。……《武則天》不用同一種濃厚的感情色調，來塗抹形象，而給予它們各自的活潑的音階。每個人都將有自己的人

41 徐遲：《郭沫若、屈原和蔡文姬》，《劇本》1979 年 1 月號。

生哲學。」[42]並不是焦菊隱眼光銳利，而是郭沫若的確不能再像寫《蔡文姬》那樣自由瀟灑、任由自己的激情奔騰宣泄了。就在他決定寫此劇的當年8月，中共自解放以來最激烈的一次高層政治鬥爭在江西避暑勝地廬山展開，一心要「為人民鼓與呼」的彭德懷元帥遭到殘酷清洗，本打算反「左」的毛澤東突然舉起了反「右」的大旗。因此郭沫若在構思時就變得格外小心謹慎。他在《我怎樣寫〈武則天〉》中援引古希臘先哲亞里士多德的話表示，詩人的任務不在敘述實在的事件，而在敘述可能事件，而史家畢竟不同，《武》劇「仔細的分析不僅單指史料的分析，還要包含心理的分析。入情入理地去體會人物的心理和時代的心理，便能夠接近或者得到真實性和必然性而有所依據。」[43]這無非是說，我這是「史家」之言，而不是「詩人」之言。

但時過境遷之後，我們倒是可以真正體會到《武則天》特殊的歷史韻味了。也倒真為當年的作者捏一把汗。第一幕太子賢與裴炎、駱賓王、鄭十三娘結為死黨，準備來日奪回李家的江山。但武則天一登場，就以她的識才和大度贏得了政治宿敵的孫女上官婉兒的好感，並決定跟隨武的左右。這一筆，為後來的劇情發展埋伏了一個小小的高潮。第二幕暗殺明崇儼事發，牽涉到太子賢和上官婉兒。按照常裏，犯「欺君」之罪的上官婉兒和殺手趙道生必死無疑。然而武則天再次顯示了她宏大的政治氣魄與胸襟，她不僅從輕發落了趙道

---

[42] 焦菊隱：《〈武則天〉導演雜記》，《文藝報》1962年第8、9期。

[43] 郭沫若：《我怎樣寫〈武則天〉的？》，1962年7月8日《光明日報》。

生，而且決定繼續把上官婉兒留在身邊。第三幕得知裴炎、駱賓王等準備南北一起舉事反武的秘密後，上官婉兒立即著人報告武則天。武則天調集 30 萬大軍南下揚州征討，這邊不動聲色地拿下了裴炎及其黨羽。這是全劇最驚人動魄的一幕，作者避免了平鋪直敘的陳套，採用一緊一鬆的手法使整個情節波瀾起伏，環環緊扣。第四幕把武則天性格的刻劃推向了高潮，它是採取正反對比的方法進行的：對起草《討武檄文》的文人駱賓王，武則天慈悲為懷予以赦免；對政敵裴炎等則格殺勿論，毫不手軟。結尾處，肅殺的格調陡地一轉，全劇換上明朗與抒情的氣氛，突現出對武則天這位歷史上有作為的女政治家熱情讚美的主題：「天下是『天下人之天下』。朝廷今後要加倍地尊重農時，務盡地力，獎勵耕讀，通商惠工，廣開言路，重用人才，要使四海如同一家，萬邦如同一族。」

儘管《武則天》公演後史學界和戲劇界對郭沫若過於粉飾武則天有不同的私議，但在周恩來這裏仍然獲得了最高的支持率。一幅周恩來和飾演武則天的演員立於兩旁，郭氏神情恬然地坐在中間的照片，足以說明公演後創、導、演各方其樂融融的氣氛。但批評與肯定雙方卻都沒注意到《武則天》的雙重敘事結構：表面上的歌頌與深含著的諷刺。武則天之能夠寬恕公開著文罵她的文人駱賓王，[44]與毛澤東不能見容與他一道出生入死、共同擔當革命大義的開國元勳彭德懷，

---

[44] 有趣的是，郭沫若本人就是 1927 年的駱賓王，他的《請看今日之蔣介石》即是一篇震驚一時的討蔣檄文。

在戲裏戲外形成鮮明對照；武則天宣揚「廣開言路，重用人才」，「四海如同一家」，解放後的文化政策則強調對知識份子進行「思想改造」，等於是人分九等，把「人才」打入到社會底層；這部話劇看似在「粉飾太平」，實際卻深藏著對「明主」和真正的社會主義「太平盛世」的熱切呼喚。《武則天》的深沈機心使人感到郭沫若的大手筆和大家氣概原來也可以通過這麼一種不經意的閑情表現出來，他的憂國憂民之心居然可以用堂皇的方式公之於天下——這實在是建國文藝創作中的一個不能算是小的「奇蹟」。但《武則天》公演，也意味著郭沫若建國後帶有某種「探索」色彩的文學創作的徹底結束。

在這個意義上，隨後寫就的電影劇本《鄭成功》為這一「結局」劃上了一個太過匆忙的句號。劇本意在宣傳愛國主義精神，但它立意平庸，表現一般，基本沒有什麼可取之處。1962 年 11 月，完成初稿的郭沫若乘興遊覽廈門，參觀鄭成功，並就有關史料就教廈門大學歷史系的學者，以便修改《鄭成功》時再添一把火。但缺乏作者精神「主體性」、離現實已遠的劇本，即使再努力為之也將於事無補。所以，此年 3 月劇本在《電影劇作》發表後反應平平，喝彩無多。《鄭成功》的藝術命運，恰好引證了他一年前在寧波天一閣所題的一副對子：「好事流傳千古，良書播惠九州。」來自藝術法庭的懲罰，連即使當時大紅大紫的郭本人也概莫能外。

四、政治打油詩及其它

郭沫若解放後創作水平的全面滑坡，集中表現在詩歌創作中。

在 1949 到 1978 年的 27 年間，郭沫若筆耕不止，共寫新詩和舊詩一千幾百餘首。出版有《新華頌》（1953）、《毛澤東的旗幟迎風飄揚》（1955）、《百花集》（1958）、《百花齊放》（1958）、《長春集》（1959）、《潮集》（1959）、《駱駝集》（1959）、《東風集》（1963）、《蜀道奇》（1963）、《邕漓行》（1965），和離世後由他人編選的有《沫若詩詞選》、《東風第一枝》、《郭沫若遊閩詩集》，總共 13 本之多，另一些詩作因某種原因沒有收入。郭沫若可謂活到老，寫到老，直到他去世的前兩年，還寫下了當時膾炙人口的《水調歌頭・粉碎「四人幫」》。不僅如此，他還創下了解放後詩歌界的幾個之「最」：一是在同輩詩人中寫得最多的詩人；二是最先發明了「政治打油詩」這一新文體；三是最先寫出歌頌新時代的詩作《新華頌》，比向來敏感的艾青的《旗》早了整整 7 天。

1958、1959 兩年，可稱之為郭沫若詩歌寫作的「狂歡節」。他生產詩作之快，簡直創造了自中國新詩誕生以來的「奇蹟」。常常是一天一首甚至數首，與相對講究的歷史研究、歷史劇創作比，在題材上可以說到了狂放無忌，什麼都可以入詩、什麼都可以順手拈來的地步。當然，他在藝術上的粗製濫造，也發展到「登峰造極」的極限。郭沫若熱烈地關注著全世界和我國政治生活中的重要事件和各個時期的中心工作，將之作為他詩歌創作的主要靈感。大至怒斥美帝國主義干涉我軍炮擊金門（《斥美國戰爭狂人》）、陪同毛澤東等國家領導人登天安門（《慶祝建國十周年》）、保衛世界和平運動、朝鮮戰爭、「三反」「五反」、過渡時期總路線的頒佈、長江大橋和十三陵水庫建成、「大躍進」和大煉鋼鐵運動，小到掃文盲學文化、防治棉蚜蟲、除「四害」、山東民間剪紙和看高甲劇團演出，無一不攝入他的筆底，引發他詩歌創作的沖天豪情。郭沫若寫得最多、最濫的還是「紀遊詩」，每到一地皆有詩作，但即使抒發遊山逛水的豪興，也不忘聯繫國內形勢、政治鬥爭和建設成就，給人穿鑿附會的印象。他在一篇文章中記述自己拼命趕制詩作的「心態」時，曾形象地說：「我到張家口地區去，自然而然地寫了幾十首詩，最後一首詩的最後一句是：『遍地皆詩寫不贏』，完全是我的實感。那些詩不是我作的，是勞動人民做在那裏，通過我的手和筆寫出來的。」[45]

熟悉郭沫若創作歷史的人們不禁會問：這位中國新詩的奠基者，難道竟然不知寫詩的義理和章法了嗎？答案是：否。在 20 年代，郭沫若曾明確宣稱：「詩是人格創造的表現」，「個性最徹底的文藝便是最有普遍性的文藝，民眾的文藝」。他嚮往強有力的個人，在想像中塑造了那個具有無限能量的「天狗」式的自我形象，把是否有突出的個性看做詩的生命。他認為，「詩之精神在其內在的韻律」，「內在

---

[45] 郭沫若：《浪漫主義和現實主義》，《紅旗》1958 年第 3 期。

的韻律便是『情緒底自然消漲』」。[46]他還說，「具有音調的，不必一定是詩，但我們可以說，沒有情調的，便決不是詩」，「非詩的內容，要借韻語表現時，使我們不生美的感情，甚至生出嘔吐的」效果。[47]正因深信「個性」、「內在韻律」、「情調」是構成詩的基本要素，和創作的根本原則，除此之外都是「非詩」的東西，在 1928 年完成詩集《恢復》之後，已有敏銳危機感的郭沫若決定不再寫詩，而改寫戲劇和從事歷史研究。唐曉渡認為，解放後的郭沫若之所以發展到這一步，完全是「屈服於權力和或政治中心話語」的結果，他「在此過程中內心必有所懷疑和矛盾，但他仍然一再說服了自己而混同流俗」，因此值得探討的是他「當時的激情澎湃，神采飛揚以及他的自詡，究竟是真誠的流露，還是矯飾的表演？」他進一步指出：「如果問題的複雜性並不妨礙其中確有真誠因素的話——我個人傾向於這種因素占主要成份：場合的半私人性質且不論，如若不是出於真誠，他盡可以對那些詩只作工作性質的交代，而不必予以任何自我評價。」[48]對左派文人一向批評態度生猛的丁東，對晚年的郭沫若卻持著一種寬諒的口吻，他說：「明眼人一看即知，郭老晚年表面上地位顯赫，實際上並無尊嚴。否則，年輕時曾經呼喚鳳凰在烈火中再生，到暮年何必如此阿諛？」「自古以來，文人由士而仕，都難免以出讓自我為代價」，「郭老的悲劇在於，他不是沒有自省能力，而是有心自省，無力自

---

[46] 郭沫若《論詩》，引自《文藝論集》，上海光華書局，1925。

[47] 郭沫若：《論節奏》，引自《文藝論集》，上海光華書局，1925。

[48] 唐曉渡：《郭沫若和新詩的現代性》，《文藝爭鳴》1997 年 1 月號。

拔。」[49]郭沫若未必是真心背叛和拋棄藝術信仰，問題在於他已經不能再像 20、30 年代那樣完全掌控住自己的筆。

郭沫若同樣是中國傳統文化中人。像大多數中國知識份子一樣，「士為知己者死」的傳統道德觀念，深刻地支配著他的思想和感情，也深刻支配著他的言與行。建國後，中國共產黨和中國人民給予了他極高的政治地位和榮譽，給了他連想都不敢想的最高的「禮遇」。對一生都處在飄泊和動蕩之中的郭沫若來說，欣欣向榮的新中國，和 50 年代整個社會和諧、健康與上進的氣氛，與他和同代知識份子所長期奮鬥與苦苦追求的「社會理想」應該是一拍即合的。[50]作為手無寸鐵的文人，他只有手中這一管筆；而「知恩圖報」，則是他這一時期最適當和最真誠的個人表達。在此情況下，「歌頌」和「讚美」新時代成為郭沫若 1949 至 1957 年間詩歌創作的「主旋律」，是極其正常的，也是十分符合邏輯的。1949 年 9 月 20 日他在《新華頌》一詩裏寫道：「人民中國，屹立亞東。／光芒萬道，輻射寰空。／艱難締造慶成功，／五星紅

---

49 丁東：《從五本書看一代學人》，《黃河》1996 年第 4 期。

50 1924 年 8 月 9 日夜，從中國回到日本的郭沫若在信中向老友成仿吾吐露了生活的窘況：「我們在這兒收入是分文沒有的，每月的生活費，一家五口卻在百元以下，而我們到現在終竟還未餓死」，又說，「我為這三百元的路費在四月底曾經親自跑到東京：因為非本人親去不能支領。我在東京的廢墟中飄流了三天，白天只在電車裏旅行，吃飯是在公眾食堂，一頓飯只要一角錢或一角五分錢，晚來在一位同鄉人的寓所裏借宿。」不單如此，三百元剛取來即還了二百五十元舊債，最後終因拖欠房租，被房東「趕出來了」。這種個人苦難與郭嚮往的「新時代」之間的鮮明對比，成為我們研究他 50、60 年代真實心態的一個重要參照。參見郭沫若《孤鴻——致仿吾的一封信》，《文藝論集續集》，上海光華書局，1931。

旗遍地紅。／生者眾，物產豐，／工農長作主人翁。」1952 年 12 月 31 日，在《記世界人民和平大會——用陳叔老原韻·其六》中流露了替國分憂的真實心情：「協商談判是一端，／五國能齊舉世歡。／漫道和平無原則，／還須增產克艱難。」1957 年「五一節」，在天安門城樓看到廣大人民群眾萬頭攢動的熱鬧情景，不禁豪情萬丈，他真正地激動了：「天安門下人群如海，／天安門上勝友如雲。」他滿眼所見的都是，「你看呵，孔雀在開屏，／一群蝴蝶在鬧著星星。／五彩的探照燈的光，／在半空中織成雲錦。」於是，他要把真誠的祝福獻給「使人們歡樂著直到天明」的這個新時代。同年 9 月武漢長江大橋提前竣工的消息傳來後，興奮之中的郭沫若，馬上揮筆對那座遙遠和宏偉的大橋展開了豐富而誇張的藝術想像：「一條鐵帶栓上了長江的腰，／在今天竟提前兩年完成了。／有位詩人把它比成洞簫，／我覺得比得過於纖巧。／一般人又愛把它比成長虹，／我覺得也一樣不見佳妙。／長虹是個半圓的弧形，／舊式的拱橋倒還勉強相肖，／但這，卻是坦坦蕩蕩的一條。／長虹是彩色層層，瞬息消逝，／但這，是鋼骨結構，永遠堅牢。／我現在又把它比成腰帶，／這可好嗎？不，也不太好。／那嗎，就讓我不加修飾地說吧：／它是難可比擬的，不要枉費心機，／它就是，它就是，武漢長江大橋！」手舞足蹈的郭老，在這裏竟和熱愛他的讀者玩起了繞口令式的文字遊戲。但手舞足蹈、顛狂有餘而感情充沛，何嘗不又是郭沫若和當時整個時代情緒的真實寫照呢？！

1958 年是郭沫若個人的轉捩點，詩歌的濫情年，和他一生文學創作的全面崩潰期。這一年的郭沫若，開始漸露出厭倦之態。據不完全統計，當年他寫詩 232 首，平均不到一天半一首。這還不包括那些扔進廢紙簍，或沒有收進《郭沫若全集》的無法統計的詩作。這一年，郭沫若的詩歌音調突然高了幾個八度，有一種直沖雲霄的形象和效果。造成這種結果有以下幾個原因：一、轟轟烈烈的「大躍進」將面臨全面的失敗，假話、空話和大話惡性發展成全社會的普遍風氣，對領袖人物的個人崇拜更是到了登峰造極的地步。它直接誘發了詩人內心世界的毀滅感和虛無感，使他理想社會的大廈在頃刻間坍塌下來。他從五四時代起即執著追求的「自由」、「民主」和「光明」的宏偉目標，一時間土崩瓦解，潰不成軍——對他來說，這是一個前所未有的現實的刺激和打擊。有人說：「郭沫若對『大躍進』把學生身體弄壞了也有看法。瞭解到浮誇、虛報的真相，他也反感；老百姓得浮腫病，他也有點憂國憂民。」[51] 8 月 28 日，他在一封信中流露出尖銳的諷世口氣：「有人稱我為『社會主義的哥德』，更希望我『寫出二十世紀中國的浮世德』來。這若不是開玩笑，就是一種嘲諷罷。」[52] 然而就在半年前，他卻言不由衷地鼓勵青年學生說：「紅就是朝氣發揚的象徵。社會主義制度下的勞動者，你們看，那是多麼精力瀰滿、朝氣發揚。我們就是要做到這樣的紅，有氣魄創造新文化、創造幸福生

51 胡化：《高處不勝寒——關於郭沫若的訪談》，引自丁東編：《反思郭沫若》第 266-269 頁，作家出版社，1998。

52 《致陳明遠》，黃淳浩編《郭沫若書信集》（下）第 99 頁，中國社會科學出版社，1992。

活、創造理想的共產主義社會。」[53]玩世不恭之態，是對社會現實的曲折反應。二、「革命的浪漫主義與革命的現實主義」的提倡，成為一個日益狹窄但凜然不可冒犯的文學創作原則。本來對新中國的「人民文藝」尚抱幻想的郭沫若，這時嚴重地意識到，所謂「個性」的、「自由」放任的詩歌創作已完全不可能。由此形成了心理上的極大反差：一方面他熱情地附和這一文藝主張，寫出多篇文章向社會推廣，另方面私下又把表露屈原獨立人格的舊作《桔頌今譯》抄與友人，其中有這樣的詩句：「燦爛的桔樹啊，枝葉紛披，／生長在這南方，獨立不移」，「啊，年青的人，你與眾不同。／你志趣堅定，竟有桔樹的作風。」[54]「桔樹」的作風，在這裏恰好構成了對所謂「兩結合」的強烈反諷。值得深思的是，桔樹的高風亮節和獨立品格是對濁世的徹底否定，而郭沫若在公開場合的隨波逐流，卻又是對桔樹形象的一種褻瀆。三、現實的扭曲導致了郭沫若人格的扭曲，而人格的扭曲則造成了他詩歌創作的徹底變形。於是，「他後來寫詩是自暴自棄，反正我就這麼胡寫了，不是當詩寫，想到哪兒就寫到哪兒。遇有什麼時事，《人民日報》等媒體就找他約稿，請他作詩表態，他一般都不拒絕。約了稿就寫，寫了就刊登，刊登後自己也就忘了。」[55]對郭沫若這一階段私下的言行，

---

[53] 郭沫若：《致青年同學們》，1958 年 2 月 10 日《中國青年報》。

[54] 郭沫若：《1958 年 6 月 29 日致陳明遠》，《郭沫若書信集》（下）第 96、97 頁。

[55] 胡化：《高處不勝寒——關於郭沫若的訪談》，見丁東編：《反思孤沫若》第 266-269 頁，作家出版社，1998。

上述所引只是一個存有爭議的孤證，我們一直找不到有分量的旁證。而歷經時間的淘洗，出示孤證的人是否經過了有利於現在的修改或潤飾，也很難說。不過，從他創作數量的驟然增加，藝術質量的普遍粗糙化來看，以上推論當是無可置疑的。

厭倦態度是培育無聊之作的天然溫床，而無聊的意境，則將大量詩作變成了不忍卒讀的藝術贗品。郭沫若 1958、1959 兩年的詩歌在題材上可分兩類：一是迎合時事而不假思索的「應時之作」；另一類是遊山玩水的紀遊詩。前者具有代表性的是詩集《百花齊放》，其他遍佈《郭沫若全集》「文學編」3、4 卷中。1958 年 3 月，郭沫若回應提倡「百花齊放」的號召，決意把兩年前做的「牡丹」、「芍藥」和「春蘭」三首詩拿出來，湊齊一百首，藝術地象徵社會生活中「百花齊放」的大好形勢。他承認對花瞭解不多，「在寫作中，很多朋友幫了我的忙。有的借書畫給我，有的寫信給我，還有的送給我花的標本或者種子。我還到天壇、中山公園、北海公園的園藝部去訪問過。北京市內賣花的地方，我都去請過教。」[56]創作不是依靠生活的觸發、心靈的激動，而是去硬找、硬作，並居然表白得如此堂而皇之，一副無聊之心態不禁躍然紙上。他用《雞冠花》比喻總路線的一日千里的形勢時曰：「因此，我們特別地把頸項伸長，／因此，我們特別地放開了喉嗓：／『鼓足幹勁，力爭上游，乘風破浪！』／誰還沒聽見嗎？聾得太不像樣！」他以改變《臘梅

[56] 郭沫若：《百花齊放・後記》，人民日報出版社，1958。

花》的開花日期奉承「人定勝天」的大道理，說：「在冬天開花已經不算稀奇，／掌握了自然規律可以改變花期。／不是已經有短日照菊開在春天？／我們相信臘梅也可以開在夏季。」跟著批「白專道路」的輿論，他把詩的意境完全丟在一旁寫道：「陽光如果缺少，我們要起變化，／紅色的花會要變成白色的花。／在這裏顯然包含著深刻教訓：／紅色專家也能變成白色專家。」郭沫若「跟形勢」寫詩的例子可謂多矣，下面不妨舉出幾例：蘇聯第一顆人造衛星上天，他馬上寫出《第一個人造地球衛星的訊號》；紀念「十月革命」40 周年的前一天，他就創作出《歌頌十月革命》；偶爾看到毛澤東的一副照片，他寫了《題毛主席在飛機中工作的攝影》；看完歌劇《白毛女》之後他順手又寫出了《題五位白毛女合影》作為祝賀；得知我國運動員在國際比賽獲得好成績的消息後，郭沫若發表了《體育戰線插紅旗》；離建國十周年還差 9 天，他就為這個節日準備了 8 行短詩《慶祝建國十周年》；為中央氣象局他題寫了《題氣象館》，刊於 1959 年 10 月 16 日的《氣象簡報》第 30 期上；他還專為一家雜誌題詩，題目叫《題〈圖書館通訊〉》，並登在 1959 年《圖書館通訊》第十期。等等。今天看來，這些詩作不光意境平庸，語言粗糙，而且詩風也甚惡劣，對作者本人的形象也是整體的糟蹋和破壞。據龔濟民、方仁念的《郭沫若傳》所述，作者那兩年已發展到近於瘋狂和失去理智的狀態，到了被天下書生所恥笑的地步。1958 年 5、6 月間，郭沫若親率北京第一批「走馬觀花」體驗生活的文藝家們，以文聯參觀團的名義去張家口地區深入生活，先後在懷來縣花園鄉、涿鹿縣和張家口市訪問和勞動了半個月。由於當地頻頻施放畝產「衛星」，郭趕寫的數十首詩從手稿到交新華社發稿，常常要幾次更改數位，因為他詩中的數位跟不上「躍進」數位的變化：什麼蕃薯「爭取畝產一萬斤」，什麼「不見旱稻三萬六，又傳中稻四萬三」，什麼「不聞鋼鐵千萬二，再過幾年一萬萬」，究竟是在寫詩還是寫童話，連作者本人也不辨真假了。[57]如此的「詩歌創作」受到今人的譏評，是不讓人感到意外的。洪子誠指出：「這些代替了他二十年代初在《女神》中的『自我』形象和個性化的情感表現，是概念的堆砌和對事實的一般性描述」，「這已經近於文字遊戲了。《百花齊放》可以說是開了從『大躍進民歌』到六、七十年代時興一時的簡單比附的詠物詩的先河。」[58]謝冕對郭這一時期的詩歌也進行了尖銳的批評，他說：「他為各種各樣的政治運動和中心任務寫詩，從某項政策的頒佈到農村的學文化和防治棉蟲。為了加強政治意識，他不惜以大量的標語口號入詩，著名的組詩《百花齊放》可以說是以簡單的外形而裝填流行的政治概念的標本。」[59]

以上的創作，實乃是「政治打油詩」的典型品格。從事這類詩寫作的人，大搞既不對政治認真負責，也不再對自己的心靈負責了罷。它象徵著我國當代社會一部分高層文化人

57　龔濟民、方仁念：《郭沫若傳》第 411、412 頁，北京十月文藝出版社，1988。

58　洪子誠、劉登翰：《中國當代新詩史》第 38、40 頁，人民文學出版社，1993。

59　謝冕：《20 世紀中國新詩：1949—1978》，《詩探索》1995 年第 1 輯。

士一種厭倦的極端情態，在它背後，隱伏著 50-70 年代社會道德、文化和精神生活的深刻危機。在某種程度上，也表明郭沫若與左翼文化歷史性的關係中出現了一道看不見的裂痕。從 1927 年起，郭沫若就是中國革命事業的參與者、同情者和支持者，在現代中國的歷次驚濤駭浪中，他都是義無反顧和堅定地站在這一邊。作為左翼文人的代表人物，郭沫若對政治的參與中確實不排除實現個人抱負的功利成分，但總的看，他對中共及其領袖人物始終是真誠和無條件地信賴的。在《郭沫若同志和黨的關係》一文中，吳奚如批駁了錯把郭當做「黨外民主人士」的謬見，指出他與黨是一種「風雨同舟」的牢固關係。陽翰笙的文章《回憶郭老創作二十五周年紀念和五十壽辰的慶祝活動》也試圖證明，郭沫若對黨而言不是一般意義的「朋友」和「諍友」，而是黨安放在國民黨統治心臟中一顆其他任何人都無法替代且威力極大的「定時炸彈」。周恩來稱表面上是在祝壽，實際是一場意義重大的「政治鬥爭」和「文化鬥爭」，「通過這次鬥爭，我們可以發動一切民主進步力量來衝破敵人的政治上和文化上的法西斯統治。」[60]解放後頻繁發動的政治運動和對文藝創作的日益鉗制，加深了郭沫若歷史觀和文化觀的危機，使這一關係的鏈條逐漸出現了走樣、變形以至脫節的現象。而個人生存的危機感，則使他採取比較荒謬的方式來處理與意識形態的關係。他曾極清醒地指出：「您對於『人民本位』的觀點提出了一個很重要的補充，認為它不僅與『帝王本位』

[60] 兩篇文章均見《新文學史料》1980 年第 2 期。

相對立，而且與『官僚本位』相對立。我同意您的看法。在封建制度之下，『官僚本位』是依附於『帝王本位』的，前者乃是後者的延伸；在目前的社會主義制度之下，雖然『帝王本位』已經失去了存在的基礎，然而『官僚本位』的惡性勢力還有所抬頭，應該說，這正是一股封建殘餘。」[61]這說明他對當時的現實，不是沒有自己的認識。但他最終放棄了「浮士德」式的探索，而走向油滑、自我保護和自我褻瀆的一途。由此可以說，「政治打油詩」正是郭沫若無奈心態的真實反映。在今天，對這一文學現象和精神現象的深入探究，也許比對它的徹底否定更有思想的價值。

五、「中國的歌德」現象探究

熟悉郭沫若個性的人會發現，時代的文化英雄是他一生中最重要和持久的「情結」之一。在他心目中，歌德是世界詩壇的「第一人」。他自比歌德，但心態在不同時期又有不同的變化。

郭沫若 23 歲讀歌德，29 歲翻譯《浮士德》第一部，31 歲譯《少年維特之煩惱》，34 歲在文章、演說中言必稱歌德，64 歲因被人稱作歌德而愧疚，87 歲去世前再次因被稱作歌德而惶恐不安。郭沫若的青年時代，是「天狗」式天馬行空、毫無拘束的時代。年輕的郭沫若，曾夢想成為歌德，

---

[61] 《1960 年 12 月 3 日致陳明遠信》，《郭沫若書信集》（下）第 115 頁。

他與田漢在日本有過一個合影，一個自詡歌德，一個自詡席勒，充滿沖天的才氣和狂氣。他說：「我譯此書，於歌德思想有種種共鳴之點，此書主人公維特之性格，便是『狂飆突進時代』（STURM UND DRANG）少年歌德自身之性格，維特之思想，便是少年歌德自身之思想。歌德是個偉大的主觀詩人，他所有的著作，多是他自身的經驗和實感的集成。」他把歌德的思想和性格總結為：第一、是他的主情主義。他認為，歌德是把人置於萬事萬物之上的，堅信「到了熱情橫溢，衝破人性底界限時，沒有甚麼價值或至全無價值可言」的人生理念，因此他把情感的盡情表達看做產生藝術靈感的的唯一源泉，是創造「宇宙萬匯」的最佳形式。第二、關於他的泛神論思想。泛神是無神。在傳統觀念中，一切的自然是神的意志的體現。而在泛神論者看來，我即是神，一切自然都是我的表現。人到無我的時候，與神合體，超絕時空，而等齊生死。「人到一有我見的時候，只見宇宙萬匯和自我之外相，變滅無常而生生死存亡之悲感，萬物必生必死，生不能自持，死亦不能自阻」，所以自我的充分完成是至高的道德。第三、對自然的讚美。他認為自然是一神的表現，自然「是神體之莊嚴相」，所以他對自然絕不否定。相反，他肯定自然，以自然為慈母，以自然為朋友，以自然為愛人。與此同時，他反抗技巧，反抗既成道德，反抗階級制度和既成宗教。第四、是他對於原始生活的憧憬。在歌德看來，原始人的生活最單純、樸質，也最與自然親近。所以，詩人要表現原始生活的方方面面，表現「人底單純無礙的喜悅」，並相信這是件「快心事」，是人「極真實的至誠」和「全部精神灌注於一切」的體現。第五、對兒童的尊崇。歌德指出，兒童的「行徑」是天才生活的縮影，是他生活的楷模，然而，成人卻對他們這種「時無古人，地無東西」的天性橫加干涉和束縛，這不僅是對幻想生活的漠視，而且是對藝術的粗暴踐踏。[62]其實，主情主義也好，泛神論也罷，無論讚美自然還是尊崇兒童，都圍繞著一個目的：怎樣最充分地表現自己。這是典型的五四式的「拿來主義」。或者叫典型的郭沫若的個人主義哲學。

五四是破舊圖新的年代，要破傳統就必須立個人，要反傳統就必須張揚個性。而無拘無束、出人頭地既是郭沫若的天性使然，又是時代風氣催化的直接結果。歌德在郭沫若個性的現代轉型過程中，偶然發揮了巨大跳板和推動器的特殊作用。郭沫若自小就是一個表現欲極強的人。在他的個人自傳中，不乏這方面的記錄：上樂山高等小學堂時，因「領頭罷課」而遭「勒令退學」；中學時醉酒罵老師，再次被「斥退」，所以終日「遊山玩水、吃酒賦詩」而無心學業的他，對母校留有極惡劣的印象。他在一首題為《九月九日賞菊詠懷》的五律中借機報復說：「黃花荒徑滿，／清眼故人殊，／高格自矜賞，／何須蜂蝶諛。」意思是你一荒草離離的破學校，我等清高之人還看不上呢，憑什麼要與那些「蜂蝶」之輩同流合污？；五四運動時，他跑到上海鬧學潮，連客棧周圍環境還沒弄清楚又跑回了日本；發起創造社和創辦《創

62　郭沫若：《〈少年維特之煩惱〉序引》，《創造》季刊第 1 卷第 1 期，1926 年 9 月。

造》使得郭沫若在國內文學界一炮打響，但罵名人和專與其作對，也給胡適、魯迅等當時文壇名流留下極深的印象；1927年，他還「敢為天下先」寫下《請看今日之蔣介石》，大罵蔣是「流氓地痞、土豪劣紳、貪官污吏」，令全國輿論所側目；他寫《屈原》，既有為中國共產黨伸張正義之含義，其中也充滿著個人表現的強烈欲望，所以屈原朗誦的《桔頌》，在某種程度上就是郭沫若的「個人頌」，是他在借國統區的大舞臺登臺亮相，是在眾目睽睽之下的長袖善舞。[63]據說，身為國民黨中央宣傳部副部長的潘公展曾針對劇中的「雷電頌」聲色俱厲地質問道：「什麼叫爆炸？什麼叫劃破黑暗？這是造反！這是有些人借演戲搞不正當活動，這是別有用心！」雖然出發點是聲討郭沫若的政治用心，但從反面又證明了他在個人表現上確實也大獲全勝，收穫多多。諸如此類的例子，在郭沫如若漫長的一生中可謂多矣。但如果不上升到認知和精神的層次，畢竟還屬小兒科行為，是兒童的「行徑」和原始的「衝動」。可以說，正是歌德使郭沫若這個反潮流英雄、五四時代的個人浪子，重新認識了「個人」的價值和意義。是這位一百多年前的德國「狂飆突進」時代的文化英雄，使郭沫若真正找到了個人，也正是歌德從行為、思想到精神全面包裝了郭沫若。正如尼采包裝了魯迅、杜威包裝了胡適，19 世紀人道主義包裝了中國新文學文壇一樣，歌德促使郭沫若原始性的個人衝動與五四精神個性自由的價值指歸實現了全面的接軌。

---

[63] 參見《學生時代》，《郭沫若全集》第 12 卷；《革命春秋》，《郭沫若全集》第 13 卷。人民文學出版社，1992。

在上述背景中，重新認識郭沫若文化英雄個人情結產生的社會環境和文化環境，並進而探究他以後這方面的重大挫折以及深刻成因，就具有了全新的視角。前面說過，五四時代是鍛造個人天才人物的特殊時代，但五四畢竟不是體制化的時代。20 世紀上半葉，中國社會的內憂尤其是外患，達到了自近代以來空前激烈的程度。政權的頻繁更迭，外敵當前的緊迫危急，更因為長於軍事、短於文化思想控制的當局特點，卻造成了個人文化英雄產生的某種有限空間。李新、李宗一主編的《中華民國史》第二編第二卷（1916-1920）指出：「自北洋軍閥政權建立後，中國在政治上進入了一個黑暗的歷史時期，但是在思想文化方面，卻出現了一個絢麗多彩、群星燦爛、百家爭鳴的局面。」[64]對這種軍事政治與思想文化分離，甚至一手硬、一手軟的矛盾狀況，費正清主編的《康橋中華民國史》分析其中的原因是：「1927 年以後，在蔣介石手中形成的這個政權，既不是極權主義的，也不是民主的，而是在政治領域中不穩定地處於二者之間」，由於作為軍政權的功能過於強大，「黨——國民黨甚至比政府的行政機關更萎縮」，而這種情況最終導致了政治上的衰弱，儘管有暗殺、綁架等特務手段相輔助，但政治對思想文化空間（大學、出版、團體等）的滲透能力仍然是有限的，不能形成高度的管理和控制。[65]這種失控狀況在郭沫若身上表現得就非常離奇。他 1927 年 5 月在《中央日報》副刊發

64　見該卷第 369 頁，中華書局，1987。

65　該書（下卷）第 3 章「南京政權的意識形態、結構和職能的行使」部分，中國社會科學出版社，1994。

表討蔣檄文《請看今日之蔣介石》，當月 10 日國民黨當局發出《通知軍政長官請通緝趨附共產之郭沫若函》，在全國予以通緝。然而，參加「八一起義」落敗後逃出的他，卻一直在港、滬盤桓，直到第二年 2 月才化名「吳誠」假充南昌大學教授離滬去日本。據悉，其間郭沫若還有下列文學活動：10 月 4 日，寫成小說《獻給新時代的小朋友》；本月 15 日與成仿吾合譯《德國詩選》，交上海創造社出版部出版，還與剛回國的馮乃超、李初犁、朱鏡我、彭康等時有交往；11 月 9 日，委派鄭伯奇、蔣光慈訪問魯迅，商談合作事宜；1928 年 1 月 1 日，以麥克昂化名與魯迅等聯名發表《創造周報復活宣言》，並發表《英雄樹》，公然提倡無產階級文學；另外，重譯《浮士德》，編成《沫若詩集》、《水平線下》、《沫若譯詩集》，寫就詩集《恢復》，還兩度入醫院治病等等。令人狐疑的是，眾多文人出入於他潛居的竇樂安路，甚至還有周恩來的來訪，處在國民黨統治心臟、而且特務和密探密布之中的這一郭沫若藏身之處，為什麼卻一直沒有被偵破，將被通緝者「繩之以法」呢？這不是由於國民黨當局太蠢就是由於其他原因。因無可靠材料，筆者不敢妄加推論。不過，其中大概兩個原因也許是不言自明的，一是由於國民黨政治上確實衰弱，在城市尤其是中心都市始終沒有構成「天網恢恢、疏而不漏」的社會群眾基礎。二是自由職業對郭沫若的掩護起到了非常關鍵的作用。楊曉民、周翼虎的《中國單位制度》一書著重考察的是 1949-1978 年中國社會單位制度的變遷及其影響，對我們討論問題不失參照作用，楊、周二人指出：「一、黨和國家通過單位不斷注入資源，使得單位成為社會資源唯一的擁有者，單位成為對全體社會成員實行資源再分配的組織。二、由於單位對資源的壟斷，黨和國家通過單位對個人的行政處置權決定個人的生存權，由於憲法保障的公民權在實際意義上不存在，法律沒有成為單位組織的運行規則。三、個人與政黨、國家之間的關係首先表現為政治上的依附，國家根據政治上的依附程度決定個體在單位體系中的分配利益。因此，單位成員必須努力參與政治才能獲得更多的生產和生活資料，這成為中國社會頻繁的政治運動的基層動因。四、單位成員的社會活動也被政治化了。由於單位成員必須以『無私』的面目出現，他就沒有理由拒絕代表集團利益的仲裁者——黨和國家對自己活動的審查。建國初期的『階級鬥爭』使得這種檢查合法化了。」[66]另一位社會學研究者路風對單位組織特性的歸納更加簡潔，他指出：「一、單位必須是一個就業場所。二、單位必須具有完備的黨政控制系統。三、單位的人力資源管理範圍是由國家勞動人事組織制定的計劃名額。」他認為這才是單位有效控制個人的關鍵。[67]郭沫若鑽得正是沒有「單位」的空子。在整個 20 年代，他除了在國民革命軍北伐總司令部有過短暫供職外，大部分時間都是一個游離於「單位」之外的自由職業者（很長一個時期內，現代作家和知識份子基本都處在這種狀況中），是一個刊物編輯、自由撰稿人。「單位控制」、「行政處置」與他的個人活動毫無干係。所

66　楊曉明、周翼虎：《中國單位制度》第 103、30 頁，中國經濟出版社，1999。

67　同前註。

以，他公開藐視當局的通緝，秘密潛居而且秘密出走，把歌德式的浪漫主義個人反抗表現得淋漓盡致。後來，他曾相當得意地誇示道，離滬與到達日本時，「既無護照須驗，也沒有行李待查，雖然有新聞記者來探聽消息，他們看見吳誠既非知名人士，自然也就很容易滑過了。」[68]活脫脫是一副頑童的惡作劇心理和嘴臉！

建國後，郭沫若的「歌德之路」遭遇了可以想像的挫折。首先，他進入了單位的控制系統，天馬行空的個性受到無形的壓抑和約束。郭沫若是國家領導人的重量級人物，他的工資關係、人事關係以及住房等待遇均隸屬於國務院事務管理局的管轄範圍。與他建國前自由職業者身份極大不同的是，他的「生活資源」、「就業場所」和「人事名額」等，都在國務院事務管理局的掌握之中。因此，作為國家領導人和文藝界的代表人物，他不能像過去那樣以「個人身份「隨意發表意見，他的形象不是個人形象而是公眾的形象，也即國家的形象；他的行為不是個人行為，而是集體和國家的行為。1978 年在他彌留之際，周揚代表中央來看望他，並稱其為「中國的歌德」，前面還冠之以「社會主義的」這個特殊的定語，但郭沫若卻大搖其頭。郭沫若翻譯歌德巨著《浮士德》，歷時多年，他當然知道歌德這句話的深刻奧義。歌德說：「浮士德身上有一種活力，使他日益高尚和純潔化」，而這種「活力」就是浮士德有一顆永遠探索不止的靈魂。他搖頭否認的真正含義，只有他自己最為清楚。其次，是他文

---

[68] 見《革命春秋》，《郭沫若全集》第 13 卷。

學創作環境和表現對象的變化。歌德主張詩歌表現個人真實的內心世界，認為詩歌某種程度上就是個人情緒的張揚和宣泄，郭沫若把這種主張概括為「自我之擴張」，說明他也把個性因素放在詩歌創作中相當重要的位置。建國後的個性主義文藝觀、審美意識和藝術表現受到了無形中的壓抑。即使是身居高位的郭沫若，也不能拒絕嚴密的文藝生產程序。這一程序意味著，「從採訪到作品完成，這一過程中有兩個不可或缺的技術手段：旅行工具與印刷出版。而技術手段又被限定在政治話語所允許、所倡導乃至所鼓勵的範圍之內，只有在後者那裏被『獲准』，前者才可以證明是有效的，他也才可以促成藝術生產的全過程。」[69]對建國後一批老作家希望適應新的文藝要求、但又無法適應的苦惱，陳徒手非常形象地概括為「果戈理到中國也要有苦悶」，他在研究老舍的創作過程時發現：「明知戲劇性減弱和人物變形，老舍為了時代大潮的需要和自己對新社會的期望，不得不在劇作中做出明顯的『犧牲』，時常留下今天看來十分幼稚的『敗筆』。這種明知故犯的事例在老舍創作中比比皆是，左怕右怕的心境真是難為了一代大師。善良的老舍還在會上對劇作中幾類角色喊冤叫屈：『有時為了找矛盾，找戲劇衝突，有幾行人倒了楣，總是成為攻擊對象。如果寫 58 年的教授，就不應把他寫成孔乙己的樣子。這時表現矛盾的偷懶，專找這些人，老欺負。』」[70]其實，郭沫若何嘗沒有類似的「苦悶」？

69　引自拙文：《在歷史話語的轉換之間——李瑛作品的一次「重讀」》，《詩探索》1995 年第 3 期。

70　陳徒手：《人有病，天知否——一九四九年後中國文壇紀實》第 386、沒有左右為難的現實境地？明明在感情上傾向於蔡文姬，以她自比，卻要掩飾說「我沒有絲毫意識，企圖把蔡文姬的時代和現代聯繫起來」；[71]顯然是肯定武則天的開明統治，塑造她的「明主」形象，為避政治嫌疑，又把她定位為「封建皇后」，認為「要說她完全站在人民的立場，當然是不合理的」；[72]以新詩奠基者的眼光，他不會不知道《百花齊放》和歌頌大躍進的詩作的粗糙，可他偏偏大量炮製，不惜敗壞自己顯赫的詩名。青年和中年時代的郭沫若傾其巨大精力翻譯歌德的《浮士德》不是沒有理由的，他是以浮士德對真理的執著探索作為個人奮鬥的價值目標，是要通過這部譯著教育和影響更多的中國人。我想，浮士德這段獨白，正是郭沫若的心願：「是的！我完全獻身於這種意趣，／這無疑是智慧的最後的斷案，／要每天每日去開拓生活和自由，／然後才能夠作自由與生活的享受。」而它對郭沫若一個時期內思想、生活和創作的否定，卻又不是他一個人的精神的悲劇。

事實上，純粹的歌德精神是子虛烏有的，歌德在中國五四時代特殊的文學接受中純然是一個精神的烏托邦。在歌德漫長而複雜的一生中，「狂飆突進」運動只是短短的一幕，他在初到魏瑪的十年內，這場運動已轉入「古典」主義的過渡時期。有人指出：「歌德的生地是舊商業城市的法蘭克福城，家世由商人而進為貴族，他自己後來且充當魏瑪的樞密官。因為這種關係，他一方面，表現出與同時代的詩人（如

---

387 頁，人民文學出版社，2000。

71 郭沫若：《〈蔡文姬〉序》，文物出版社，1959。

72 郭沫若：《我怎樣寫〈武則天〉？》，1962 年 7 月 8 日《光明日報》。

席勒）不同，他具有積極性，注重實踐生活以至帶有泛神論，素樸的唯物論的傾向，而且對於當時的社會的因襲的虛偽的生活樣式也取挑戰的態度。可是，在另方面，膽小的市井商人，門閥子弟和支配階級的根性也在歌德的作品中反映出來」，「歌德確是偉大的天才」，但他「在魏瑪時代且醉心於宮廷的極微小的快樂」，他認為，「歌德的這種二重性，正證明這個偉大的天才是為他當時的社會的政治的條件所制約。」[73]歌德不同時期的兩部作品，對他精神與生活的二重性做了入木三分的揭示。劇本《托夸多・塔索》借助義大利文藝復興時期菲拉拉公爵的宮廷詩人塔索和公爵的大臣安托尼奧的爭執，反映了當時歌德切身感到的一個難以解決的矛盾，即藝術創作和為宮廷政治服務之間的衝突。這個劇本向人暗示，詩人若不願在精神上沈淪毀滅，就必須和現實妥協——這是在魏瑪宮廷中苦悶的歌德的某種自供狀。在《浮士德》中，浮士德充滿積極進取和探索的精神，然而他的一生又為現實所困惑：在金碧輝煌的皇宮中，他看到的是藝術為宮廷政治所利用、所取樂的殘酷；他在海倫身上得到了真正的美與愛情，然而自己無限制的向上追求最後夭折於一個短短的瞬間；在得到「智慧的最後的斷案」、要儘量享受那「最高的一剎那」時，浮士德卻倒在地上與世長辭。《浮士德》從 1773 年到 1831 年全部完成，將及六十年之久；它與 1790 年寫完的《托夸多・塔索》之間，相隔也有四十年的歲月。兩部作品是歌德長達數十年間對自己生活痛苦和矛

73　《歌德自傳・譯者舊序》，劉思慕譯，人民文學出版社，1983。

盾的真率剖示，也是他那個時代知識份子追求必有挫折過程的生動演繹。有人曾對歌德的精神矛盾及其根源作過非常精闢的評價，他說：「連歌德也無力戰勝德國的鄙俗氣；相反，倒是鄙俗氣戰勝了他；鄙俗氣對最偉大的德國人所取得的這個勝利，充分地證明了『從內部』戰勝鄙俗氣是根本不可能的。」為此，他分析其中的原因道：「歌德過於博學，天性過於活躍，過於富有血肉，因此不能像席勒那樣逃向康得的理想來擺脫鄙俗氣；他過於敏銳，因此不能不看到這種逃跑歸根到底不過是以誇張的庸俗氣來代替平凡的庸俗氣。他的氣質、他的精力、他的全部精神意向都把他推向實際生活，而他所接觸的實際生活卻是很可憐的。他的生活環境是他應該鄙視的，但是他又始終被困在這個他所能活動的唯一的生活環境裏。」[74]

如果說五四以降的外國文學翻譯是一種誤讀，一種「拿來」為我所用的誤讀，那麼可以說，郭沫若對歌德的認識中也包含著相當濃厚的「誤讀」的成份。郭沫若初次譯歌德的《浮士德》第一部和《少年維特之煩惱》是在 1921、1922 年間，雖說五四運動剛落潮，但「少年維特」之風習還在廣大文學青年中迅速蔓延，大有不可收拾之勢。創造社幹將之一的成仿吾放言道：「如果我們把內心的要求作一切文學上創造的原動力，那麼藝術與人生便兩方都不能干涉我們，而我們的創作便可以不至為他們的奴隸。」話說得是多麼斬釘

---

74 恩格斯：《詩歌和散文中的德國社會主義》，《馬克思恩格斯全集》第 4 卷第 256 頁，人民出版社，1956。

截鐵、多麼決絕，而且還使用了「一切」、「不能干涉」和「便」這樣不容商量的可愛坦率的字眼。連一向穩重的文學研究會作家鄭振鐸這時說話也頗帶「維特」式的口吻，他聲稱把《小說月報》的宏大宗旨是：「重新估定或發現中國文學的價值，把金石從瓦堆中搜找出來，把傳統的灰塵從光潤的鏡子上拂下去。」[75]狂傲得目中無人，勇氣百倍而又幼稚可愛，正是五四一代人的集體性性格，難怪有的人要冠其為「誰主沈浮」的時代了。[76]受此文學風氣推動和影響，郭沫若對歌德的「文學接受」表現出非常明顯的「偏離」：他欣賞維特的大膽和衝動，卻忽視了德國浪漫主義的社會的固有「語境」；他極力嚮往浮士德的執著與追求，推崇他對魔鬼的聲言和宣告：「我要縱身跳進時代的奔波，／我要縱身跳進事變的車輪！／苦痛、歡樂、失敗、成功，我都不問；／男兒的事業原本要晝夜不停。」然而對魔鬼的忠告充耳不聞：「過去和全無，完全一體！／永恒的創造是毫無意義！／不過把成品驅逐向『無』裏！／……／我所喜歡的是永恒的太虛」；他看到的是歌德「堂・吉訶德」的這一面，無論在感情還是在理智上都不能接受歌德「哈姆雷特」的另一面；他只知道狂飆突進的德國，卻完全沒有想像到「鄙俗氣」的德國，而它照樣可以置偉大的人於死地。正是這種跨文化、跨語言的超級誤讀，使郭沫若長久地陷入歌德的幻覺中

75　孔慶東：《1921：誰主沈浮》第54、49頁，山東教育出版社，1998。作者乾脆把這本書命名為「誰主沈浮」，非常形象地概括了當時文學的思想性格。

76　同前註。

而不能自拔。他的一生被劈成了兩半，前半生是維特之再生，後半生是浮士德之復活。他的後半生恰好殘酷地被書齋中的浮士德博士不幸而言中：「凡物都是有成有毀。／所以倒不如始終無成。」郭沫若晚年生活中的一個插曲，非常形象地證實了歌德在中國的必然命運。1974 年「一月二十五日在北京舉行了有一萬八千人參加的所謂『批林批孔大會』。沫若實際上是被大會勒令到會，在會場上他幾次三番被主持會議的『造反派小將』點名批判，點到名時還要被罰站立起來。八十出頭的老人顫巍巍地站在寒風中」。[77]嗚呼，中國的歌德，不僅要受屈原被罷官時的屈辱，而且重新體驗了歌德在魏瑪的難堪，甘受籠中之鳥的尷尬。從此情景中聯想到郭沫若當年的放言，讀者當會生出恍若隔世的驚訝，他說：「讓歷史做我們的先生罷！凡受著物質的苦厄之民族必見惠於精神的富裕，產生但丁的義大利，產生哥德許雷的日爾曼」，「我們的精神教我們擇取後路，我們的精神不許我們退縷。我們要如暴風一樣呼號，我們要如火山一樣爆發，要把一切的腐敗的存在掃蕩盡，燒葬盡，迸射出全部的靈魂，提呈出全部的生命。」[78]

魯迅有一個著名的「創造社是尊貴的天才」的比喻。但 1974 年，歷史卻叫我們記住了一個難以忘卻的日子，正是在這一天，我們懂得了「歌德在中國」的豐富含義。

---

77 龔濟民、方仁念：《郭沫若傳》第 460 頁，北京十月文藝出版社，1988。
78 郭沫若：《我們的文學新運動》，《創造周報》第 3 號，1923 年 5 月 27 日。

六、郭沫若的思想譜系

郭沫若的思想是一個龐雜的譜系。他的思想是 19 世紀末到 20 世紀中國社會大振蕩、大陣痛、大茫然的縮影，也深深印刻著他個人在痛苦中探索、在迷茫中迂迴的軌迹。在這方面，1980、1998 年先後問世的《郭沫若總論》、《反思郭沫若》兩本著作進行了值得注意的探討。《反思郭沫若》的編者丁東指出，他編選這本書的用意是要「把郭沫若作為一個生活在 19 世紀末到 20 世紀 70 年代中國知識份子加以考察，從而看到他身上所體現的中國知識份子的悲劇」，它的宗旨「不是全面評價郭沫若的學術成就和文學成就，也不是全面估價郭沫若的文化貢獻和歷史地位」，他認為「正面」肯定的文章已經很多，而「反面」考究的文章則遠遠不夠，所以這本書主要是「反思郭沫若的悲劇和弱點」。[79]另一書的編選者指出：從郭沫若思想的複雜性看，僅僅從「正面」和「反面」是很難窺見他思想的全貌的。他的思想世界中既有縱向的歷史的線索，也有橫向的現實的成因，更多的時候是相互糾纏、彼此矛盾的。[80]

1924 年夏以前的十餘年間，是郭沫若個人主義思想的形成和發展期。在此過程中，明顯有三個重要資源：一是晚清思想界「救國圖存」和鼓吹個人探索的總體氣候，一是王陽明、莊子思想中的自由主義精神，另一是西方的個人主義

79　丁東編：《反思郭沫若‧編後記》，作家出版社，1998。

80　《郭沫若總論》，香港商務印書館，1980。所收文章基本對郭解放後的言行和著作持否定態度，反映出 80 年代國內學界的反「左」傾向。

文化思潮。甲午戰爭後，新興的知識份子登上政治舞臺，掀起了救亡圖存、變法圖強的維新運動。康有為把這種雜糅著西方進化論和儒學思想的「變易觀」概括為：「蓋變者，天道也。天不能有晝而無夜，有寒而無暑，天以善變而能久；人自童幼而壯老，形體顏色氣貌，無一不變，無刻不變。」[81]而在大千世界、萬事萬物的巨變中，人的因素被極大地強調和突出了，嚴復說：「任天之治，」而應「與天爭勝」，「勝天為治」，[82]要求發揮自身的主觀能動性，在社會競爭中掌握主動權。通過章太炎主編的《國粹學報》、梁啟超主編的《清議報》，這些思想植入到郭沫若的大腦中，對他不無影響和啟迪。不過，這時給郭沫若較強刺激的還有王陽明、莊子的思想。我們知道，王陽明進一步發展了宋陸九淵的主觀唯心主義理學，他的學說的理論支撐點就是強調人的主觀精神作用，所謂「夫萬事萬物之理不外吾心」，所謂「心外無理」，無一不是為了突出個人在社會變遷中的歷史主動性。莊子哲學思想的最終目的，是要達到無待無累的逍遙境界，即讓自我存在能夠處於絕對自由的至樂天地。但是，莊子所講的自我生命意識及其自由境界，並不是西方那種與社會公眾相對峙的個人意識和生理感覺，而是以超越自然生死、超越個人意識達到與無限的宇宙時空相溶為一為基礎的。據龔濟民、方仁念的《郭沫若傳》，郭沫若接受王陽明、莊子思想影響是在 1915 年間。在歷史潮流大「變」的總體

---

[81] 康有為：《進呈俄羅斯大彼得變政記序》，《戊戌變法》第 3 冊第 1 頁。

[82] 《天演論・論十七進化》，《嚴復集》第 5 冊，第 1396 頁。

背景中，他糅進了王陽明的主觀精神作用，同時把莊子的超越自然生死和個人意識的觀念看做是實現個體精神自由的思想途徑。他將上述思想熔為一爐，進行玄而又玄的探討，從而「發現了一個八面玲瓏的形而上的莊嚴世界」，並把個人主義思想的發展定位在這個基點：「是肯定我一切的本能來執著這個世界呢？還是否定我一切的本能去追求那個世界？」[83]在艱苦的思想探索中，郭沫若作出了肯定性的回答，而且自覺地把它與當時盛行於日本的西方個人主義文化思潮結合起來。「日本人教外國語，無論是英語、德語，都喜歡用文學作品來做讀本。因此，在高等學校的期間，便不期然而然地與歐美文學發生了關係。我接近了太戈爾、雪萊、莎士比亞、海涅、歌德、席勒，更間接地和北歐文學、法國文學、俄國文學，都得到接近的機會」，[84]與荷蘭哲學家斯賓諾莎也產生了思想共鳴。時勢大變促使郭沫若走出閉塞的國門，東西方的個人主義文化思潮在異國他鄉發生思想上的碰撞，使他最終完成了思想觀念的「轉型」，於是他相信：「個人的苦悶可以反射出社會的苦悶來，可以反射出全人類的苦悶來」，[85]相信一切的事業要由自我的完成作為衡量的唯一尺度。因此，崇尚個人、標榜自我的思想和行為方式，貫穿在這一時期郭沫若的為人、為文當中，帶著鮮明的個性

---

[83] 龔濟民、方仁念：《郭沫若傳》第27、28頁，北京十月文藝出版社，1988。

[84] 《學生時代》，《郭沫若全集》第12卷第17頁，人民文學出版社，1982。

[85] 郭沫若：《論國內的評壇及我對創作上的態度》，1922年8月4日《時事新報・學燈》。

主義色彩。他發起創造社鼓吹個人對社會組織、流行觀念和各種權威的反抗，他寫《女神》、《天狗》讚揚天馬行空的自由精神，他創作歷史劇《聶嫈》、《卓文君》、《王昭君》支持婦女對封建禮教的叛逆，作出種種社會越軌的行為，都與這種個人主義理念有必然的關聯。但他也承認，「個人的苦悶，社會的苦悶，全人類的苦悶，都是血淚的源泉，三者可以說是一根直線的三個分段」，[86]這說明他不是孤絕於社會的純粹意義上個人主義者，而是像五四時代大多數知識份子一樣，個人的追求與民族的救亡圖存緊密結合，並沒有離開儒家思想的主體脈絡。

1924 年夏到 1928 年，是郭沫若馬克思主義世界觀、歷史觀和文藝觀的形成期。據此考察郭沫若 1924 年夏以後思想的動向，我更傾向於認為，五四的落潮和他重返日本後家境的窘迫，是其思想發生轉變的主要誘因。五四落潮後，一代思想先驅者的思想都發生了深刻的劇變。陳獨秀轉向了激進主義文化思潮，胡適以自由主義文化思想的維護者自居，魯迅、周作人則陷入更艱苦的思想探索之中，試圖在二者中探尋出另一條道路。創造社天馬行空式的個性衝動，在這總體文化環境中遭受了挫折，《創造》終刊，《創造周報》眼看也難以維持，出現了一個短暫的間隙和停頓。1924 年 4 月，事業、生活均感無著的郭沫若返回日本。如前所述，索要稿費、身無分文、寄居友人家中等等極其難堪的經歷，使他的個人主義思想世界出現了裂變，發生了危機。他閱讀和

[86] 同註 85。

翻譯的範圍，開始由著重個人精神探索的歐美向偏重社會制度問題思考的蘇俄方面。在他思想的天平上，民族、國家等等的分量明顯在加重，而個人、自我等因素則在逐漸退位和減少。他幻想著有一天「社會一切階級都沒有，一切生活的煩苦除去自然的生理的之外都沒有了，那時人才能還其本來」，「才有真正的純文藝出現」。[87]通過翻譯日本馬克思主義學者河上肇的《社會組織與社會革命》，他開始形成這樣一種認識，即中國的問題不能借助個性解放、個性自由而應借助民眾的覺醒和社會革命來解決。他說：「這書的譯出在我一生中形成了一個轉換期」。[88]他認為：「我從前是尊重個性，景仰自由的人，但在最近一兩年之內與水平線下的悲慘社會略略有所接觸，覺得在大多數人完全不自主地失掉了自由，失掉了個性的時代，有少數人要來主張個性，主張自由，總不免有幾分僭妄」，所以，「要發展個性，大家應同樣地發展個性，要生活自由，大家應得同樣地自由」，他

87　1924年8月9日夜，從中國回到日本的郭沫若在信中向老友成仿吾告知當時生活的窘況說：「我們在這兒收入是分文沒有的，每月的生活費，一家五口卻在百元以下，而我們到現在終竟還未餓死」，又說，「我為這三百元的稿費在四月底曾經親自跑到東京：因為非本人親去不能支領。我在東京的廢墟中飄流了三天，白天只在電車裏旅行，吃飯是在公眾食堂，一頓飯只要一角錢或一角五分錢，晚來在一位同鄉人的寓所裏借宿。」不僅如此，三百元剛取來即還了二百五十元的舊債，最後終因拖欠房租，被房東「趕出來」了。這種個人苦難與「新時代」的鮮明對比，恰好是我們研究孤沫若50年代真實心態的一個重要角度。參見《孤鴻——致仿吾的一封信》，郭沫若《文藝論集續集》，上海光華書局，1931。

88　《學生時代》，《郭沫若全集》第十二卷第205頁，人民文學出版社，1982。

把這種個人與社會共同發展個性和自由的思想邏輯，看做是「新思想的出發點」，「是新文藝的生命。」[89]在此基礎上，他提出對五四時期「文學革命」的價值、意義進行重估，並在《革命文學》、《英雄樹》、《文藝戰線上的封建餘孽》等文章中提出了「革命文學」、「文學階級性」等命題。他指出，文學只有兩個範疇，「一個是革命的文學，一個是反革命的文學」，「凡是革命的文學就是應該多讚美的文學，而凡是反革命的文學便是應該反對的文學。應該受反對的文學我們可以根本否認她的生存，我們也可以簡徹了當地說她不是文學」。因為革命文學的使命，「是要求從經濟的壓迫之下解放」，「要求人類的生存權」，「要求分配的均等」，革命的文學家要「到兵間去、民間去、工廠間去、革命的旋渦中去」，因此，「我們所要求的文學是表同情於無產階級的社會主義的寫實主義的文學」。[90]在《英雄樹》中，他抨擊「個人主義的文藝」是「最醜猥的個人主義的呻吟」，是「象牙塔」，聲稱要以「新的文藝鬥士」來取代之。[91]按照這種革命文學和階級性的標準，以魯迅為代表的五四作家就變成了被批判、被淘汰的對象：「他是資本主義以前的一個封建餘孽。資本主義對於社會主義是反革命，封建餘孽於社會主義是二重的反革命。魯迅是二重性的反革命的人物。以

---

89 郭沫若：《文藝論集・序》，《洪水》第 1 卷第 7 期，1925 年 12 月 16 日。

90 郭沫若：《革命與文學》，《創造月刊》第 1 卷第 3 期，1926 年 5 月 16 日。

91 郭沫若：《英雄樹》，《創造月刊》第 1 卷第 8 期，1928 年 1 月 1 日。

前說魯迅是新舊過渡期的游移分子，說他是人道主義者，這是完全錯了。」[92]過去在郭沫若思想的評價中，存在著兩種明顯的「偏頗」：一是把他 20 年代中期的思想轉變看作是社會投機行為，忽視了他這兩個時期的內在聯繫；二是不加辨別和分析地加以簡單認同，而不承認其中的複雜性、多樣性。實際上，郭沫若這一時期的思想發展不是毫無聯繫和脫節的，而是處在互動關係之中的兩根鏈條。

「人民至上主義的文藝」觀是郭沫若 40 年代的主要主張。這種思想在 20 年代還處在萌芽狀態，到 40 年代它開始突破個人主義思想和階級論的框架，發展成他這一階段的主要思想傾向。上述思想的形成，有其深層原因：一是戰時的民族利益壓倒了階級集團利益，人民本位成為精誠團結、抗禦外敵的時代主旋律；二是「為工農兵服務」這一既與時代大潮緊密結合，又代表著延安方面的文化主張的文藝思想，對郭有一定的影響和制約。在本時期出版的《沸羹集》和《天地玄黃》等著作中，郭沫若對這種帶有孔子民本思想和為現實服務雙重色彩的「人民至上主義的文藝」理論作了充分表述。針對「一位大學講師」的「文學貧困」論，他做了明確表態，大意是：我願意我自己永遠做一個學生，向一切工人農人學，向一切士兵學，向田間式的詩歌，向文明劇式的話劇學，然而偏不願向那些自命不凡的『貧困的貧困』的大學講師、大學教授學。顯然，他把代表著「勞心者」的大學講

92　郭沫若：《文藝戰線上的封建餘孽》，《創造月刊》第 2 卷第 1 期，1928 年 8 月 10 日。

師與代表著「勞力者」的工人農人對立了起來。這種「唯人民」的人民至上論，在戰時非科班出身的作家中相當有代表性，例如老舍、艾青等。那麼，究竟什麼是「人民至上主義」的文藝呢？郭沫若認為，凡是人民意識最純，絲毫沒有夾雜著對於反人民的權勢者的阿諛，對於不勞而獲的壟斷者的讚頌，或鑽進玻璃室裏作自瀆式的獻媚，絲毫沒有夾雜著這些成分，而只純真地歌頌人民的辛勞，合作，創造，而毫不容情地吐露對於反人民者一切醜惡、暴戾、破壞的如火如荼的憎恨。這樣的作品，便是今天的純文藝——純人民意識的文藝。在各種「主義」中，郭沫若的「愛國主義者」的自況堅持得最久，而且始終不變。40 年代，他還發表了《十批判書》，更加系統地表達了肯定孔子思想的觀點，如：孔子是有奴隸社會變成封建社會的那個上行階段中的先驅者；又如，孔子的立場是順乎時代的潮流，同情人民的解放，等等。同時，他還對秦始皇進行了尖銳的批判，認為秦始皇統一中國是奴隸制的迴光返照。這些議論雖然有以秦始皇影射蔣介石、批評蔣獨裁統治的政治用心，但客觀上熱烈呼應了當時呼喚民主自由的思想潮流，因此很自然地成為「人民的至上主義文藝」觀的思想基礎。

郭沫若思想譜系總的特徵是「龐雜」與「矛盾」。然而，他思想主軸上的幾個環節如「變」、「個人主義」、「人民本位」、「政治功利主義」，卻始終圍繞著這一主軸而變化和調整，支配著郭沫若一生的思想和行動。郭沫若是在中國近、現代社會轉型期中誕生的一代知識份子，因歷史潮流而「變」的思想文化性格，既是時代的賦予，也是個性的使然。

他的思想不像喜歡批評政治、但行動卻止於書齋門檻的胡適那種的自由主義知識份子，也不像魯迅那樣，雖然偶爾和有限度地介入政治鬥爭，但總的來說還是一個用筆參與社會變革的精神獨立的作家和思想家。應該說，他那種熱衷於政治鬥爭和政治實踐的作家、學者和戰士，他比同時代的人都要離政治最近，關係也最密切、最持久；由於他不穩定的、偏於主觀的性格，他又比同時代人表現出對政治的特殊的敏感和反應。因此，後面推翻前面、今天否定昨天、出爾反爾，以至於放棄信仰和阿諛奉承等等現象，貫穿於郭沫若一生大部分的社會實踐中，更貫穿在他一生大部分的思想活動中。例如，創造社時期他標榜個人和天才的藝術創造活動，處於對社會現實的失望和對北伐革命的嚮往，他立即來了個一百八十度的大轉彎，猛烈攻擊個人主義而宣揚革命文學；流亡日本後，他一度潛心學術，個人主義思想重新抬頭，但到了抗戰爆發，又突然重新揀起已經被遺忘的思想武器，對「抗戰無關論」和自由主義作家大加鞭撻；解放後他依附於政治權勢，在史學界、文學界建立自己的權威，但他又對武則天、蔡文姬的個人命運深表同情，發生深沈的感情共鳴；他在獨家院落中獨袖而舞，精神上無比孤獨，然而在公開場合則仰天大笑、樂觀自信，或者唯唯諾諾，完全喪失了思想與行為的主體意識；「批林批孔」中他拒不屈服江青、張春橋的壓力，為其「批周公」提供口實，表現了凜然不屈、以死抗爭的屈原精神，在「臨終遺囑」中，又吩咐家人把自己的骨灰「撒在大寨」，表現出昏庸至極的愚忠。正如有人所發現的：「郭沫若的晚年，每當發生重大政治事件，往往要發表詩詞表態。也許是巧合，這些表態性詩詞，不少都用了《水調歌頭》的詞牌。」[93]歡呼發動「文化大革命」的黨的八屆十一中全會召開的是它，擁護毛澤東的《炮打司令部》這張「馬列主義的第一張大字報」的是它，贊成鄧小平下臺的是它，慶祝四人幫被捕的也是它，真是「成也蕭何，敗也蕭何」，詩詞在郭手中變成了政治的晴雨錶，更變成了一支令人眼花繚亂的政治魔術棒。在郭沫若「善變」的一生中，個人主義、人民本位和政治功利主義在時代的熒光屏上出出進進、變化莫測，但沒有一種主義是堅持始終、維護不變的。對這現象的公議和私議已經很多，毋須我再置喙。不過，我也不贊成僅僅從人格操守來簡單肯定或全盤否定郭沫若歷史地位和文化貢獻的做法。對郭沫若思想譜系的研究，現在實際還不到「蓋棺論定」的時候。所以，齊思和寫於 1946 年的一篇普通的書評很值得重視，其大意是：作者本為天才文人，所治的文字學和史學，因而也表現出文學家之色彩。故其所論，創獲固多，偏激處也不少，正因為其天才超邁，想像力如天馬行空，絕非真理與邏輯之所能控制也。如此置自我批判於孔子批判之前，且以自我批判起，以自我介紹終，無不典型地表現出文人的自賣自誇心理。我理解齊思和的意思是：郭沫若終不過是一個「文人」。

93 馮錫剛：《郭沫若在「文革」後期》，參見《淚雨集》，生活·讀書·新知三聯書店，1979。

第三章
茅盾、老舍：「現實主義」之困境

1953年2月5日，捷克首都布拉格大雪紛飛。茅盾在當天日記中記道：「早晨六時起身，入浴。寫給郭老信，八時半早餐。今日天晴，陽光照眼。九時半出外，看了捷克的一個工業展覽會及德國展覽會，置零星日用品。一時回寓，一時半午餐。此時忽又大雪紛飛，至三時半雪止。下午在寓看書，續寫給郭老的信。晚七時三十分去看音樂舞蹈晚會。」[1]這則日記非常清楚地告訴讀者，茅盾的起居習慣和心態，已從建國初年新鮮熱烈的刺激、忙碌和混亂中重新回到他慣有的「日常狀態」。他雖榮任共和國文化部長，並率團出訪東歐，心態卻是平和、安祥的，沒有絲毫的得意忘形；他的生活仍像建國前那樣嚴守規律，儘管不免有浙江人的過分認真和瑣碎，但畢竟一板一眼。就像他寫小說一樣，既仔細規劃，又節制從容。其實這毫不奇怪，無論在戰時還是和平年代，無論聲名顯赫還是身處逆境之中，茅公一生「唯謹慎」，在文藝圈子中是人所共知的。「馮雪峰勸他可以在兩個宣言上簽字，他也都簽了名，他還因此被小報和有的朋友說成是『腳

1　查國華、查汪宏編：《茅盾日記》第153頁，山西教育出版社，1997。

踏兩隻船』。」[2]「他從火車上下來，穿一件藍緞長衫，梳一頭平整光潤的黑髮，帶著微笑，嚴謹謙和，平易近人，全不是我想像中的偉大人物。」[3]不過，白天頻頻在各大媒體「爆光」，而創作靈感卻日感枯竭的茅盾，對大環境的變化卻有著一種比別的人更加敏銳的觀察和體驗：「一番壯志，許多寫作計劃，都沒有實現」，「一定也恨恨不已。」[4]

50 年代的老舍，還沒有形成特別的危機感。1953 年的他，顯得底氣十足，信心倍增，天天忙著為民間藝人找導演、選曲牌。為此，他對「新文藝工作者」只顧自己為新時代謳歌，而不幫助民間藝人寫適應新時代的作品很是抱不平，他指出：「藝人們對新作品摸不著頭，而新文藝工作者又未盡心幫忙，亦是一病。」他向領導層建議說：「歌劇中如何創造人物，值得好好討論。以我的一點經驗來說，我總以為有足夠的歌唱就能成為歌劇。」並對自己近期的創作作了匯報：「我的以『五反』為內容的話劇，已快完成了，已經從頭至尾改寫過十遍，用了九個月的時間。它未必是好戲，可是真賣了力氣。現寫的小歌劇只給我半個月的期限。我盼望您再給我們作報告的時候，說明一下：寫小東西也要用全力，給夠用的時間，也要去體驗生活。」[5]這位抗戰時期「文

2 荒煤：《我與茅公的兩次會晤》，萬樹玉、李由編：《茅盾與我》第 80 頁，中國廣播電視出版社，1996。

3 于逢：《高山仰止》，參見萬樹玉、李由編：《茅盾與我》第 134 頁，中國廣播電視出版社，1996。

4 《1949 年 5 月 2 日致張帆》，《茅盾書信集》第 143 頁，文化藝術出版社，1988。

5 《致胡喬木》，舒濟編：《老舍書信集》第 226-228 頁，百花文藝出

協」的前總務主任，一回國就拿出了善於張羅的能耐並表現出少見的熱情是不足為怪的，因為這一切都來自老舍作為老北京人的秉性——以助人為樂，善取中庸之道，對現實通常都採取樂觀與合作的態度。

1953 年絕不是茅盾、老舍建國後生活和創作經典性的「橫切面」。之所以拿它來說事，只不過是因為它偶爾成為我們觀察傳主的一個巧合而已。我們感興趣的是，經過由企盼現代民族國家的誕生而激起的短暫興奮過去之後，他們將如何在新的時代軌道上為自己定位？是拋棄「舊我」迎接一個「新我」呢？還是既不完全拋棄、也不全部迎接？這裏面的比例怎樣安排，又怎樣去掌握？時茅盾 57 歲，老舍 54 歲，都已是年過半百的老人，世界觀、文藝觀也都早已定型。在思想、精神上徹底地「脫胎換骨」，憑空中變成一個「新人」，即使他們有這種願望和追求，卻又是何等艱難的課題？！正如郭沫若的例子所顯示的，他的思想和藝術個性是被包裝在創作中；惟有通過創作這個敏感的窗口，他們真實的心靈活動，才可能借著社會這個大主題引領出來。

一、茅盾的「矛盾」

1966 年以前，茅盾是中國僅次於郭沫若的重要文臣。1940 年 5 月 26 日，僥倖從新疆軍閥盛世才手中逃出的茅盾一行，受到了延安各界英雄般的歡迎。張聞天、毛澤東、朱

版社，1992。

德親自到南門外操場和中央大禮堂出席歡迎會，兩百多魯藝師生以雄渾、激越的《黃河大合唱》來安慰這位現代大文豪飽受磨難的心靈。對中國共產黨最早的創建人之一、後來又脫黨但見過許多大場面的茅盾來說，這麼隆重的禮遇，也實出他的意料。40 年後，他在 80 餘萬言的長篇回憶錄《我走過的道路》中追憶道：「《黃河大合唱》使我大開眼界，使我感動，使我這個音樂的門外漢老覺得有什麼東西在心裏抓，癢癢的又舒服又難受。它那偉大的氣魄自然而然使人鄙吝全消，發生崇高的情感，就像靈魂洗過一次澡似的。」又說，「早餐，我們又嘗到了延安的小米粥，這是在上海難得吃到的。但兒子不喜歡吃。我對兩個孩子說：你們不但要習慣於喝小米粥，還要習慣於吃小米飯，因為我們將長住延安，而你們將進抗大或其他學校學習。」[6]可見他對當時的熱烈氣氛感覺之好，印象之深。解放後，茅盾擔任過中華人民共和國文化部長、全國文聯副主席、中國作家協會主席、《人民文學》主編和全國政協副主席等一系列職務，是直接領導社會主義文學藝術創作的重要官員。他享受的是正部級的工資和住房待遇，50 年代住文化部院內一幢兩層的小洋樓，以後搬到交道口南三條 13 號寬敞的四合院，也是廚師、內外勤一應俱全。在當時的報紙上，經常有他陪同毛澤東、周恩來會見外賓或率團出國的報導。出於嫉妒心理的沈從文當時譏評說：「（他們）十分活躍，出國飛來飛去，當成大

6 茅盾《我走過的道路》（下）第 355 頁（對當時的情形，作者在「延安行」一節有詳細記述），人民文學出版社，1981。

賓。」[7]但值得注意的是，與場面上的熱鬧形成鮮明對照的，是茅盾對文藝創作的「低調處理」：他放棄了小說創作，而改以文學評論為主；即使不能迴避「重大題材」，但他更強調「文學規律」和作家的「創作技巧」；在 1962 年的大連「全國短篇小說創作座談會」上，對「中間人物論」表現出明顯的同情。留在 50、60 年代文學畫廊中的，是茅盾逐漸走低、激流而退的形象——「爸爸本來就不想當文化部長。還在建國之初，周恩來動員他出任文化部長時，他就婉言推辭，說他不會做官，打算繼續他的創作生涯」，後來，「爸爸曾兩次向周總理提出辭呈，都未獲准。」[8]「茅盾解放後在創作上苦惱，在部長位置上憂心忡忡，一直是從周恩來到文化部、作協負責人都深感棘手的難題，幾次解決都未能如願。譬如 1956 年 9 月 18 日，中國作協以劉白羽、張光年、林默涵、郭小川名義向周恩來、陳毅、陸定一、周揚送交《關於改進當前文藝工作的建議》，其中就建議由茅盾實際主持作協工作，辭去或虛化文化部的工作。」報告指出：「像茅盾這樣的舉世矚目的作家，到了新社會反因忙於行政而寫不出新的作品，以此下去我們會受到責難的。」[9]在 21 世紀初「重讀」這些文字，不免引起深長的思索。對其中原因的深入探究，也許是我們研究「當代茅盾」的一個重要課題。

7　《午門下的沈從文》，陳徒手：《人有病，天知否》第 25 頁，人民文學出版社，2000。

8　韋韜、陳小曼：《父親茅盾的晚年》第 3、4 頁，上海書店出版社，1998。

9　轉引自陳徒手：《人有病，天知否》第 388、389 頁，人民文學出版社，2000。

在名著《中國現代小說史》中，華裔美籍學者夏志清在高度肯定茅盾「小說巨匠」氣象的同時，對他曾有過一段流傳甚廣的評價，他說：「自《虹》後，我們可以從《秋收》、《子夜》及其他的作品中，看出茅盾對中國問題的看法，一直是本著馬克思主義的立場」，從而「糟蹋了自己在寫作上的豐富想像力」，「但儘管如此，茅盾無疑仍是現代中國最偉大的共產作家，與同期任何名家相比，毫不遜色。」[10]可惜他評價的是半個茅盾，而沒有討論到茅盾的另一半。誠然，茅盾是對政治生活始終抱有熱情和參與意識的作家，但他卻無意真正介入其中，歷史地看，他 1928 年起正式使用的筆名茅盾（矛盾），典型地反映了他對政治極其「矛盾」的態度。1920 年 10 月，茅盾經李達、李漢俊介紹，以極大的興趣參加了共產主義小組的活動。因陳獨秀樹大招風，「支部會議隨時轉換地點，有時也在我家舉行」。[11]之後，他到中共秘密辦的「弄堂大學」上海大學任課。1925 到 1927 年間，熱情高漲的茅盾是在激動、刺激和理想浪漫的政治鬥爭中度過的。他南下廣州，北上武漢，先後擔任過國民黨中央委員會宣傳部長秘書、《國民日報》總編輯等敏感的政治職務。大革命失敗後無數革命者的鮮血，使茅盾看清楚了政治的「真面目」。在草木皆兵、風聲鶴唳的逃亡生涯中，寫小說成為他重新理解政治的唯一方式，也是他宣泄內心壓抑與恐懼情緒的唯一手段。「他那時的意志仿佛有些消沈，他似乎已厭

---

10 夏志清：《中國現代小說史》第 184 頁，臺灣傳記文學出版社，1979。
11 茅盾：《我走過的道路》（下）第 201 頁，人民文學出版社，1981。

棄了政治的文化生涯」，「《從牯嶺到東京》，滿紙充滿著感傷的氣氛」。[12]茅盾借小說《幻滅》中靜女士與愛人強猛離別前的一段對話，終於表明了他對政治朦朧的認識：

> 「惟力。你還是去罷。」靜摸著強的面頰，安祥地而又堅決地說：「我已經徹底想過，你是應該去的。天幸不死，我們還是年青，還可以過快樂的生活，還可以實行後半世的計劃！不幸打死，那是光榮的死，我也愉快，我終生不忘你我在這短促的時間內所有的寶貴的快樂！」
>
> 「我不過帶一連兵，去不去無足輕重。」強搖著頭回答。「我看得很明白：我去打仗的，未必準死；靜，你不去打仗的，一定要悶死。你是個神經質的人，寂寞煩悶的時候，會自殺的。我萬不能放你一個人在這裏！」
>
> 「平淡的生活，恐怕也要悶死你。惟力，你是未來主義者。」
>
> 「我已經拋棄未來主義了。靜，你不是告訴我的麼？未來主義只崇拜強力，卻不問強力之是否用得正當。」

好了，茅盾對政治的所有認識在這裏被和盤托出。在他的人生辭典和具體感受中，「政治」其實是刺激、冒險、渴望、快樂和未來等等字眼的複合詞。政治是這麼一個時間概念：勇往直前和永遠追求，先死而後生的生命瞬間的輝煌。

12　東方曦：《懷茅盾》，《作家筆會》，上海春秋雜誌社，1945。

於是，政治在文人茅盾的眼裏，成了霧中看花、水中望月，是隔著玻璃罩的一個虛擬的存在。這種書生氣十足的特定視角，所遮蔽的恰恰是政治的功利世俗、殘酷無情和深謀遠慮的另一面，是它的毫無規則但卻視利害目的為生命的文化性格！循此邏輯，我們發現了茅盾一生與政治之間「割不斷、理還亂」的複雜關係史。他離政治最近的時候，往往是文思枯竭、創作困窘的時刻；當他與政治保持一段審美的距離，才會激發出文學創作的興奮點和巔峰體驗，使創作走向一個又一個高潮；但完全脫離了政治，也等於不再有傑出的小說家和評論家茅盾；於是，若即若離、似無還有，才可能為中國文壇敷衍出一個天才的寫家。這是多麼困難的邏輯，是多麼難於掌握的平衡術，然而，這正是茅盾和他真實的文學與精神的王國。

然而，即使茅盾想在政治舞臺上施展一番，在當時的條件下也是一籌莫展的。50 年代初，茅盾出任文化部部長，周揚是常務副部長兼黨組書記，另外他還擔任黨中央宣傳部分管科學和文藝的常務副部長。換言之，他表面上是茅盾的「副手」、「下級」，協助茅盾工作，在黨內職務上卻實際是茅盾的直接領導，夾在這種尷尬境地中的處境和心情可想而知。有人指出：「茅盾對文化部長的職位是充滿矛盾心情的，在 1957 年大鳴大放中曾有『有職無權』的感慨。他曾多次有過辭職的念頭」。[13]從當時一批擔任政府部長的著名民主人士的「不滿」和「牢騷」，也能進一步豐富我們對茅

[13] 陳徒手：《人有病，天知否》第 388 頁，人民文學出版社，2000。

盾心態的觀察。章伯鈞一針見血地指出：「在非黨人士擔任領導的地方，實際上是黨組織決定一切，這是形成非黨人士有職無權的根本原因。」[14]羅隆基指出：關於有職無權的問題，「黨員固然有責任，機構也有問題。他說他在森林工業部裏面是有職有權的，但是部以上有國務院的八個辦公室，有國家計劃委員會和國家經濟委員會，另外還有黨中央的各部，你這個部沒有法子有權。很多事情都是從上往下貫徹，往下交任務。經委和計委向部裏要的數字任務，也只能說是主觀主義的。計劃整個地建築在關起門來的主觀主義的基礎上。」[15]在反右派運動中，這些言論被認為是「向黨進攻的武器」。其實，在 1957 年 5 月中上旬中共中央統戰部邀請各民主黨派負責人和無黨派民主人士舉行的座談會上，由於受到幫黨「整風」號召的鼓舞，苦悶之中的茅盾也一反常態地口出尖銳之詞，但他把矛頭對準的是「宗派主義」和「官僚主義」。他說：

> 宗派主義的表現是多種多樣的，比方說，一個非黨專家，在業務上提了個建議，可是主管的領導黨員卻不置可否，於是非黨專家覺得這位黨員領導者有宗派主義。可是在我看來，這是冤枉了那位黨員了。事實上，這位黨員不精於業務，對於那位非黨專家的建議不辨好歹，而又不肯老實承認自己不懂（因為若自認不懂，便有傷威信），只好不置可否，這裏確實並無宗

14　參見 1957 年 5 月份《人民日報》對「發言」逐日的報導和茅盾的表態。
15　同前註。

> 派主義。可是，隔了一個時期，上級黨員也提出同樣的主張來了，這時候，曾經不置可否的黨員，就雙手高舉，大力宣揚，稱讚上級黨員英明領導，但是壓根兒不提某非黨專家曾經提過的基本上相同的建議，是不是他忘記了呢？我看不是，仍然是因為若要保住威信，不提為妙。在這裏，就有了宗派主義，如果那位非黨專家不識相，自己來說明他也有過那樣的建議，但未被重視，於是乎百分之九十很可能，那位黨員會強詞奪理，說那位專家的建議基本上和這次上級的指示不同，或者甚至給他一個帽子：誹謗領導，誹謗黨。這裏，宗派主義就發展到極嚴重的地步。……據我所見，中央幾個部的官僚主義是屬於辛辛苦苦的官僚主義，這個官僚主義產生的根源是主觀主義、教條主義的思想方法，而滋生這種官僚主義的土壤卻是對於業務的生疏乃至於外行。拿文學藝術來說，究竟是專門學問，沒有這門學問的基礎，專靠幾本「幹部必讀」不能解決業務上的具體問題，不能解決，可又等著你的主張，怎麼辦呢？捷徑是「教條主義、行政命令。」[16]

參加會議的人的印象是，茅盾說得很具體，很生動，很帶一點感情。有人甚至由此揣測：「當時他正是以非黨專家的身份出掌文化部的。這裏說的非黨專家的遭遇，是不是包含了他本人工作中的經歷呢？」[17]熟悉 30 年代文藝圈子內部

---

[16] 同註 14。

[17] 朱正：《1957 年的夏季：從百家爭鳴到兩家爭鳴》第 70 頁，河南人

鬥爭的人一看即知，這裏所指就是周揚。周揚當然不是外行，對文學藝術也有「專門學問」，但這時茅盾任職的文化部、作家協會上上下下已經滿是「周揚派」，他並不是在無的放矢。魯迅生前曾對倔強、自負且懂得政治的周揚深懷惡感，譏之為「四條漢子」，但即使他這樣的文壇強者也拿周揚沒有辦法，更何況生性溫和、而且經常是繞著「矛盾」走的茅盾？藉此我們可以對茅盾解放後的低調姿態大致理出一條線索：第一、茅盾確實是熱衷於政治生活的作家，解放前，當他在政治之外看「政治」的時候，客觀上的審美距離使他寫出了反映大時代政治鬥爭的小說傑作；但是，當他以政治家的身份參與政治的時候，他發現小說中的政治與現實生活中的政治原來竟是天壤之別。第二、解放後，他受到政府很高的禮遇，也很想有一番作為，但具體要通過首先處理、協調好與周揚的關係才能「有所作為」時，他就遇到了極大的障礙，從政的熱情面臨著實際困難。第三、寫小說的強烈願望始終在誘惑著他，影響著他，而這種願望一時又沒有實現的可能，於是他採取了消極退讓的姿態。他之連篇累牘地寫文藝評論，提攜、獎掖創作新人，在某種程度上可以看做是這種心理的一種委婉的外射。

二、老舍創作後期的「北京」

北京是老舍一生創作的興奮點，他的小說、戲劇、散文、

民出版社，1998。

詩歌、鼓書和唱詞幾乎都是圍繞這個古都構思和創作的。老舍是這座城市的子民，滿族文化正宗的傳人，他的血脈中流動著老北京的歡笑與眼淚、挫折與夢想、油滑與耿直。幾乎可以說，老舍這位優秀的作家就是為北京而生、而長、而存在的。在散文《想北平》中，老舍感情無遮無攔就這麼寫道：「我真愛北平。這個愛幾乎是要說而說不出的。」他反問道：「我愛我的母親，怎樣愛？我說不出。」「我所愛的北平不是枝枝節節的一些什麼，而是整個兒與我的心靈相粘合的一段歷史，一大塊地方，多少風景名勝，從雨後什剎海的蜻蜓一直到我夢裏的玉泉山的塔影，偶積湊到一塊，每一小的事件中有個我，我的每一思念中有個北平，這只有說不出而已。」

如果說，1949 年以前是老舍文學創作的前期，1949 到 1966 年應該是他創作的後期。在短短 17 年間，老舍共寫了 30 多部劇本，其中發表的有二 23 部，話劇 15 部、歌劇 3 部、曲劇 1 部、京劇 3 部、翻譯劇 1 部（那些半成品和終被放棄的草稿還不在其內），如為寫治理污水的《龍鬚溝》、反映三反五反運動的《兩面虎》（後改名《春華秋實》）、表現北京老藝人思想改造的《方珍珠》、歌頌新舊社會對比的《全家福》、1955 年寫《青年突擊隊》、1957 年寫《茶館》，1958 年趕寫《紅大院》、1960 年寫出《神拳》、1961 年創作《寶船》、同年根據川劇改編《荷珠配》等等；1954 年創作長篇小說《無名高地有了名》、1961 到 1962 年寫出另一部長篇《正紅旗下》的殘卷；出版了文論和創作談《和工人同志們談寫作》、《出口成章》；另外創作了 27 篇記事與抒情散文。全部加起來，少說也有 200 萬字之多。與茅盾文藝創作的「枯竭」形成鮮明對照的，是老舍迎來了他文學生涯中的又一個「高峰期」。在新舊兩大時代「磨合」和「轉型」的過程中，老舍沒有一般老作家通常的心理障礙和脫胎換骨般的精神陣痛，他好像一下子就在新時代中完成了自己的「定位」，這種現象實在「反常」，也令人費解。1998年，老舍之子舒乙按照他自己的邏輯對此做了解釋。他說：

> 他回京後聽到三個親姐姐的訴說，感受到的那種翻身喜悅是真實的。姐姐原來跟乞丐一樣，現在雖然穿衣打補丁，但生活已有變化，兒女們都成了工人階級。老舍高興極了，翻身的喜悅是真實的。他感謝、欣賞新政府的做事風格，自己也願意為政府多做事。
>
> 跟延安、國統區來的許多作家心態不一樣，老舍心想自己是窮人出身，在很偶然的機會下免費上了學校，沒上過大學，親戚都是貧民，在感情上覺得跟共產黨有天然關係，跟新政權是一頭的。毛澤東認為知識份子是小資產階級分子，要脫褲子割尾巴。一些作家受到精神壓力，謹慎小心，有的做投降狀，生怕自己是否反映小資情調？是否背離黨的要求？很多作家不敢寫，寫不出來。而老舍沒有顧慮，如魚得水。[18]

說老舍把自己看做「窮人出身」，肯定是不真實的。30年代就登上文壇，習慣與大學教授、作家評論家圈子為伍的他，早已將自己看成了他們中的一分子，他思想觀念深處其

---

[18] 參見《老舍：花開花落有幾回》，陳徒手：《人有病，天知否》第43頁，人民文學出版社，2000。

實「有一股很強的文化貴族感」。[19]但之所以對新北京產生強烈的創作衝動，確實又是由新、舊北京的對比所觸發的。有趣的是，他在散文《我熱愛新北京》中舉出的是這麼幾條：一、下水道。北京的下水道年久失修，「北京市人民政府自從一成立，就要洗刷這個由反動政府留下的污點，一方面修路，一方面挖溝。」二、清潔。「北京向來是美麗的，可是在反動政府下並不處處都清潔」，「那時候人民確是按期交衛生費的，但是因為官吏的貪汙與不負責，衛生費並不見得用在公眾衛生事業上。現在，北京像一個古老美麗的雕花漆盒，落在勤勉人手裏，盒子上的每一凹處都收拾得乾乾淨淨，再沒有一點積垢。」三、燈和水。「北京，在解放前，夜裏常是黑暗的。她有電燈，但燈光是那麼微弱，似有若無」，「政治的黑暗使電燈也無光」。「夏天水源枯竭，便沒有水用。」「北京解放了，人的心和人的眼一齊見到光明」。「北京的電燈真像電燈了」。「這古老的都城，在黑夜間，依然露出她的美麗。」[20]對老舍後期創作中形成的「高潮」現象，錢理群更傾向於從更大的歷史文化視野中尋找與思考其深層原因，他認為，老舍絕不至於這麼膚淺，支配他的思想和行動的是更本質的因素。他指出：「關於老舍，其實有兩面，他的一面是矛盾、困惑。另一面可以從 40 年代甚至更早的作品裏去追蹤到一些思想線索。」「老舍始終是一個愛國主義者，有很強的民族情緒，這不是 40 年代就有的，

---

19 傅光明：《老舍之死採訪錄》第 282 頁，中國廣播電視出版社，1999。

20 此文刊載於 1951 年 1 月 25 日《人民日報》。據作者說，他「已經在北京住了一年。」

從寫《二馬》一直就這樣。從《小坡的生日》一直下來，可看出他是一個強烈的愛國主義者。他實際上有國家至上那樣的觀念，解放後，他看到國家獨立、統一了，這對他的思想影響非常大，他的擁護是由衷的。他的整個觀念是國家至上、民族至上，他可以為了國家而犧牲自己的一切。為了國家，自己再委屈，都是可以忍受的，很多知識份子都是這樣。」「他的生命中有幾個基本點，一個是國家、民族，一個是平民，下層人民，然後還有一個是文化。」當有人追問如果1966 年老舍有幸「躲」過那場浩劫，他會不會「繼續被利用」這個敏感問題時，錢理群斬釘截鐵地回答：「肯定會，這正是中國知識份子軟弱的一面。假如說他有汪曾祺那樣的經歷，被江青看中了，他肯定會寫。其實，不管誰，包括巴金、曹禺，都會寫。」[21]

沿著這條線索進一步考察，我們會發現，老舍後期創作中有一個從由衷歌頌到按照別人的調子奉命歌頌的複雜微妙的過程。投入的層次越深，發現那令他魂牽夢繞、割捨不了的無比單純的「北京」，在文學與現實之間越是存在著極大的距離。但出於對新北京和人民政府的熱愛，他一次又一次地克服個人委屈投入到作品的創作與修改之中。據陳徒手的《老舍：花開花落有幾回》，老舍 1952 年領導點題創作的反映三反五反運動的劇本《春華秋實》，光修改就花了一年多時間，整個劇本改過十二遍，尾聲改過六遍，而且每改

21　傅光明：《老舍之死採訪錄》第 279、288 頁，中國廣播電視出版社，1999。

一次都是從頭寫起，現存遺稿據說有五六十萬之多。人藝導演歐陽山尊的《導演日誌》，為我們記錄了當時的修改過程：6 月 10 日，老舍動脈管破裂，鼻血如注，劇院領導在探望中還談了修改意見；7 月 11 日，去老舍處聽他改寫的第一幕；7 月 24 日，與夏淳找老舍，轉告大家對劇本的修改意見；8 月 2 日，大眾鐵工廠開七步犁試驗成功慶功會，我們表演，老舍在座；8 月 23 日，老舍冒雨到鐵工廠對職工朗讀第七遍修改稿，聽了意見；9 月 10 日，和老舍一同壓縮第四幕；9 月 16 日，院部重新討論劇本，決定還要修改；9 月 19 日，為全體演職員傳達薄一波關於如何寫「五反」劇本的談話，老舍送來改過的尾聲；9 月 23 日，劇院核心組決定打散劇本重寫提綱，暫時不告訴老舍；11 月 1 日，去老舍處聽他朗誦重寫的第一幕第一場；11 月 15 日，老舍向全體參演人員朗讀重新寫的第一、第二幕，但大家提出應重點寫丁翼平的思想鬥爭（即五毒思想）；11 月 19 日，到老舍處聽讀第三幕第一場，商討如何改寫該幕第二、第三場；11 月 22 日，老舍到劇院為全體演員朗讀第三幕；11 月 27 日，至老舍處討論尾聲的寫法；12 月 17 日，排第三幕第二場，再排第三幕第一場，並告老舍改動之處……使老舍陷入更深、更大的創作麻煩的，還有來自領導層與其他各個方面七嘴八舌的公議和私議：1953 年 4 月 24 日，《人民日報》召開《春華秋實》座談會，有人表示擔心，老舍修改作品的熱情值得學習，但這樣改來該去是不是會犧牲了作者固有的語言特點和藝術風格？但大家承認，《龍鬚溝》沒寫共產黨員和幹部，這次寫了，是一個進步；一些資本家反映，覺得尾聲裏沒有給他們留出路；市委宣傳部廖仲安致信老舍，認為他不熟悉工人生活，工人的形象還不如資本家鮮明深刻；市公安局認為，應將政府對私營工商業的照顧和扶持寫進去。另外，警衛吸煙動作好像多了些，他們在看守時可以不吸；宣武區委幾位幹部給劇院寫信，建議劇本多增加消除資本家思想顧慮的內容；評論家王任叔給老舍寫來一封長達十二頁的信，對主人公提出了高度的政治要求，並描述了他心目中最高大的工人階級的形象，構想了一個共產黨人如何建設新社會人際關係的理想目標；胡喬木對劇本也表現出了關注和熱情，1953 年 2 月 15 日、26 日連續致信老舍，在擔憂之中替他設計了一些情景：「我以為寫工人的一場，要在工人之間有些先進後進間的爭論，作為後來發展的伏線，並且還要有更多的人情味。五反的一場也有些伏線，有些耐人尋味的幽默。尾聲要回顧全劇和前面幾場的人物、事件，對話要安排一些可以的對照和照應，包括供熱、職員、經理和經理的女兒（可否入團？）」，這樣可以「表露出對於前途的富於感情而又富於象徵味的展望」。他又表示劇中「造機器、七步犁、物質交流展覽會、念書、諷刺美國的漫畫、男女平等」的描寫過多和繁瑣。另一方面，又用了一大段類似上級文件的語氣闡述三反五反運動的意義，要求劇本朝這方向努力，說：「你的優美的作品必須要修改，修改得使真實的主人翁由資本家變為勞動者，這是一個有原則的修改。」云云。另外，由於人藝領導集體經常上呈劇院發展、創作與排演劇目等情況的報告，彭真、周揚等領導也間接地參與了這一過程。這些互相矛盾、指手畫腳的議論，使老舍到了舉步維艱的地步，「他自己彷彿無所適從，只能關在家裏埋頭修改，一次次應付各方的需求。」「正因為吸納過多的各方意見，劇本大雜燴的色彩愈來愈重，像是支離破碎的拼盤，修改有失控的趨勢。」據說，最後周恩來出面干預，才使劇本終於「過關」。[22]類似的現象，在其他劇本如《龍鬚溝》、《方珍珠》、《青年突擊隊》和《茶館》等從創作到上演的過程中，也不止一次發生過。

在 50、60 年代，戲劇界被認為是最能體現執政黨思想政策的一種藝術品種，是黨的思想理論陣地和意識形態神經的一個藝術化的延伸。40 年代，關於京劇改造、話劇歌劇如何大幅度民間化和民族化的議題，就被提上了中國共產黨人的議事日程。由於早就形成了一個黨管文藝、對文藝家給政策的歷史習慣，所以，這麼多領導直接或間接地參與了老舍《春華秋實》的修改，是不足為怪的。然而，在「層層關心」之下，人們卻在 1953 年第 5 期《劇本》一篇題為《我怎麼寫的〈春華秋實〉》的文章裏，聽到了老舍不那麼和諧的聲音。針對沒完沒了的改寫、重寫，他開始朦朧地意識到：「以前，我多少抱著這個態度，一篇作品裏，只要把政策交代明白，就差不多了。可是，我在寫作的時候就束手束腳，惟恐出了毛病，連我的幽默感都藏起來，怕人家說我不嚴肅。這樣寫出的東西就只能是一些什麼的影子，而不是有血有肉、生氣勃勃的藝術品。經過這次首長們的指導與鼓勵，

---

22 參見陳徒手《人有病，天知否》中關於老舍戲劇創作的內容，人民文學出版社，2000。

以後我寫東西要放開膽子，不僅滿足於交代明白政策，也必須不要委屈藝術。也只有這樣，我才能寫出像樣的東西來。」他還披露了一段不便示人的「心曲」，說：「以前為什麼沒想起這麼寫呢？主要原因是自己的生活不夠豐富，而又急切地要交代政策，惟恐人家說：『這個老作家不行啊，不懂政策。』於是，我忽略了政策原本是從生活中來的，而去抓政策的尾巴，死不放手——（寫成了）面色蒼白的宣傳。」為此，他老實「供出」：「這樣的創作方法——也正是我三年來因怕被指為不懂政策而採用的方法」。

老舍一生都對北京充滿著一般人很難理解的感情。他愛這裏的一草一木，殘街陋巷中的世俗快樂、婚喪嫁娶，甚至愛老北京人的那些並非原則性的短處與缺點。在他筆下，很少出現像《離婚》中小趙徹頭徹尾的壞人和惡棍，相反，他總是設身處地地去理解、去揣測他們不得已而為之的人生窘境，分析其中的原因。因此，即使為了幽默，老舍也幾乎不對人物的善惡做極度誇張的表現。而在他的寬容與中庸中展現的古都北京三教九流、各色人物喜怒哀樂的大千世界，使得他的小說獲得了讀者最廣大的同情、熱淚與理解，贏得了持久的藝術魅力。1935 年，他在《我怎樣寫〈老張的哲學〉》中明確指出：「窮，使我好罵世；剛強，使我容易以個人的感情與主張去判斷別人；義氣，使我對別人有點同情心。有了這點分析，就很容易明白為什麼我要笑罵，而又不趕盡殺絕。我失了諷刺，而得到幽默。據說，幽默中是有同情的。我恨壞人，可是壞人也有好處；我愛好人，而好人也有缺點。

『窮人的狡猾也是正義』，還是我近來的發現」。[23]在他看來，典型的老北京人，就是《離婚》中的那個張大哥：「他騎上自行車——穩穩的溜著馬路邊兒，永遠碰不了行人，也好似永遠走不到目的地，太穩，穩得幾乎像凡事在他身上都是一種生活趣味的展示。」[24]這是對老舍「中庸之道」的小說觀的更為形象和清楚的詮釋。然而在解放後，當他試圖與新的理論「接軌」時，這一文學創作的天平便開始傾斜，作品的敗筆令人難以卒讀。例如，在寫《方珍珠》時，有人建議老舍多寫一些解放後的光明，於是為了思想教育問題增加了後兩幕戲。在前三幕中，方珍珠只是一個在家受養母閒氣、在外被特務向三元欺侮和「略識字」的青年女藝人，到後兩幕，她的思想卻突然有了誇張而驚人的進步。在第五幕，當父親破風箏在組織民間曲藝社問題上猶豫不決時，她斬釘截鐵地表示：「您是幹什麼的？我是幹什麼的？白二叔是幹什麼的？咱們不會去組織組織呀？先組織好，就不會選出頂不中用的人來。即使選出不大中用的人，教他們練習練習去，不就慢慢的成為有用的人了嗎？」口吻不光像軍管會的幹部，而且思想境界也幾乎是一樣的了。《龍鬚溝》應該是一個不錯的本子，但是為虎作倀的狗子解放前後的性格轉變卻相當臉譜化，內在邏輯也令人懷疑，這對劇本無疑是一個極大的損害。2001 年 9 月 14 日，筆者在中國現代文學館

---

[23] 老舍：《我怎樣寫〈老張的哲學〉》，《宇宙風》第 1 期，1935 年 9 月 16 日。

[24] 老舍：《我怎樣寫〈離婚〉》，《宇宙風》第 7 期，1935 年 12 月 16 日。

查找上海晨光出版公司版的《龍鬚溝》，發現作者在第 2、59、60、61、69、70、71、72 等頁塗改很多，關於人物名稱，如「警察」、「痞子」等也刪節明顯。可以想像，老舍一旦「因宣傳思想而失去藝術效果」，[25]去迎世趨時，他離他心目中真實的老北京人就會越來越遠。

老舍畢竟是把創作看得比生命還重要的作家，他比任何人都懂得什麼是真正的文學藝術。他的心靈世界也不會總是一汪死水，當社會稍有風吹草動，而他自己的反省意識開始活躍起來的時候，他便會主動衝破堅冰，復活那沈睡多年的主體性。我想再次借用陳徒手在他的著作中提供的珍貴文獻，和讀者一起回到「歷史現場」。1956 年和 1957 年上半年，遇上寬鬆的環境，他曾跟老演員李翔發牢騷道：「作家是寫書的，不要參加這會那會，去機場，讓我寫不了書。」人藝老編劇梁秉坤也聽老舍幾次說過這樣的氣話：「每天上午要寫作、搬花，就是毛主席找我開會都不去。」中國作家協會佈置會員上交個人創作計劃，老舍還是那幾句老話：「社會活動太多，開會太多，希望有充裕的工作時間。」1957 年初春，他繼續在各種會議場合大談自己的苦惱，沒有過去的束縛和謹慎。他在討論陳沂文章的座談會上，甚至做過這種大膽的發言：「社會主義現實主義有些混亂，自己未想成熟，一時考慮弄不清。」又說，「我感到諷刺作品，是一刀直入心房。命運、意志、性格會造

---

[25] 老舍：《談〈方珍珠劇本〉》，《文藝報》第 3 卷第 7 期，1951 年 1 月 25 日。

成悲劇，但是把人民內部矛盾反映到文學作品中就很難出現悲劇。革命英雄主義者死了，我們有，但不是悲劇，是要歌頌讚揚的。我們寫悲劇、諷刺劇，不能像果戈理那樣寫，不能抹殺否定一切。可是這樣寫出來的東西，又不能趕上古典（作品）。」從維護文藝真實性、自主性的角度，他還極其少見地批評了一些社會現象：「我看到好多地方，有一些人新名詞嘴上掛的很多，完全是社會主義。碰到個人利益，馬上就變……如果真能做到，鬧事會少一點。自命為工人階級，有一點不平一定帶頭鬧。」他直言不諱地批評文藝部門的領導說：「是否有的老幹部，別的不能幹，就放到這方面來……他們忙枉了，什麼都管，就是不搞業務，缺乏談業務的空氣，五個副局長應該起碼有一人管業務。（他們）權很大，領導幹部不拿這『二百』看做神聖責任，（文藝界）就不能貫徹。」等等。如前所述，北京是老舍一生最重要的「亮點」，它也是我們考察老舍思想與創作的一個極其重要的出發點。因此，讚美也好，批判也好，反省也好，北京無疑是老舍看取人生與介入社會的重要尺度。在以下的文字中，我們陡然看到了那個視北京和文學創作為生命的原先那個老舍的「復活」：

> 如果作家在作品中片面地強調政治，看不到從實際生活體驗出發來進行寫作的重要性，他們的作品自然就會流於公式化、概念化、老一套……不管是出於有心，還是無意，假如他們的作品裏充滿了說教，情節純屬虛構，立意陳腐，那路子就錯了……每個作家都

> 應當寫他喜歡的並且能夠掌握的事物——人物、生活和主題，作家應享有完全的自由，選擇他所願寫的東西。除了毒化人民思想的東西之外，都值得一寫，也應當發表。允許創作並出版這些東西，就是允許百花齊放。[26]

這是老舍對自己近幾年潛心揣摩、但又不得不委屈遷就的矛盾心態和創作狀態沈痛的反省。但可惜的是，就像 1957 年的春天很快被一場風暴捲走一樣，老舍這些大膽針貶現實、呼籲創作自由的議論，很快也隨之銷聲匿迹，被捲入歷史的萬丈溝壑之中。

三、文藝觀的碰壁

茅盾的現實主義文藝觀，是歐洲 19 世紀人道主義和法國自然主義的「中國版」。他 1918 到 1949 年 30 年間留於世上的幾乎所有的文字，都向人們傳達出這一強烈而明確的資訊。其中，較具代表性的文藝理論、評論和翻譯文章有：《文學和人的關係及中國古來對於文學者身份的誤認》、《現代文學家的責任是什麼》、《新文學研究者的責任與努力》、《自然主義與中國現代小說》、《文學與人生》、《文學上的古典主義浪漫主義和寫實主義》、《讀〈吶喊〉》、《讀〈倪煥之〉》、《魯迅論》、《冰心論》、《王魯彥論》、

[26] 老舍：《自由與作家》，《人民中國》1957 年。

《徐志摩論》、《現實主義的道路》、《談技巧、生活、思想及其他》、《抗戰期間中國文藝運動的發展》和《雪人》、《桃園》、等。從上述文章看，他的現實主義文藝觀是圍繞著這一主軸展開的：第一，茅盾是五四「為人生的文學」的主要倡導者之一。他反對「文以載道」和「遊戲人生」的文學觀，強調文藝推動社會改革的思想啟蒙作用，主張文藝如實地反映作者的人生感受和人民生活。他認為，文學的目的「不是高興時的遊戲與失意時的消遣」，[27]「文學是為表現人生而作的」，[28]它應該「抨擊一切摧殘、毒害、窒塞『最理想的人性』之發展的人為的枷鎖」，[29]「使文學更能表現當代全體人類的生活，更能宣泄當代全體人類的情感，更能聲訴全體人類的苦痛與期望，更能代替全體人類向不可知的命運奮抗與呼籲」。[30]第二，提倡現實主義藝術精神和現實主義創作方法，注重藝術形式和藝術技巧的探索，反對公式化、概念化的創作傾向。茅盾指出，俄國、法國 19 世紀現實主義是最值得中國作家效仿的對象，因為俄國現實主義體現出博大的人道主義情懷，而法國現實主義則體現出客觀描寫現實、追求真實再現的理性精神。「自然主義最大的目標是『真』，主張『事事實地觀察』」，「把所觀察的照實描寫

---

27 茅盾：《文學和人的關係及中國古來對於文學者身份的誤認》，《小說月報》第 12 卷第 1 號。

28 茅盾：《現代文學家的責任是什麼》，《東方雜誌》第 17 卷 1 期，1920 年 1 月。

29 茅盾：《「最理想的人性」》，《筆談》第 4 期，1941 年 10 月 16 日。

30 茅盾：《新文學研究者的責任與努力》，《小說月報》第 12 卷 2 期，1921 年 2 月。

出來」，「左拉這種描寫法，最大的好處是真實和細緻」。[31]真正的作家應該堅持「進步的世界觀，戰鬥的現實主義，以及融合中外古今而植根與廣博生活經驗的藝術形式」。[32]可以說，表現偉大的時代性題材與作者寫自己最熟悉的生活相統一，是茅盾文藝觀最突出的特色。

茅盾現實主義文藝觀的形成及對中國現代文學的顯著影響，有其特殊的時代溫床和思想淵源。從思想起源上看，茅盾是直接受五四新文化洗禮的那一代人。在人格發展上，接受了個性自由、個性解放精神完整的鍛造；文學思想上，廣泛而全面地吸收了西方各種文藝思潮尤其是人道主義和自然主義的藝術營養。他從一開始就相信了新文化思想的根本價值選擇：思想啟蒙與文學救國。20 年代末，當啟蒙主義文藝思潮發生分裂，從中分化出主張戰鬥的現實主義的左翼文藝思潮時，茅盾成為它的中堅和主要的作家、評論家之一。正如王若飛評論的那樣：「茅盾先生的創作事業，一直是聯繫著和反映著中國民族和中國人民大眾的解放事業的。在他的創作的年代中，也正是中國民族與中國人民解放事業的大變動時期，中國大時代的潮汐，都反映在茅盾先生的創作中」，「茅盾先生的最大成功之處，正是他的創作反映了中國大時代的動態，而且更重要的是他創作的中心內

---

[31] 茅盾：《自然主義與中國現代小說》，《小說月報》第 13 卷 7 期，1922 年 7 月。

[32] 茅盾：《抗戰期間中國文藝運動的發展》，《中蘇文化》第 8 卷第 3、4 期合刊，1941 年 4 月 24 日。

容」。[33]廖沫沙也認為：「從今天向過去回溯五十年，這正是中國民族歷史上充滿了血淚和辛酸的時代」，「反封建反帝國主義——爭民主爭自由變成了這一個時代的中國知識份子的中心思想和鬥爭目標，而茅盾先生辛勤工作了二十五年的心血，也就集注在這個偉大的任務上面。文藝要為人生，也就是要為民族的解放，要為大眾的幸福，這是他二十五年來一直的努力方向，而這也正是貫穿了他領導過來的中國新文藝運動的一根燦爛的紅線。」[34]王、廖的觀點撮其主要，基本是兩點：強調「中國民族和中國人民解放事業的大變動時期」對茅盾思想和文藝觀的根本性影響；而茅盾也自覺地把「反封建反帝國主義——爭民主爭自由」，當作了自己文學創作的「中心思想和鬥爭目標」。在當時的形勢下，上述概括難免有過分政治化的傾向，但縱觀茅盾一生的思想與文藝追求，仍不失為精當之論。

解放後，文學的環境和時代對作家的要求，都發生了一些這樣那樣的變化。時代不再要求作家充當社會的批判者，打破「窒塞『最理想的人性』之發展的人為的枷鎖」的思想者和戰士，而要求他把歌頌社會的光明面，作為文學創作的中心任務；它不允許作家「事事實地觀察」生活，把「所觀察的照實描寫出來」，「文學為表現人生而作」，而是強調作家把現實生活概括得「更集中、更典型、更強烈」，要作

---

33 王若飛：《中國文化界的光榮　中國知識份子的光榮——祝茅盾先生五十壽日》，1945 年 6 月 24 日《新華日報》（重慶）。

34 廖沫沙：《中國文藝工作者的路程》，1945 年 6 月 24 日《新華日報》（重慶）。

家按照上級的意圖去浪漫主義地「想像生活」。一句話，這些要求與五四新文化中戰鬥的現實主義傳統，顯然是難以結合的。

長篇小說創作是茅盾觀察社會人生的重要窗口，是體現他現實主義文藝觀的形象生動的藝術形式。1927 年以後，乃成為他文學神經中的一個最主要的興奮點。解放後，廣大熱愛茅盾作品的讀者一直為他突然封筆不寫感到迷惑不解。黃侯興在《「人生派」的大師——茅盾》一書中敏銳地指出，公務繁忙，年事已高，固然是茅盾擱筆的原因，「但更重要的是，自 1942 年毛澤東發表《在延安文藝座談會上的講話》以來，共產黨的文藝方針就是提倡寫工農兵，文藝為工農兵服務；開國以後，共產黨作為執政黨，把這個適應於過去解放區工農幹部文化心理需要的權宜性政策，發展成為全國的具有普遍指導意義的社會主義文藝方針；描寫工農兵，塑造工農兵英雄形象，成了所有文藝家創作必須嚴格遵循的文藝路線。對於妨礙貫徹這個文藝方針、路線的思想、理論和文藝作品，都毫不留情地加以批判、肅清」，他認為，「茅盾所熟悉的人物是民族資本家和知識份子，他們是被教育、改造、限制、利用的對象，都不是國家的棟梁，決不允許他們作為文藝作品的主人公加以表現，更不允許對他們有絲毫的美化。這實際上是制約了包括茅盾在內的來自國統區的許多作家的創作自由。」[35]顯然，茅盾的為人生的文學，

35　黃侯興：《「人生派」大師——茅盾》第 285 頁，山東人民出版社，1996。

戰鬥的現實主義，以及偉大的時代性題材與自己最熟悉的生活相統一的主張，遭受了某種挫折。當他用「社會主義現實主義」理論規範自己和其他作家創作的時候，他終生堅持的現實主義實際已不復存在。茅盾後代韋韜、陳小蔓的追憶，為我們提供了他偷偷寫小說、終於又廢棄因而消沈和痛苦的一副現實的畫像：「文革」後期，與世隔絕的茅盾因所謂「叛徒」問題排除，決定在「賦閑」中秘密續寫未完成的長篇小說《霜葉紅似二月花》；「爸爸這次續寫，約占了一九七四年半年的時間。在續篇大綱中，爸爸著重刻畫了正面人物，如張婉卿、錢良材等，以及一位新出場的女主角張今覺。」但這次續寫工作，又因「身體虛弱」、「爬樓困難」、「看房、修房」、「搬家」和「親戚長住」再次中斷；解放後，一直無法寫小說的他「痛苦最甚」，在「一九七〇年四五月間」則「最為消沈」。於是，「有點看破了一切」的茅盾決定毀稿，「小鋼讀完把手稿放回了原處，爸爸就默默地拿出來銷毀了」，並稱「留之無用」。[36]……創作是一個作家的第二生命，毀稿乃絕望之極後所為，他等於在創作上宣判了自己的死刑。循此思路分析他寫於 1956 年的一篇文章，讓人進一步窺見了茅盾解放後在現實與創作之間難以化解的深層「矛盾」：「作家或編輯部要對之負責的，應當是作品所反映的生活矛盾是不是真實的社會現象，而不應當是任何個人，而任何個人碰到那樣『不愉快』的事，也應當抱著『有

36 韋韜、陳小曼：《父親茅盾的晚年》第 118、138 頁，上海書店出版社，1998。

則改之，無則加勉』的態度，不要神經過敏，甚至於弄到『怒髮衝冠』的地步。」[37]這篇題為《揭露矛盾時的「矛盾」》，表面上是談讀者責備作家和編輯不敢揭露社會生活衝突，而領導幹部的干預使作家萎縮不前的創作「矛盾」，但實際它的「弦外之音」只有茅盾本人最為清楚——這乃是他對自己創作困境最真率的寫照！

茅盾文藝觀在現實面前的挫折和出現的反覆，有一個漫長、曲折的過程。概括起來：即 1949 至 1955 年間喪失主體意識的盲目附和：1956 到 1959 年，他開始用清醒的現實主義態度反省社會和文藝的弊端，但很快又被迫轉向「表態」和「批判」狀態；60 年代中期之前，他關注與支持「中間人物論」，主張歷史劇應該「古為今用」，但強調歷史真實與藝術真實的辯證統一。「文革」中，現實主義精神又逐漸出現復蘇迹象。茅盾文藝觀的自相矛盾，在他解放後出版的著作，如《鼓吹集》、《鼓吹續集》、《夜讀偶記》、《關於歷史和歷史劇》、《讀書箚記》、《茅盾評論文集》、《茅盾近作》、《世界文學名著雜談》以及《我走過的道路》的前半部分等大量著述中，有極其生動的表現與展示。

建國初年，茅盾的文藝理論和評論，適應著共和國創立之初朝氣蓬勃的開國氣象。他也以為，要求文藝家們把工農兵作為主要的描寫對象，熱情歌頌他們的勞動熱情和嶄新的精神面貌，與自己半生追求的中國人民的解放事業是一脈相

37　參見《新觀察》1956 年第 15 期。

承的。因此，茅盾那時的文藝主張，著眼於政治利益，而不去考慮文藝的規律和特性。他在《文藝報》1950 年第 1 卷第 9 期發表的《目前創作上的一些問題》中，針對「真人真事與典型性的問題」、「形式與內容的問題」、「完成任務與政策結合的問題」等一些當時廣大作家普遍感到難以掌握的創作難題，認為「寫真人真事也可以有典型性，問題是在怎樣寫」，而「如何能使一篇作品完成政治任務而又有高度的藝術性，」他主張「如果兩者不能得兼，那麼，與其犧牲了政治任務，毋寧在藝術性差一些。」茅盾雖然也承認趕任務和提高作品的藝術性會有矛盾，但他卻說：「我們思想上應當不以『趕任務』為苦，而要引以為榮。有任務交給我們趕，這正表示了我們對人民服務有所長，對革命有用，難道這還不光榮？」[38]

1955、1956 年，「胡風反黨集團」和「丁、陳反黨集團」的被揭露，給茅盾心靈上帶來極大的震動。他雖然違心地寫了「批判」文章，但心裏明白，胡風、丁玲的現實主義文藝主張與自己的文藝觀其實是血脈相通的。儘管很難找到有力的證據，但我們還是從茅盾的若干文章中看出了某些「蛛絲馬迹」。他在《關於文藝創作中一些問題的解答》中指出：「我們應該先要求有廣泛的生活，從生活中產生主題」，如果有「相當的鬥爭生活，就應該大膽去寫。當你下筆寫的時候，千萬不要首先顧慮這句話或那句話和政策符不

---

[38] 茅盾：《文藝創作問題》，《人民文學》第 1 卷第 5 期，1950 年 3 月。

符，是否歪曲了勞動人民」。[39]他還說，「有人問，如何而能獨立思考？」，「如果廣博的知識是孕育獨立思考的，那麼，哺養獨立思考的便應是民主的精神。」[40]對當時的「現實」來說，這些議論肯定是不和諧之音，它的傾向性、針對性應該是不言自明的。由於茅盾內心深處的「現實主義」被喚醒，因此他便對外在的「現實」採取了拒絕的態度。隨著反右鬥爭的擴大和深入，報刊的約稿「標準」也隨之提高，要求指名道姓地批判文藝界的右派分子，這使他「十分痛苦」。為躲避編輯糾纏，他給作協黨組書記邵荃麟寫了一封「訴苦信」，然後稱病不出。[41]當然，更值得注意的是茅盾在提倡「雙百方針」高潮中的極其鮮明的現實主義文藝主張，它們無疑是他 50、60 年代文藝理論和評論中最耀眼的亮點之一。例如，過去在談到文藝創作普遍存在的公式化概念化問題時，茅盾總是歸咎於文藝家深入生活和改造不夠，但現在他卻認為是領導上「思想方法的主觀主義」和「工作方法流於粗暴、武斷」的結果。針對把傳統劇目「封存起來」的極左做法，茅盾指出，「遺產如此豐富」，何必不讓「英雄盡有用武之地」？而且他也不以為非得寫「重大題材」不可，說，「只要不是有毒的，對人民事業發生危害作用的，重大社會事件以外的生活現實，都可以作為文藝的題材」，且「愈多愈好」，甚至提出，「應當允許文藝上有不同的

39　參見《電影創作通訊》第 16 期，1955 年 3 月。

40　茅盾：《談獨立思考》，1956 年 7 月 3 日《人民日報》。

41　韋韜、陳小曼：《父親茅盾的晚年》第 84、85 頁，上海書店出版社，1998。

派別」。[42]在強調文藝家與工農兵相結合、表現時代的「最強音」的社會大環境下，同情甚至贊成文藝家與時代保持一段時間和心理的「距離」，無異於以卵擊石、火中取栗，顯然有極大的政治風險性。然而，茅盾所表現的「勇氣」不僅令人鼓舞，也令人驚訝。例如，《詩刊》編輯部提出了「詩的時代感」的問題，權威根據是毛澤東詩詞。對此他不以為然，說：「詩可以有時代感，也可以沒有時代感，如果強求時代感，又可能陷到公式化、概念化中去」，他甚至用挖苦的語氣諷刺道：「古時候有一種『應制詩』，這種詩的時代感強得很，但這種詩又實在不好。」[43]在茅盾解放後單調、沈悶的批評生涯中，這些意見猶如是一股陡然吹來的清新的風，又若洪鐘大呂，使人振奮。今天重新讀之，不免會感慨繫之。

「百花齊放、百家爭鳴」因為突如其來的高壓而落敗，在緊接而起的文藝界反右鬥爭高潮中，茅盾的態度又發生了一百八十度的大轉彎。1957 年 8 月至 1 月，他連續發表《洗心革面，過社會主義關！》、《公式化、概念化如何避免？——駁右派的一些謬論》、《劉紹棠的經歷給我們的教育意義》、《明辨大是大非，繼續思想改造》、《社會主義現實主義永遠勝利前進》、《我們要把劉紹棠當作一面鏡子》等表態和批判文章，接著，又在 1958 年第 1 到第 10 期《文藝報》上連載長篇文藝論文《夜讀偶記——關於社會主義現實

42 茅盾：《文學藝術工作中的關鍵性問題——在第一屆全國人民代表大會第三次會議上的發言》，1956 年 6 月 20 日《人民日報》。
43 茅盾：《在編輯工作座談會上的發言》，《作家通訊》1957 年第 1 期。

主義及其它》（共六萬餘字），結合「反右派」運動對現實主義文藝進行了全面曲解，同時對自己一生堅持的現實主義文藝觀也做了全面否定。「他評判的某些觀點，正是他自己一貫提倡的。」[44]如果說他建國初年對自己文藝觀的「修改」和「調整」是出於相信與真誠的話，那麼他在這裏的表態則給人惡劣的印象：不久之前他還在批評文藝創作題材過於狹窄和單調，主張藝術品種和風格的多樣化，而現在則認為那樣會歪曲了我們的社會現實；他曾鼓勵青年作家大膽去寫真實，倡導獨立思考，忽然又反對「寫真實」，反對暴露陰暗面；他一度堅決認為，不是重大題材只要無毒無害的都可以寫，現在在政治的壓力下卻又反其道而行之。在《關於所謂寫真實》中他明確指出：

> 我們堅決地說，這些不很成熟的表現社會重大事件的作品，儘管藝術性差，在故事結構和人物描寫上有一千個不對，可是在主要一點上他們是完全正確的，即是堅持了工農兵方向，體現了文藝工作的無產階級黨性原則！而且這些作品實在是反映了我們社會現實的真實的……[45]

在 1993 年問世的《胡風回憶錄》中，胡風曾對茅盾為人之「世故」做過相當充分、然而也確是言過其實的評述。但是，它不妨作為研究茅盾思想世界的一個特殊的角度。在他解放後的大量文論中，我們會發現，這些文章中實際有一

44　韋韜、陳小曼：《父親茅盾的晚年》第 85 頁，上海書店出版社，1998。
45　參見茅盾《鼓吹集》第 224、225 頁，作家出版社，1959。

個雙重的結構，有兩個茅盾。一個是清醒而自覺的茅盾，他希望在不與社會現實發生重大抵觸的前提下，盡可能用純正的現實主義文藝觀及批評方法去影響當前的文藝創作；另一個是應時和退縮的茅盾，他附和時政，言不由衷，用中心任務和文藝政策代替對作家作品的分析。他在主觀上想跟上毛澤東的步伐，客觀上又陷入總是跟不上、合不上拍的尷尬境地。其實，在階級鬥爭日益嚴酷和緊迫的現實環境中，茅盾不得不帶著雙重面具，他之所以成為痛苦、矛盾的哈姆雷特並不是出自內心自覺的選擇。1928 年夏，他曾在《從牯嶺到東京》這篇反省式的文章裏非常生動地揭露過自己的精神世界，他說：「我的職業是我接近文學，而我的內心的趣味和別的許多朋友」，「則引我接近社會運動」，但他坦率承認，「我在兩方面都沒專心」。[46]不免殘酷的是，上述這些話竟成了他 30 年後文藝實踐的「預言」。因為在毫無含糊的大趨勢中，他在「兩方面」都沒法「專心」。

四、《茶館》及其它

1958 年 4 月，老舍解放後寫得最好的話劇《茶館》在首都劇場上演，一演就是 49 場。張庚在一篇文章中這樣描述當時的「盛況」：「老舍先生的《茶館》最近在北京人藝劇院上演了，很受觀眾的注意，也成了文藝界私人談話和集會中間的話題，總之，是最近北京文藝方面比較惹人注目的

---

[46] 參見《小說月報》第 19 卷第 10 期，1928。

事件之一。」並且他以內行的口吻讚揚道：「這個戲是一幅巨大的畫，其中上場人物多至七十人以上，絕大多數都是開口講話的、有名有姓的人物；時間也延綿五十年」，「年代如此之長，經過的歷史事件如此之多，出場的人物如此之雜，所涉及的社會面又如此之廣」，他認為沒有獨具的藝術匠心和高超的駕馭能力，這部傑作是不可能順利完成的。[47]

《茶館》從創作到上演，一直處在當代中國社會的一個敏感時刻：反右運動高潮剛過，發動十五年趕超英美「大躍進運動」的中共八大二次會議即將召開，激進主義文化思潮開始處於上升勢頭。可以想像，《茶館》的命運難以一帆風順，它理所當然會在文藝界引起不同的、甚至是尖銳對立的意見。1957 年 12 月 19 日，在《文藝報》編輯部召開的關於《茶館》的座談會上，不同意見得以集中的展現。林默涵對「革命力量」在第三幕中不夠突出表示不滿，指出：「我覺得，第三幕的革命氣氛是可以而且應當更強烈一些的。解放前夕的北平，城外就有解放軍。國民黨正處在滅亡的前夕，在作最後的掙扎，馬上就要有新的力量來代替它。劇本不一定出現正面的革命的人物，但要有這種氣氛，應當表現出茶館裏的市民們對於那個他們所不大理解的革命力量的反應」。但李健吾辯護說：「不能這樣要求老舍同志，不能要求他一定把人物心裏變遷的線索都寫出來。這個戲有這個戲的特點」，「因為他熟悉北京。他選擇茶館來寫，真是太聰明了。這是舊社會的活動中心」。張恨水、王瑤都認為「第

[47] 張庚：《〈茶館〉漫談》，1958 年 5 月 27 日《人民日報》。

一幕寫得好，第二、三幕較差」，而且「與前兩幕的風格不太協調」。但張光年不這樣看，他認為不是三幕戲之間分量的分配問題，而是因為，「作者對社會力量的積極方面，是估計不足的。」他建議，「最好在第二幕裏再暗示一下五四運動前夕的時代波瀾。」[48]由於國內比較緊張的現實形勢，據說焦菊隱、夏淳兩位導演為突出「給舊時代送葬」這一象徵意味，建議結尾把王利發的上吊改為王利發、秦仲義和常四爺三個人撒紙錢，老舍接受了；但當周恩來建議把第一幕的時間由戊戌變法之後改在辛亥革命前夕的時候，卻被他拒絕。圍繞《茶館》的創作與排演，老舍在「加紅線問題」上卻不像以前那樣順從地採取了消極抵抗的態度。

值得探究的是，老舍為什麼一反常態地堅持這種寫法，固執地相信自己的藝術感覺呢？進一步追問，他為什麼要一改過去迎合、歌頌現實的態度，而把《茶館》的時間下限明確確定在「解放前夕」而不是「解放後」？「百花齊放」過程中老舍主體意識的覺醒和藝術個性的活躍固然是一個原因，但根本在於他知道自己最擅長哪些題材、哪些人物和生活領域。在《談〈茶館〉》中，他表示作品敘述「三個時代的茶館生活」，目的是讓觀眾「看了《茶館》就可以明白為什麼我們今天的生活是幸福的，應當鼓起革命幹勁，在一切的事業上工作上爭取躍進，大躍進」，[49]但在另一篇文章中，他卻斬釘截鐵地說：「我不熟悉政治舞臺上的高官大人，沒

---

48 《座談老舍的〈茶館〉》，《文藝報》1958 年第 1 期。
49 老舍：《談〈茶館〉》，1958 年 4 月 4 日《中國青年報》。

法子正面描寫他們的促進與促退，我也不十分懂政治。我只認識一些小人物，這些人物是經常下茶館的。那麼，我要是把他們集合到一個茶館裏，用他們生活上的變遷反映社會的變遷」。[50]顯然，經過這麼多年的「勸說」、「啟發」、「定題」和半強迫、半被迫的「修改」等無窮盡的折騰後，老舍感到了煩惱和反感，他對自己無主體的創作感到了徹底的失望。他下決心寫出後期的文學精品、真品而不是敷衍現實的藝術贗品，他要對阻礙他寫出心血之作的力量說「不」！《茶館》的寫作充分顯示了作家老舍的藝術良知，而它結構上的不協調恰恰是藝術良知與現實要求不能協調的結果，在這部「未完成」的話劇中，留下了二者激烈搏鬥時的深深的烙印。

《茶館》第一幕堪稱這一時期文學中少見的傑作。翻開劇本，你會感覺擺脫了文藝政策影響的老舍完全恢復到了過去那種自由自在的創作狀態，作品的情節、人物、對話、氛圍、場面和語言等等都是原汁原味的北京味，它們活靈活現、呼之欲出，就像一幅幅線條深刻而鮮明的浮雕，讓讀者仿佛來到了晚清時代的北京。老舍把他全部的靈感、感情和才能都毫無保留地傾注到了作品人物身上，他對剛出場的松二爺、常四爺寥寥幾筆的勾勒，可謂到了入神入畫、筆法蒼勁的地步：

> （松二爺和常四爺都提著鳥籠進來，王利發向他們打招呼。他們先把鳥籠子掛好，找地方坐下。松二爺文謅謅的，提著小黃鳥籠；常四爺雄赳赳的，提著大而高的畫眉籠。茶房李三趕緊過來，沏上蓋碗茶。

50　老舍：《答覆有關〈茶館〉的幾個問題》，《劇本》1958 年第 5 期。

他們自帶茶葉。茶沏好，松二爺、常四爺向鄰近的茶座讓了讓。）

常四爺：您喝這個！（然後，往後院看了看）

松二爺：好像又有事兒？

常四爺：反正打不起來！要真打的話，早到城外頭去啦，到茶館來幹嗎？

（二德子，一位打手，恰好進來，聽見了常四爺的話。）

二德子：（湊過去）你這是對誰甩閒話呢？

常四爺：（不肯示弱）你問我哪？花錢喝茶，難道還教誰管著嗎？

松二爺：（打量了二德子一番）我說這位爺，您是局子裏當差的吧？來，坐下喝一碗，我們也都是外場人。

二德子：你管我當差不當差呢！

常四爺：要抖威風，跟洋人幹去，洋人厲害！英法聯軍燒了圓明園，尊家吃著官餉，可沒見您去衝鋒打仗！

二德子：甭說打洋人不打，我先管教管教你！（要動手）

（別的茶客依舊進行他們自己的事。王利發急忙跑過來。）

再看他對圓滑、善變、精明但不失本分的茶館掌櫃王利發的精彩「素描」：

秦仲義：小王，這兒的房租是不是得往上提那麼一提呢？當年你爸爸給我的那點租錢，還不夠我喝茶用的呢！

王利發：二爺，您說得對，太對了！可是，這點小事用不著您分心，您派管事的來一趟，我跟他商量，該長多少租錢，我一定照辦！是！嗻！

秦仲義：你這小子，比你爸爸還滑！哼，等著吧，早晚我把房子收回去！

王利發：您甭嚇唬著我玩，我知道您多麼照應我，心疼我，決不會叫我挑著大茶壺，到街上賣熱茶去！

熟悉老舍早期作品的讀者會發現，這裏的氣氛、情景與人物好像早就與作者的生命化在了一起，它們事實上不光是老北京的縮影，更是成為了作者精神世界與藝術世界中積澱最深也最為本色的核心部分。常四爺的耿直、松二爺的中庸、二德子的潑皮無賴和王利發的「磕頭主義」，其實就是《老張的哲學》中的老張、《離婚》中的張大哥、老李、小趙、《二馬》中的老馬與小馬、《四世同堂》中的祁天佑老人等等人物原型的現代翻版。他們敷衍然而正直，庸庸碌碌但不失做人的清白；在現實面前畏縮不前，生死關頭卻能決斷；他們壞得也有分寸，曉得是非利害；他們即使仗義執言、古道熱腸，其中也有節制，不致於失去了老祖宗們的規矩與章法——老舍通過一支神奇的筆，在紛亂世事中還這些老北京小人物以生命的質樸與執著，也還他們以現實的真實與無常——正是在這裏，老舍「復活」了千年不變的老北京，他終生以北京為創作題材的極高熱情與過人才華，使他成為中國現代文學中描寫北京「市民世界」的無人能夠替代的文學大師。

宋永毅指出，老舍的文學功績主要在他生動地展現了一個豐富而矛盾的市民世界，「一方面，他無疑是市民社會風俗畫與風景畫的鐵筆聖手；另一方面，他又是同樣出色的風俗批判者與世態諷刺家」，這一角度和矛盾「一直是貫穿」在他大部分小說的「審美實體」。[51]錢理群等人也認為，正是因為他是「中國市民階層最重要的表現者與批判者」，才使得他成為無可爭議的「現代文學史上最傑出的市民詩人」的。[52]

然而，老舍不可能一廂情願地回到「過去」。在當時的情況下，如果要求他完全按照自己的設想這麼寫下去，是極不「現實」的，這也許才是《茶館》第一幕與第二、第三幕之間內容與風格不協調的根本原因。為了突出「揭露舊社會、諷刺舊社會」這條主線，王利發、松二爺和常四爺等人被特務、巡警和大兵取代，從舞臺前場轉向後場，成為後者的陪襯。這種安排，不僅減弱了主要人物的光彩，而且導致了反面人物的漫畫化。巡警勒令王利發交出「八十斤大餅」，特務宋恩子、吳祥子以租房給學生為由強要津貼，老林、老陳和軍官等軍閥混戰中的散兵游勇或賣老婆或藉故抓人等，這些情節從戲劇角度看，並沒有真正加強戲劇衝突，相反，它們游離了作品最初「用這些小人物怎麼活著和怎麼死的，來說明那些年代的啼笑皆非的形形色色」[53]的構想，也偏離了作者對主要人物王、松、常等的「混」的「藝術性」

---

51 宋永毅：《老舍與中國文化觀念》第 13 頁，學林出版社，1988。

52 錢理群等：《中國現代文學三十年》第 262 頁，上海文藝出版社，1987。

53 老舍：《談〈茶館〉》，1958 年 4 月 4 日《中國青年報》。

的準確定位。[54]為了突出思想主題，第三幕寫抗戰勝利後，國民黨特務和美國兵在北京橫行，上兩幕中的壞蛋之子小宋恩子、小吳祥子、小劉麻子、小二德子們繼續欺壓王利發父子和常四爺的故事，最後，被強佔茶館的王利發上吊自盡。這種處理，進一步偏離了第一幕的主旨，給人以思想突出、人物形象貧乏的彆扭印象。歷史地看，老舍最成功的小說都不是以寫思想見長的，相反，善於觀察與表現人物，是他最為人稱道的藝術才能。當他為了宣傳而有意突出思想和主題的時候，他留下的多半是些敗筆，例如抗戰時期的大鼓詞，解放初期宣傳性的戲劇等；當他完全是從生活出發，從自己的藝術感受出發的時候，作品立即會自然而然地煥發出老舍式的幽默和光彩，人物也因此獲得了獨有的生命力。他在《我怎樣寫〈老張的哲學〉》中承認：「形式是這樣決定的；內容呢，在人物與事實上我想起什麼就寫什麼，簡直沒有個中心；這是初買攝影機的辦法，到處照像，熱鬧就好，誰管他歪七豎八」。他又說，「哲學！現在我認明白了自己：假如我有點長處的話，必定不在思想上。」[55]由此可見，第二、第三幕的失敗是思想的失敗，一旦當時的形勢要求老舍用先進的思想組織來《茶館》的結構、安排情節和塑造人物，他創作的失敗就帶上了必然的悲劇性。他不可能反抗這種「思想性」而獲得成功。

54　陳徒手：《人有病，天知否》第 85 頁，人民文學出版社，2000。

55　老舍：《我怎樣寫〈老張的哲學〉》，《宇宙風》第 1 期，1935 年 9 月 16 日。

《茶館》創作的波折讓我們聯想到當代中國文學中的一些重要命題：「政治標準第一，藝術標準第二」、「革命的現實主義與革命的浪漫主義相結合」。後來，這些理論在指導文學創作的過程中又被延伸、落實為具體的實踐與目標，例如「內容與形式的完美結合」等等。這就給老舍出了一個極大的難題：因為政治標準第一、藝術標準第二的鐵定框架和順序，強調的是政治對藝術的統馭、限制和決定，藝術對政治的從屬、回應和宣傳，這實際上規定了作家必須要根據政治的需要來決定藝術的表現。在此前提下，革命的現實主義與革命的浪漫主義倒是可以勉強「結合」的，但是內容和形式怎樣結合，結合的途徑、方法、步驟是什麼？這都無異於天方夜談。《茶館》三幕之間主旨與風格上的脫節，正是「內容和形式」難以「完美結合」的現實寫照。而它上演後被迫停演、復演後再次停演的命運，進一步證明了這些理論命題本身所包含的喜劇性內容。1958 年《茶館》在大躍進的火熱氣氛中初演，由於受到文化部負責人劉芝明「離開政治風格講藝術風格」指責而被迫下馬；1963 年在文藝界「反左傾」整體氣氛的鼓勵下《茶館》試妝、連排，但很快不明不白地再次停演。毋庸避諱的是，在《茶館》構思、寫作、改編、排演與上演的完整過程中，老舍確實是做過用「茶館」這個他極其熟悉的藝術形式（題材）與現實生活相結合的努力的。據說，他最初是想把《茶館》寫成一部配合憲法宣傳的戲的，由於導演焦菊隱認為第一幕「非常精彩」而隱含的反對態度，於是決定不「光寫憲法」。聽說別人批評這部戲沒有把「光明的未來展示給讀者」，就對第三幕進行相當幅度的刪改，增加了學生愛國運動的戲。但最終他發現，越是遷就和迎合現實的要求，他就越是最大限度地犧牲了自己所喜愛的藝術。[56]也許，《茶館》的背後牽涉到另一些更大、更深遠的文學與歷史命題。所以，陳徒手指出：「等到文革一結束，《茶館》劇組的人們一下子似乎重新讀活了《茶館》，讀懂了老舍。但他們又惶然表示：不能全懂。」[57]

五、評論、批註與舊夢難圓

1949 年 5 月，茅盾收起小說創作，重操他 30 年前的舊業：文學評論。對此，他曾有過破綻畢露、但又不乏真實感受的解釋：「苦悶的來源是作家或藝術家的審美觀念和批評標準，同他自己的創作能力不相適應，也就是這兩者之間有了矛盾。『眼高』，指作家或藝術家對作品的審美觀念和批評標準是高的。『手低』，指作家或藝術家自己的創作能力低於他的審美觀念和批評標準。作家或藝術家如果『眼』不『高』，就不會發生『手低』的問題，也就不會發生苦悶」。但他同時指出：「作家和藝術家不一定同時是文藝批評家或文藝理論家，然而他們一定同時是修養很高的鑒賞家。」[58]

在 50、60 年代，評論是茅盾「苦悶的象徵」。在「眼高」的標準與境界上不肯「手低」的現實尷尬中，文學評論

---

56 陳徒手：《人有病，天知否》第 87-98、112 頁，人民文學出版社，2000。
57 同前註。
58 茅盾：《「眼高手低」說起》，《詩刊》1957 年第 7 期。

無疑是證明他仍然是「修養很高的鑒賞家」的重要載體。如果撇開表面現象縱觀這一時期的文學活動和實踐，他的評論顯然具有耐人尋味的歷史內容和極大的研究價值。我們注意到，雖然強調文藝反映社會重大事件仍然是貫穿在茅盾當代文學評論的主調，但重心明顯向著強調文學作品的藝術規律和藝術性的方面傾斜。他強調題材在表現生活時的先期作用，強調體裁、結構和情節是塑造人物的主幹因素，認為描寫重大事件同樣可以避免公式化和概念化，作家的生活感受和藝術靈感在具體創作過程中應該受到必要的重視和關注。這些主張與當時強調配合中心任務、中心工作和輕視創作規律的流行理論，顯然是不協調的。它們所顯示的藝術旨趣和審美理想，卻反映了茅盾對藝術信念艱難而頑強的堅持。

在《略談工人文藝運動》一文中，他在肯定其「現實意義」的同時敏銳指出：「工人寫作的發展狀態，第一是詩歌和快板（也就是詩歌體）多於散文，且亦寫得較有條理；第二，控訴（抒情的）多於敘記描述的，批評性的更少。這表示了什麼呢？這表示工人寫作處於萌芽時期正在經歷的階段。在運用文字上，組織力還不夠高，在思考方面，分析力還不夠強，而敘記描述乃至批評性的散文的作品卻需要較高的組織力和較強的分析力的。」[59]作者顯然在用「文人」的眼光苛求工人創作還不夠成熟的「創作水平」。50 年代中期後，茅盾相當多的評論都在關注人物塑造、題材等創作「技

---

[59] 參見《小說月報》3 卷 1 期，1949 年 10 月 1 日。

巧」問題。例如，他在《關於人物描寫的問題》裏承認，「技術問題不要與思想問題對立起來看。技術問題是服從思想的」，但他告誡人們，技術問題對具體創作而言也許更為直接和重要，「描寫一個人物該從什麼地方描寫？當然把這人的舉動、聲音、笑貌寫出來。如果沒寫這人的舉動，沒寫這人的聲音笑貌，就看不出這人的形象。小說方面尤其是這樣。」[60]在《關於文藝創作中一些問題的解答》中，他針對「領導出題目、作家寫作品」這一違反文學創作規律的普遍現象批評說：「我們大部分作品之所以產生『公式化』大同小異的傾向，原因固然很多。但先有題目然後下去體驗生活，恐怕也是原因之一。我們應該先要求有廣泛的生活，從生活中產生主題，然後進一步深入到生活中去體驗，豐富你的主題，補充你的生活不足之處。」[61]重視文藝的宣傳功能，忽視或根本無視文學創作規律和作家的藝術個性，是當時文化政策的基本走勢。正是在這一思維定勢下，產生了「領導出題目、作家寫作品」這種嚴肅而荒誕的歷史命題。茅盾的批評，既有敏銳的針對性，也有現實的危險性。然而，正是批評家的藝術良知，呈現了茅盾這一時期文學評論上的「亮色」，而這一亮色，在文藝界「糾左」的60年代初，顯示出更為耀眼的思想光彩。他這一階段的重要評論文章有：《一九六〇年短篇小說漫評》、《關於歷史和歷史劇——從〈臥薪嘗膽〉的許多不同劇本談起》、《讀書雜記》、《讀〈老

60　參見《電影創作通訊》第16期，1955年3月1日。
61　同前註。

堅決外傳〉等三篇作品的筆記》、《關於短篇小說的談話》等。這些評論，是解放後茅盾強調文學創作規律和作品藝術性主張的總體展現，他對作品文本的批評，對作家藝術個性褒貶，對文學創作中非文學現象的駁難，遠遠超出了他 50 年代的評論。連載於《文藝報》1961 年 4-6 期、3 萬餘字的長篇評論《一九六〇年短篇小說漫評》，是其中的力作。他明確指出：「文學作品的主要任務是塑造典型人物。時代的風貌、階級鬥爭之時代的特徵，人物的思想變化，等等，都必須通過人物的活動，然後才能獲得藝術的形象」，「作家的責任就在於創造藝術的形象。所謂創造不是『無中生有』，而是通過作家的獨有一套的取材、佈局、煉字煉句等等方法，使其藝術形象不落舊套，不拘一格。從這裏，也就可以看到作家的個人風格。」按照這一思路，他對杜鵬程的《飛躍》、李準的《李雙雙小傳》和《耕雲記》、張勤的《民兵營長》、王汶石的《新任隊長彥三》、胡萬春的《在時代的洪流中》和《一點紅在高空中》、歐陽山的《鄉下奇人》、茹志鵑的《靜靜的產院》、萬國儒的《歡樂的離別》、唐克新的《第一課》、趙樹理的《套不住的手》、敖德斯爾的《歡樂的除夕》、草明的《姑娘的心事》、沙汀的《你追我趕》、馮還求的《紅玉》等反映了「六〇年短篇小說創作的一些新面目」的一批短篇小說，進行了深入細緻和相當「到位」的文本分析。同樣，憑藉這一區別於流行視野的批評視角，青年作家李準《李雙雙小傳》人物的「原生狀態」與「時代主題」之間微妙而平衡的互動關係和深層意蘊，被作者挖掘了出來：「作者沒有使用抒情的筆調為人物作贊辭，只是通過藝術形象讓讀者自己作出必然的結論。作者寫李雙雙雖然精明，深知喜旺之為人，卻也有上當的時候；作者又寫喜旺雖然思想落後，卻也跟著時代而變化，並且把他的小聰明終於用到正路上。所有這一切細節描寫，都增強了李雙雙和喜旺這兩個人物的立體感」，茅盾明確指出，「他們比作者過去所創造的人物更加鮮明而有個性。」這種對小說潛在文本的專業化分析，也運用到對茹志鵑《靜靜的產院》的批評當中。在作品中，茅盾發現了60 年代文學中比較普遍的保守思想和進步思想鬥爭線索之外的另一條線索——一個失去了進取心的革命者無主體的心靈狀態。通過對譚嬸嬸心理變化層次的分析，他進一步觀察到革命現實主義文學中潛藏著一個自己毫無覺察、但實際與革命文學之外所有文學中關於人性思考相通的命題——人對現狀的麻木。茅盾因此指出：「它的主題思想是有普遍性的一個問題。而且也是具有永久性的一個問題，到了共產主義社會，這個問題還是存在。譚嬸嬸這樣的好人，我們到處可以碰到，譚嬸嬸性格之所以不陷於一般化，亦即說，它之所以不同於一般的革命熱情衰退的幹部，在於她把革命階段論看得太死，因而缺乏不斷革命的精神。譚嬸嬸這個人物之所以具有普遍的教育意義，就因為從她身上，每個讀者可以引起許多聯想」。與當時強調表現「時代最強音」的主題決定論不同的是，茅盾還發表過主張創作題材多樣性的意見，他說：「是否存在著本身社會意義不大的題材？我想是有的。如魯迅的《社戲》、《鴨的喜劇》比起《祝福》、《風波》來，社會意義就小些。我們對短篇題材的要求也不能太高，不一定每一篇都要求有非常巨大的社會意義。」[62]

在主觀動機和現實效果上，茅盾的評論都構不成與當時主流文化的對抗。他的評論在潛意識和無意識層次上，卻成為作者心靈苦悶的替代品。他規勸廣大作家尊重創作規律，注重作品的藝術性，實際是在以理性的方式對其感性的文學世界減壓和排遣鬱積的心緒。在他不厭其煩地談論人物描寫、細節設計、日常生活表現的時候，他仿佛已經進入到小說創作過程當中，因為他以幻想的形式實現了現實生活無法實現的目的——小說創作。對於正處在人生壯年，思想和藝術感覺都相當成熟和活躍敏銳的茅盾，這無疑是最大的和無人言說的痛苦。由此我們再讀前面所引茅盾的一段話，例如「這種苦悶的來源是作家或藝術家的審美觀念和批評標準，同他自己的創作能力不相適應，也就是這兩者之間有了矛盾」之後，應當會更深入地走進他輾轉反側的精神世界，在心靈受到震撼之餘，大概也會產生許多豐富的聯想罷。

如果說寫評論是間接的創作，那麼批註小說則似乎應該直接進入了小說的創作過程。大概在 1960 年前後，一時「技癢」的茅盾做起了眉批，所批文學作品多達 40 餘種，涉及長篇小說、短篇小說集、詩集和文學史等不同文類。其中，關於楊沫《青春之歌》的「批語」有 17 處，「標記」136

---

62 茅盾：《關於短篇小說的談話》，《人民文學》1963 年第 10 號（該文原為《短篇創作三題》，後經作者增刪，改為現在的題目）。

處；阮章競《漳河水》和《迎春橘頌》的「批語」117 處；《田間詩抄》23 首詩的「批語」24 處；郭小川《月下集》26 首詩的「批語」48 處；聞捷《河西走廊行》87 首詩的「批語」52 處；杜鵬程《在和平的日子裏》的「批語」計 58 處；茹志鵑《高高的白楊樹》的「批語」33 處，等等。中國文人一向有批註文學作品的傳統，或寄寓情懷、或著書立說、或針貶時政，用心極其廣泛而複雜。「批註」傳統中顯然包含著影射現實、強調審美理想和以「注」代「文」代「說」的豐富內容。茅盾究竟是何原因突然對眉批產生興趣，因無可靠材料，一時很難推斷。不過，通過對這些註解文字的解讀，作為「冰山一角」的茅盾真實的內心世界，或許能夠讓人「窺破」一、二罷。

今天「重讀」這些註解文字，我們發現它們無非是兩類：一是不同意作者對描寫對象的「價值判斷」，提出了自己的商榷意見，或是用「標記」出示，卻不正面作答；另一類主要是針對作品的創作技巧而發，帶有修改、不屑或玩味的意味，反映了茅盾本人的審美趣味和藝術傾向。例如，《青春之歌》第一章林道靜出場的描寫，是為她由「個人主義到集體」的思想轉變而設計的，也是作者的頗為得意之筆。茅盾的上批是：「這第一章的第一至五段可以刪去，而把車到北戴河站作為本章的開端」，左批為：「這一段的描寫，平鋪直敘，且不簡練。」第 26 頁，是林道靜「走出」地主家庭的重要伏筆。按照一般邏輯，道靜養母徐鳳英雖是個心狠勢利的地主婆，但家中會有女傭伺候。林道靜雖非徐氏所生，卻是林伯唐的女兒，小時候的生活應該是平靜而正常的。故茅盾對作品「從小她自己一個人常睡冷屋，七歲起每夜幾乎都要替徐鳳英上街買東西」的悲慘遭遇提出疑問說：「那時徐鳳英沒有女傭使喚麼？」除眉批之外，書中的大量「標記」也是引人注目的。比如，第 148、149 頁盧嘉川和戴愉就黨如何領導抗日的問題發生爭論，茅盾對以下對話分別劃出橫道：「你這是哪種機會主義的謬論？中產階級都可以做我們的朋友嗎？那麼，無產階級就該是你的敵人啦？」、「我認為黨應當根據情況穩健一點」、「你的右傾機會主義的動搖是否（已經發展到反黨的道路上）」、「戴愉同志只是搬教條，（不大瞭解實際的情況）」、「人民熱烈要求抗日救國，可是咱們提出的口號常常過高，常常除了少數積極分子以外，使廣大群眾不能接受。」在書的左、右側劃出豎道的則有：第 82、83 頁對林道靜老同學陳蔚如放棄過去的「理想」而心滿意足地做了資產階級太太的描寫，第 110、111 頁對余永澤甘於鑽研「國故」的「百無聊賴」生活境況的敘述，第 306 頁林道靜對「過去」時光突然喚起美好回憶的交代，等等。聯繫小說的上下文，上述眉批有些是針對作品結構的不完整，有些是認為描寫不夠準確，有些是不同意作者對人物的簡單評價，有些則很難揣測真意，使得茅盾的「眉批」留下了許多歷史和思想空白。當然，它也為人們的進一步研究預留了較大的言說空間。同樣的例子，在對其他作家作品的眉批中也大量存在。例如，茅盾在短篇小說集《高高的白楊樹》第 33 頁的下端批道：「此篇用兩代妯娌的思想上的不同，襯托新社會的新風氣、新人，筆墨乾淨，形象生動，但不知為何，總覺得猶有斧鑿的痕迹。」他認為田間有些詩有「樸素的字句，無限的熱情」，「音調柔中帶剛，深情寄於白描」，有時候又「失卻反覆詠贊的詩意」，「此詩所詠的主人公是何等樣的人，實在不清楚」。郭小川的《投入火熱的鬥爭》和《向困難進軍》發表後引起詩壇轟動，在廣大青少年中頗有影響，不知何故，茅盾評價卻不很高，曾表示疑惑說：「探求新形式，但何以把整句拆開分行寫，有時兩字占一行，有時半句占一行，卻看不出什麼規律」，即使有的地方「有氣勢」，句法、韻節僅僅是「也還自然」，與當時熱烈的好評南轅北轍。郭的長篇敘事詩被認為是建國後敘事詩創作的「重要收穫」，然而茅盾認為「作者的敘事長詩略遜於他的抒情長詩。此詩有描頭畫角之病，無流水行雲之趣」，「有意學習古典詩與民歌而未能『化』，時露生硬之迹，又追求形式上的獨創，而未能得心應手，時露矯揉造作之態」，儘管他估計作者「仍在發展著，方向正確」，「將對詩壇有更大的貢獻」。[63]這對當時走紅的「政治抒情詩」創作，無疑潑了一盆冷水。

以茅盾高超的創作技巧和藝術境界，他是不會把這些眉批的作家作品以為然的。他之所以不厭其煩地評點玩味，除了無奈與無聊之外，於創作角度也不乏有「技癢」和「解癮」的成份。心靈完全自由狀態下的文學創作固然是創作，但無

63　以上均引自《茅盾眉批本文庫》1、2、3、4卷，中國國際廣播出版社，1996；據傳，茅盾曾有兩種日記，一種已公開發表並收入「全集」，另一種則未公開，兩種版本對人對事和作家作品的評價截然不同，有時甚至相反。對已故作家珍貴資料的「封鎖」和「壟斷」，在目前已經不是公開秘密，在作家遺屬中相當普遍，它對學術研究顯然是非常負面的。

形壓力下的評點、眉批未必就不是文學創作。眉批把真實意圖隱藏於所批作品文本之下，從而構成了當代中國文學中兩種文本「疊加」的奇怪現象。作者圈點當代作家的作品，並不等於他贊成這些作品；他即使表面贊成，並不等於他不實際採取否定加遊戲的態度。以《青春之歌》為例，他在陳蔚如、余永澤描寫處加上橫道作為「標記」，這就在閱讀效果上產生了歷史「縫隙」——因為他顯然是不滿意小說原作者對知識份子精神歷程的複雜性和豐富性的批判性評價的。他之有意「圈出」的文本之外的大段「空白」，對今天研究茅盾 50、60 年代的思想狀態極有價值和參照意義。又如，他對郭小川創作做出的否定性評價，並不是針對郭而言的，而是對整個文壇虛假浪漫主義美學的一種否定。因此在我看來，眉批是茅盾當時一種更具有典型意義的文學創作，在眉批的字裏行間，貫穿著他對真正的文學創作的執著與追求，體現為一種出污泥而不染的審美意識。

六、兩位理智型作家的人生選擇

一個作家的人生選擇和歸宿，無不早就潛藏於其地域文化的熏陶和性格氣質當中，這是大凡瞭解中外文學史的人都知道的道理。雖然時代的潮汐和命運的突變會使他性格扭曲，產生誇張性的裂變和變異，但總的來說，還是有其既定的人生軌道可以探尋的。茅盾和老舍，一個勉強善終，一個死於非命，生命的形式儘管不同，他們後來的人生選擇和困惑仍有討論餘地，而這種討論，有助於我們對當代中國文學的大環境進行更深入的體察。

茅盾待人從容平和，說話風趣而且適度，從來不張狂急迫，是一個謙謙文人。在《我走過的道路・序》中，他對自己的性情曾這樣評價：「一因幼年稟承慈訓而養成謹言慎行，至今未敢怠忽。二則我之一生，雖不足法，尚可為戒。」[64]在 40 年代，青年作家吳組緗對臺上臺下判若兩人的茅盾，留下了極深印象：坐在主席臺上的茅盾，「多少都顯出些『莊嚴法相』的味兒」，「架子不小，神氣十足，體格很魁梧，道貌很尊嚴的樣子」；可一走下臺就完全是一副平民化模樣，「從衣袋裏摸出煙捲，點了火，輕鬆地，舒適地，但幾乎是斂縮地，依在那位子角落裏，吸著。」當他因開會太晚回不了鄉下，只好在別人處借宿時，其「睡德」也頗令人讚賞，「他睡覺也叫同房的人歡喜，因為醒著時是靜靜的躺著，決不東翻西覆，煩躁的歎氣，或是勉強找人說話，有些愛失眠的人總是這樣的；睡著了，也不扯呼，或是鋸牙齒」。[65]在老友葉聖陶記憶中，茅盾寫小說前的準備工作，更是保持了一種不疾不徐、理智且有序的個人特色：「他作小說一向是先定計劃的，計劃不只藏在腹中，還要寫在紙上，寫在紙上的不只是個簡單的綱要，竟是細磨細琢的詳盡的記錄」，「他這種工夫，在寫《子夜》的時候用得最多。」[66]在 20 世紀中

64　茅盾：《我走過的道路》（下）第 355 頁，人民文學出版社，1981。

65　吳組緗：《為中國現實主義文學祝賀》，《文哨》第 1 卷第 3 期，1945 年 10 月 1 日。

66　葉聖陶：《略談雁冰兄的文學工作》，1945 年 6 月 24 日《新華日報》。

國動蕩不安的社會環境中，純粹的謙謙君子是難以立足的；在矛盾錯綜複雜、且與政治意識形態糾纏不休的文藝圈子中，尤其需要有既剛又柔、亦強亦弱的雙重人格。也就是說，在這種環境中的現代文人需要用理智來節制激情，以達到二者之間的高度調和與平衡。不剛強難以保持現代文人的獨立地位和必要的生存前提，在各種各樣壓迫與扭曲下的執著的精神操守。自由主義文人朱光潛、沈從文和蕭乾解放後三下五去二就被解除了思想武裝，1950 年朱光潛寫檢查和沈從文的自殺舉動，都說明了這一派文人之不善於與強大現實面前周旋，說明他們精神上天然的羸弱與膽怯。既然現實生活一開始就不打算尊重文學和維護其「道」的文人，這就要求文壇領袖必須是個勇於抗爭的強者。所謂柔弱是因為文學是一個民族思想、情感與文字的園地，必須首先善待，而善待又須得在不放棄至尊與自由原則的情況下，與強大的非文學力量且戰且退並達到一定的妥協，保留一定的藝術創造空間，因而也就不能太強調文壇領袖至高無上的道統地位。不懂政治且不擅長保護自己的胡風，就是一個血的教訓。文壇應該是一個重創造而輕干預、重作家而輕行政的地方，它不是機關與軍隊。茅盾比誰都看得明白，打他勉強接受文化部長和中國作協主席的職務之日起，他就必須在強與弱、權力與作家藝術家之間小心地走鋼絲。他放棄心愛的小說創作而撿起評論的舊行當，不能說沒有為其他年輕作家織起一張保護之網的玄機，這種甘做廣大作家藝術家「保姆」的自我犧牲，無意之中充滿了一種「我不下地獄，誰下地獄」的悲情與蒼涼。出身於文藝界的茅盾比文藝界的管理者更懂得尊重和理解作家及其創作，他小心而堅強的「保姆形象」贏得了幾代作家藝術家的衷心擁戴，成為比擁有真正權力的人更具有權威的文壇領袖。在 50、60 年代，一大批青年作家被茅盾提攜或受到他的間接保護，在某種程度上，為「四人幫」倒臺後文壇的百廢待興接續了難得的火種。[67]

1950 年上任伊始，茅盾就在公開場合表達了尊重文學遺產的文化理念：「以上是對於《水滸》的人物和結構的一點粗淺的意見。如果要從《水滸》學習，這些便是值得學習的地方。」[68]他還認為，當代文學的發展不應走向狹窄化，而應有開闊的文化視野：「在進一步緩和國際緊張局勢以及實現亞洲及世界各國的集體安全、和平共處的偉大事業中，國與國間的文化交流是一個重要的因素，而文學翻譯工作，是文化交流中重要的一環。」[69]這其中實際隱含著他對未來當代中國文學發展的理念，只有尊重傳統和加強交流的時代，才是產生「大師」的時代。然而在 50、60 年代，支持與愛護作家是一個文化部長和作協主席的最高職責，抓住了作家才是抓住了延續文學火種並促進文化交流的「中心環節」。一次，他看了青年作家馬烽的一篇小說，十分欣賞，提了幾條具體意見，但又囑《人民文學》編輯說：「不要勉強作者，改不改由作者決定。」馬烽得知後很是感動，他沒

---

[67] 1996 年，萬樹玉、李由為紀念茅盾誕辰一百周年編選的《茅盾與我》一書，收入了大量曾受到他提攜的作家的紀念文章，這些文章真實記錄了一個逝去的時代。

[68] 茅盾：《談〈水滸〉的人物和結構》，1950 年 4 月 10 日《文藝報》。

[69] 茅盾：《為發展文學翻譯事業和提高翻譯質量而奮鬥》，《譯文》1954 年 10 月號。

想到茅盾這樣的大作家，對他這樣的普通青年作家的稿件竟然那麼尊重。茅盾在《讀最近的短篇小說》裏，肯定了當時剛剛出名的王願堅的《七根火柴》。時隔多年，王願堅曾滿懷激動地追憶道：「在這篇闡發短篇小說創作技巧的的文章裏，竟然用了相當多的文字分析了我的《七根火柴》。使我驚奇的是，文章分析得那麼仔細，連我在構思時曾經打算用第一人稱的寫法，後來又把『我』改成了另一個人物這樣一個最初的意念都看出來了，指出來了。他對那樣一篇不滿二千字的小說，竟用了四五百字去談論它，而且給了那麼熱情的稱讚和鼓勵。我被深深地激動了。」它「給了我溫暖、希望和力量。我帶著它，送走了我的青年時代，步入了中年；我帶著它，戰勝了灰暗的心情，使火柴的微光沒有熄滅。」[70]女作家茹志鵑是另一方面的例子。《百合花》是她的處女作，曾遭幾次寄出、幾次被退回的厄運。1958 年 3 月當它終於幸運地被《延河》發表的時候，作者的丈夫卻遭到了另一場厄運：被「擴大「為右派。不知茅盾是否知情，但他從遙遠的北京向這位幾近絕望的女作家伸出了援助之手，對這篇險些扼死在搖籃裏的小說給予了極高和極熱情的評價：這篇小說「結構上最細緻嚴密，同時也是最富於節奏感的。它的人物描寫，也有特點；人物的形象是淡而濃好比一個人迎面而來，愈近愈看得清，最後，不但我們看到了他的外形，也看到他的內心」，他甚至眼光過人地發現，這是一篇「沒有閑筆的短篇小說，但同時它又富於抒情詩的風味」，是一篇有

---

[70] 王願堅：《他，灌溉著……》，1981 年 4 月 9 日《中國青年報》。

個人「風格」少見的佳作。像王願堅一樣，茹志鵑幾乎是懷著「朝聖」的心情感激這位文壇宿將精神的引導的，她說：「一個失去信心的，疲憊的靈魂，又重新獲得了勇氣和希望。重新站立起來，而且立定了一個注意，不管今後道路會有千難萬險，我要走下去，我要挾著那小小的卷幅，走進那長長的文學行列中去。」[71]茅盾謝世後，這類文章曾像雪片般飛向全國各種大中型報刊，它們向人們昭示了一個鮮為人知的茅盾的形象：50、60 年代文學之「道」巧妙而機警的捍衛者，他的特殊身份和文壇領袖的威望，客觀上保證了那條日益狹窄但仍暢通的文學的航道——在當時，它正是當代中國作家的唯一的生命線啊。

在自由創作精神面臨阻力的情況下，就凸現出文學之道的特殊作用。在純文學的研究者看來 50、60 年代文學是無「道」可言的，不屑於給予過多關注；而在關心這一段文學的研究者看來，作為文學之道代表者的文學大師早已保持沈默，因此對其研究價值也深表懷疑。實際上文學之道乃是作家藝術家的生存環境，直接決定著他們創作的狀況和心態。如果文學大師的存在有利於吸引真正的作家並真正張揚正派的創作風氣，作家們才會發揮出創作積極性和創造潛能，讀者才會受到良好的文學教育，而文學之道才能得以完好地保存。從歷史的高度看，文學是一個民族文化積累與傳播的最佳彰顯，要說文學關乎國家與民族的未來並非誇大之詞。從 20-40 年代，魯迅、郭沫若和茅盾

71　茹志鵑：《說遲了的話》，1981 年 4 月 1 日《文匯報》。

是公認的三位文壇領袖。在魯迅去世、而郭沫若實際已失去這一資格之後，茅盾的作用是無人可比的。如果說理智與智慧協調了茅盾與時代大環境的關係，而他與現實政治之間的微妙平衡實際起到了保護文壇和作家的作用，那麼除此之外還應得益於吳越文化對他的深刻熏陶。吳越文化是南宋以降中國精英文化與江浙清秀、富庶自然環境的完美結合，南方知識份子精神的最高體現。吳越文化功利而不媚俗，清高而不孤傲，雅致但卻方正。它既推崇骨氣與氣節，但又能在嚴酷的現實環境中保持一定的迴旋與彈性；它既有明末東林黨人的憂國憤世之懷，又能與濁世達成一定妥協，在歷史轉折期成為民族的脊梁、擔當時代的大任。王國維、章太炎、蔡元培和魯迅堪稱吳越文化在近代以來的傑出代表，他們理智與激情的完美結合可以說是近、現代文化領域的絕唱。茅盾生逢其時，充分利用了歷史為他搭建的這一舞臺。他長袖善舞、內斂外張，不媚俗且又與時俱進；他把吳越文化的深沈智慧完整地帶到了當代中國文學當中，為自己安排了得以善終的生存環境。在當代文學中，他是死後很少有人垢病的少數幾個重要文人之一。

老舍是北方京城文化的產物。與茅盾的文壇領袖身份不同，在當代文壇他只是一個重要而有代表性的寫家。在朋友們的評價中，對老舍使用的多是「幽默」、「風趣」、「大方」、「古道俠腸」、「善於交際」和「熱心公共事業」等字眼，殊不知理智則是他多元化性格中的「主旋律」。縱觀他一生的文學活動和生命活動，稱他為「理智型」作家應該不會引起人們的異議。對此，老舍非常經典地戲稱自己的理想是「中年人的理想」，他說：「我自幼貧窮，作事又很早，我的理想永遠不和目前的事實相距很遠。」[72]既然為生活而務實，就收斂了青年人的衝動；既然理想與事實貼得很近，關注的對象和題材難免會集中而單一。純粹從文學角度看，這是老舍的局限，也可以說其實就是他的長處。

「人民藝術家」真像是天賜之譽。因為自北京市政府頂住各方面壓力非常慷慨地授予老舍這一光榮稱號後，他解放後的創作就鎖定在這座城市，與茅盾的「全國性眼光」形成截然不同的對比。解放後，老舍不寫小說而選擇了戲劇，並且專以北京為描寫對象，大概是出於這麼兩點考慮：一是出於對故鄉北京報恩的思想。愛國主義是老舍思想世界的基石，而愛國在他具體行為實踐中就是愛故鄉、愛母親，愛這座給了他生命、做人原則和藝術靈感的古城。他要急於展現它解放後的新變化，而戲劇恰恰是比小說更適宜展現的藝術形式。二是因為戲劇比小說更容易產生「宣傳」的效果。解放後，黨和政府給了他很高的榮譽，周恩來專門為他配了一部小汽車，北京市市長彭真更是對他關於城市建設的意見洗耳恭聽、頗為尊重，於是，那種「理想永遠不和目前的事實相距很遠」的思想開始支配了他的思想和創作。既然有中國知識份子「士為知己者死」的集體無意識和本能衝動，焉有不為現實而宣傳的道理，而戲劇的誇張性效果則可以把這種

72　老舍：《我怎樣寫〈趙子曰〉》，《宇宙風》第 2 期，1935 年 10 月 1 日。

互動關係釋放到淋漓盡致的地步。從這個角度看，老舍在50、60 年代連放衛星，創作數量不僅超過了自己的前一個時期，也明顯超出於茅盾、巴金和曹禺之上。之所以這樣，並非他一時的心血來潮，而實在是理智選擇的結果。

老舍的人生選擇是在現實的層面上進行的，而不像茅盾，既著眼於現實層面，也注意以此為起點向精神、道義等更深的層面推進。這就使他的這種選擇幾乎無迴旋的餘地可言，當他在現實生活中一帆風順時，前者對其創作有著巨大的非人能比的推動力；而一旦遭受重大挫折，這種選擇就會全線崩潰，這就為老舍後來的自殺埋下了一道看不見的伏筆。正因為茅盾的人生選擇是彈性的，同時又是以獨立和自足的精神世界支撐的，所以在時代與個人生活的「突變」面前，對現實便有著比老舍更為堅韌的抗擊力。由此可見，老舍的「理智」，是那種窮人式的、平民社會的知恩圖報的理智，茅盾的「理智」是那種大家庭式的、貴族社會的迎合與懷疑相並存相矛盾的理智；老舍的理智是剛性的北方文化的體現，茅盾的理智乃是柔性的南方文化的傳承。1999 年，圍繞「老舍之死」採訪這一話題，眾多學者的討論集中在現實與歷史問題，卻沒有關注家庭與文化遺傳這一也許是更加重要的命題。[73]為此我注意到，在討論中國現當代作家的人生問題時，我們的考察習慣停留在歷史與思想的扇面，而極少注意關乎一個作家人生選擇、文化教養與生命氣質的另一

---

73 參見傅光明：《老舍之死採訪實錄》中嚴家炎、錢理群等撰寫的文章，中國廣播電視出版社，1999。

重要扇面——大家庭背景。所以，這種討論很少能真正有效地進行下去，更遑論取得實質性的收穫。尤其，它直接影響到這種考察的思想與精神的深度。

傳統文化的積累、傳播與反省，是有賴於中國傳統的士紳階層也即「大家庭」階層，而非有賴於城市平民、農民也即民間和平民社會階層的。五四時期的思想先驅者如陳獨秀、胡適、魯迅、周作人、劉半農和錢玄同，五四以後的文壇大家如郭沫若、茅盾、巴金、曹禺、艾青、穆旦等，無一不來自這一大家庭階層，他們對傳統文化的批判與審視正是在深厚的文化積累基礎上進行的。出身大家庭，最終又成為大家庭文化的反叛者和思考者，是貫穿於整個中國現代文學的一條主線和普遍規律。這種「背景」培養的是反叛貴族社會的新貴族精神，而中國現代文學實際是體現了人道主義精神的新貴族文學。[74]茅盾的曾祖父在漢口和家鄉烏鎮都開有商行，祖父雖未考中舉人，但「書法工整圓潤」，「善吹洞簫」。外祖父則是「杭、嘉、湖、蘇一帶的名醫」，為當地的望族。[75]他的童年教育是在四書五經、詩詞典籍的傳統文化的系統中進行的，雖然後來家道中落，又歷經時代動亂、各種社會思潮的衝擊，然而大家庭的文化血脈和人文精神則早就奠定了其人生的底色，構成了茅盾思想、行為的基本尺度。如前所述，50、60 年代茅盾對領導職務的多次請辭，

---

[74] 以魯迅為代表的中國現代文學，主要讀者對象一直是城市文學青年和知識份子，而非城市普通市民和農民，這一點足以說明它的貴族氣質和文學的價值取向。

[75] 茅盾：《我走過的道路》（上）第 1-23 頁，人民文學出版社，1981。

除影響創作等理由外，更重要的是受到了清高、自律等貴族文化精神的思想的支配。又例如，他對當代文學中非藝術傾向的抵抗，對繼承文學遺產的強調，對青年作家創作熱情的鼓勵與保護，都說明，儘管革命文學是以否定乃至取消傳統文學為歷史目標的，然而作為它的代表作家之一的茅盾反而把維護傳統文學和人文精神看做了自己的信念。在茅盾身上，集中而強烈地凸現著傳統理念與革命文學之間的扺觸，以及革命文學本身的深刻悖論。

老舍的「母親生在農家」，娘家在「北平德勝門外」的「一個小村子裏」。父親出身旗人的下層，戰死在庚子年。老舍勉強讀完師範後就業，後來去英國倫敦，當作家，成了他那個社會階層的「逆子」。[76]但是值得注意的是，雖然老舍變成了精神上的貴族，但滿族社會的民間文化、文藝和價值觀，卻深深積澱在他的思想、情感世界中，決定著他一生的價值趨向和審美追求。宋永毅指出：「老舍是自小便在民間文藝的包圍中成長起來的——這是屬於他自己的人生。中國民間文藝特有的容納百川的活力與揚善懲惡的人民性，不僅影響著他日後與西方文化接觸時的開放與大膽，還導引著他未來創作所取的現實主義方法」，使他「與魯迅、郭沫若等人不同。」[77]由此挖掘出這樣一個命題：老舍雖然與茅盾等同屬於新文化陣營，但他本質上是平民社會的一個代表。所以也就不難看到，當茅盾基於創作的嚴肅性而甘願犧牲小

---

76 《老舍生活與創作自述》第289-294頁，人民文學出版社，1982。
77 宋永毅：《老舍與中國文化觀念》第8、9頁，學林出版社，1988。

說的寫作時，老舍卻顯示出對創作極高的熱情和藝術衝動；當茅盾痛苦輾轉於為官與創作之間，最後毅然以評論來維護文學之道的時候，老舍卻是社會活動與文學創作相得益彰，如魚得水，十分地瀟灑。完全可以想像，假如不是突如其來的「文革」衝擊，老舍會一帆風順地走完人生最後的里程。這是因為，老舍的價值觀與新中國的社會價值是沒有本質的矛盾的，新中國所反對的是「大家庭式」的價值觀和文化傳統，而老舍對上層社會取的也是批判的態度。應該說，他解放後的人生選擇是非常理智和清醒的，更是順理成章的。

在出於理性接受社會主義的文藝理念，並以此協調自己寫作的問題上，茅盾、老舍是大體相近的；然而，在如何接受、接受的方式和程度上，兩人卻存在著明顯分歧。文學畢竟建立在文化的基礎上，它不同於政治口號和社會時尚，更不像街頭雜耍和天橋賣藝可以隨便編一個段子，文學的價值顯現對文化來說只是問題的開始而不是問題的終結。換而言之，它必須為自己信奉的終極價值和主義找到精神上的避難之所。對於現代執政黨來說，社會主義不是確立在中國傳統文化的基石上的，而是確立在西方現代文化也即馬克思主義的學說上的，或者說即使與中國傳統文化有關，也不是與其積極的方面有關而是與其消極的方面有關。這就決定了中國共產黨人對中國傳統文化的根本態度。他們的文化理想是要部分地、直至徹底地放棄中國傳統文化，在傳統文化的廢墟上建立嶄新的社會主義文化。這樣，它就必然會遭到作為傳統文化承傳者的茅盾的抵抗，而為民間文化承傳者的老舍部分地接受，最終為廣大工農兵作家所完全擁護。從這個角度看，茅盾與老舍的悲劇究其根源不是個人的悲劇，也不只是群體帶來的悲劇，而首先是文化意義上的悲劇。茅盾是他從屬於的文化的殉道者，老舍是半個殉道者——他的問題是不該來到現代文學的核心部分、也即大家庭文化理想這一特殊載體之中。

第四章
巴金和曹禺：激情主義之阻力

一、兩位激情型的作家

巴金和曹禺是激情型的作家，也可以說是中國現代文學激情性寫作的巔峰。巴金是以塑造俄國民粹派式英雄的《滅亡》和《新生》登上文壇的，之後他以《家》參與了中國現代文學的寓言化敘事——據說很多青年就是讀了它才背叛舊家庭走上革命道路的。曹禺的《雷雨》則構成了中國現代浪漫主義文學的另一個神話，它對一代代讀者心靈的煽動是在心靈世界內部。與其說《雷雨》是演繹命運悲劇的極致，毋寧說它更像是一個激情熊熊燃燒的大熔爐，凡是走進去的讀者和觀眾幾乎沒人不被它燒毀的。1936 年，病中的魯迅在與徐懋庸等激戰之餘仍不忘這麼評論巴金說：他固然有「安那其主義者」之稱，但他「是一個有熱情的有進步思想的作家，在屈指可數的好作家之列的作家」。[1]在這裏，魯迅指出了巴金性格及精神世界的關鍵所在：「熱情」。換言之，「熱情」（或曰激情）結構了巴金和曹禺大多數的作品，同時也預設了兩人人生的方向與結局。但激情卻極容易發展

1　魯迅：《答徐懋庸並關於抗日統一戰線問題》，《作家》月刊第 1 卷第 5 期，1936 年 8 月。

出另一面氣質——天真。天真雖不是激情的反面，不能算一個弱點，但它根本上不善於應付複雜多變的社會生存環境。在時代的大轉折之際，天真就仿佛是一座不設防的城市。

1949 年 7 月，45 歲已入中年之秋的巴金寫了一篇題為《我是來學習的》文章。這篇文章給人一種印象，寫了 20 多年小說的他，走進全國第一次文代會會場，好像一下找不到創作的感覺了。這個夏天使巴金有了要「變」的預感。來自國統區和解放區的作家齊刷刷地坐在中南海懷仁堂的台下，其中不少是面孔熟悉的老朋友，但解放區作家們意氣風發和自信的神情卻令他多少有些陌生：「我看見人怎樣把藝術跟生活揉在一塊兒，把文字和血汗調在一塊兒，創造出一些美麗、健康而且有力量的作品，新中國的靈魂就從它們中間放射出光芒來。」[2]就在他應周恩來之約動身來北京之前，上海人從來不曾見過的腰鼓隊開始出現在街頭，這些隊伍來自工廠、學校，先是自發、零星的，從南京路到靜安寺路，從愛多亞路到霞飛路，再發展成為有組織的大規模的遊行。紅旗、口號、腰鼓，顯示了上海民眾空前未有的歡騰。他處在極端的不安與昂奮之中，他的文章充分體現了極端自卑、懷疑、幻想和參與的心態：

> 好些年來我一直是用筆寫文章，我常常歎息我的作品軟弱無力，我不斷地訴苦說，我要放下我的筆。現在我卻發現確實有不少的人，他們不僅用筆，並且用行動，用血，用生命完成他們的作品。那些作

---

[2] 巴金：《我是來學習的》，1949 年 7 月 20 日《人民日報》。

> 品鼓舞過無數的人，喚起他們去參加革命的事業。它們教育著而且還要不斷地教育更多的年輕的靈魂。[3]

曹禺小巴金 5 歲，同樣是雖為中年卻依然保持著青年人天真和浪漫的心態，和一個對社會的極其年輕化的觀察視角。他的前半生都在用戲劇探尋命運的秘密，他用筆抨擊阻礙人性健康發展的黑暗勢力，但他又相信命運是一口走不出的「殘忍」的「陷阱」。然而，他又渴望生活，留戀生活。他童年不幸的家庭生活使他早早就懂得了「掙扎」的意義，所以在舞臺之外，在沈悶之外，他同時具有了極愛幻想和時時想「飛」的強烈欲望。一種周沖式的出於逃避恐懼但又追求玫瑰色美麗世界的本能，為世人留下了這些文字：

> 我是一個小資產階級出身的知識份子，「階級」這兩個字的涵義直到最近才稍稍明瞭。原來「是非之心」，「正義感」種種觀念，常因出身不同而大有差異。你若想做一個人民的作家，你就要遵從人民心目中的是非。你若以小資產階級的是非觀點寫作，你就未必能表現人民心目中的是非。人民便會鄙棄你、冷淡你。……
>
> 毛主席說：「中國的革命的文學家藝術家，有出息的文學家藝術家，必須到群眾中去，必須長期地無條件地全心全意地到工農兵群眾中去，到火熱的鬥爭中去，到唯一的最廣大最豐富的源泉中去，觀察、體驗、

[3] 巴金：《我是來學習的》，1949 年 7 月 20 日《人民日報》。

> 研究、分析一切人，一切階級，一切群眾，一切生動的生活形式和鬥爭形式，一切文學和藝術的原始材料，然後才有可能進入創作過程。」
>
> 每當讀到這一段話，就念起以往走的那段長長的彎路，就不覺熱淚盈眶，又是興奮，又是感激。我真能做這樣一個好學生麼？無論如何，現在該學習走第一步了。[4]

這是探討巴金、曹禺轉折期心靈路程及性格特徵的兩個重要文本。他們也許曾經這樣幻想，在大時代的轉折之際，自疑、自輕的文字表白或許能使自己順利的跨越「思想改造」的門檻，以犧牲精神主體性為前提的對權威文藝觀點的奉承與接受，或許能逃過歷史之劫，由此以「新人」的姿態完成與新時代的結合？

解放後，巴金是全國文藝界唯一不拿國家工資的重要文人，但他的一切活動卻不可能不在國家機器和社會體制的架構之中。1949 年 7 月，巴金當選為全國文聯常委，繼而又任中華人民共和國政務院文化教育委員會委員；1950 年 10 月，隨代表團赴華沙參加「第二屆保衛世界和平大會」；次年 7、8 月間，參加老根據地華東訪問團沂蒙山區分團，到濰坊、莒縣、沂水一帶訪問。「巴金一到莒縣，就和靳以、方令孺他們一起住在一個小學的校舍裏，自己掛蚊帳，自己掃地，自己灑洗。他們冒著炎暑步行，走到沂水專署，分批接待烈屬和軍屬，然後和大家一起座談。當這些烈屬和軍屬

4　曹禺：《我對今後創作的初步認識》，《文藝報》第 3 卷第 1 期，1950。

老人來到時，巴金看到他們滿身汗水，就親自給他們倒洗臉水，還為他們點火敬煙。」[5]；1952、1953 年，巴金回應號召，兩次去朝鮮戰場訪問，前後七、八個月之久。後來，他創作了著名的散文《我們會見了彭德懷司令員》、小說《黃文元同志》、《團圓》等。他曾經用激動的文字記述彭德懷這位共和國元勳給自己心靈的撞擊：「他的態度是那麼堅定。他忽然發出了快樂的笑聲。這時候我覺得他就是勝利的化身了。我們真可以放心地把一切都交給他，甚至自己的生命」，而且很自信地說：「我相信別的同志也有這樣的感覺。」[6]；1954 年，他受命在上海組織文藝界對老友胡風的批判，在《人民日報》和《人民文學》上發表批判文章。他本來已寫出肯定路翎小說的文章《談路翎小說〈窪地上的戰役〉》給《人民文學》編輯，迫於「風聲突變」，把題目臨時改成《談〈窪地上的「戰役」〉的反動性》，但該刊 8 月號發表時，又被編輯改作《談別有用心的〈窪地上的戰役〉》；1956 年，由於受到「大鳴大放」的鼓舞，他先後發表了《鳴起來吧！》、《「獨立思考」》、《重視全國人民的精神食糧》、《筆下留情》、《「恰到好處」》和《秋夜雜感》等批評時政的文章，還對已經走紅的姚文元提出尖銳批評；但 1958 年，在張春橋支持、姚文元批判文章《論巴金小說「滅亡」中的無政府主義思想》、《論巴金小說〈家〉在歷史上的積極作用和它的消極作用——並談怎樣認識覺慧這個人物》的連續圍

5　徐開壘：《巴金傳．續卷》第 38、39 頁，上海文藝出版社，1994。

6　巴金：《我們會見了彭德懷司令員》，1952 年 4 月 9 日《人民日報》。

攻下，巴金始而憤怒，後來終於成為「驚弓之鳥」，思想上受到極大震撼……[7]然而，從巴金當時的心境看，他對「現實」即使略有不安，也不致產生明確的個人危機感。他的缺乏世故，使他難以發現轟轟烈烈「大好形勢」外表下的真實東西；而他的無政府主義式對現代中國的烏托邦想像，則又使無政府主義者虛構的理想社會和天下一片紅的大躍進發生奇怪而浪漫的重疊。他 1959 年發表的許多大加讚美現實生活的文章，可以作為明證。1958 年，整個上海作家協會陷入了普遍的亢奮之中。外邊水稻畝產萬斤和超萬斤的特大新聞接踵而來，作協大廳裏也日夜賽詩賽歌，鼓聲配以鑼聲喧天動地，連巴金也拆掉了自家大鐵門拿去「煉鐵」。受到現實的蠱惑，巴金曾興致勃勃地到寶山縣彭浦公社參觀，還曾與柯靈、唐弢、王辛笛、魏金枝、蕭珊一行到新安江水電站工地實地考察。在彭浦公社奶牛場，他親眼看見擠牛奶的有男有女，他們坐在矮凳上，兩隻手動得十分靈巧，高大且毛色光滑的荷蘭奶牛在他們的指揮調度下顯得非常配合和

---

7 巴金這一時期的「鳴放文章」分別見於：《「鳴」起來吧！》，1956 年 7 月 24 日《人民日報》；《「獨立思考」》，1956 年 7 月 28 日《人民日報》；《重視全國人民的精神糧食》，1956 年 8 月 8 日《人民日報》；《筆下留情》，1956 年 9 月 15 日《文藝月刊》（九月號）；《「恰到好處」》，1956 年 9 月 20 日上海《解放日報》；《秋夜雜感》，1956 年 10 月 3 日上海《文匯報》，等等。值得注意的是，巴金的這些文章均用的是「余一」的署名，而非用巴金這個文藝界熟悉的名字。需要追問的是：他為什麼在 1956 年之際恢復了使用「筆名」的歷史習慣，是什麼原因促使作者採取了匿名的發表方式的？而這，又在多大程度上接近了巴金的內心世界，它將促使我們思考什麼一些問題？

服貼，此情此景，仿佛是一幅天上人間的動人圖畫。聽公社的人說，公社目前有五處牛奶棚，養牛 297 頭，每天分三次將牛奶送到食品廠去加工。巴金看到年輕的農民騎著自行車送奶進城，車子跑得飛一樣地快，他不禁聯想到在蘇聯和東德集體農莊參觀時的情形——報上天天宣傳的共產主義「遠景」，好像一下子拉到了眼前——這對身居大上海，每天只知喝牛奶卻不知牛奶來自何處的作家來說，將是一種何等新鮮的刺激！而它對他早已沈埋於心底的無政府主義信仰，將又是怎樣一種熱烈的指認和贊同！尤其引起巴金注意的是，無政府主義者的理念居然在新安江這偏僻的一隅變成了現實。一位不到 40 歲來自東北的管子工人，在新安江安了家。但他不久又要離開，因為管子工人總是比一般人先到工地，廠房建好後，他們又要到其他地方做同樣的開闢工作。這位工人去過河北的官廳，到過四川的獅子灘，他對巴金說：我跑得地方越多，我越高興，這說明我們祖國的建設事業越來越興旺了。於是，他把自己對現實中國的觀察，寫進了《一九五九年元旦試筆》。他認為，大躍進「震驚了全世界」，原因就在：「人們踴躍地參加義務勞動，好像去吃喜酒一樣；公社裏吃飯不要錢；在很短的時間裏，基本上掃除了全國的文盲；千百萬首詩，幾千萬幅畫在各地方出現；技術革新的花在每個角落都開得鮮豔異常。」[8]他還借早年崇拜的義大利無政府主義領袖凡宰地每個家庭都有住宅，每張嘴都有麵包，每個心都受教育，每個智慧都得到光明的話，

---

[8] 巴金：《一九五九年元旦試筆》，1959 年 1 月 1 日《解放日報》。

為這種觀察和判斷找來理論根據，由此他預計，未來的中國將為「每個腦筋都在開動，每雙手都不休息，每一樣東西都發生作用，每個人的精力都取得成績，每一顆心都充滿力量，每個人的前途都充滿光明。」[9]在上述思想支配下，這一年巴金連續寫了《我又到了這個地方》、《最大的幸福》、《無上的光榮》、《我們要在地上建立天堂》、《星光燦爛的新安江》、《迎接新的光明》和《我們偉大的祖國》等七篇文章，發表在《收穫》、《解放日報》、《文匯報》、《人民日報》、《新聞日報》、《上海文學》和《萌芽》等報刊。從各種迹象看，不是作家剛換上的紅色大木門擋不住大躍進狂潮的猛烈衝擊，相反，是他決定走出書房，投身到時代的激流之中。研究十七年中曹禺的心靈世界，就不能不讀他1953年的《要深入生活》一文。面對台下幾百雙盯著他的參加中國文學藝術工作者第二次代表大會的作家藝術家，他說：

> 同志們，在走上這個講臺以前，我想過，我用什麼和我的朋友，我的前輩，我的領導見面呢？四年來，在創作上我沒有寫出一樣東西。我的祖國在前進，人民的生活同政治覺悟都是有史以來從沒有過的提高、豐富、活躍。四年來，我所受的教育是多方面的，我經過土地改革、文藝整風、三反、五反和抗美援朝的偉大運動，但是我還沒有寫出一點東西。應該說，我是一個沒有完成任務的人。同志們，祖國的建設像海水一樣地沸

---

[9] 巴金：《一九五九年元旦試筆》，1959年1月1日《解放日報》。發表時題為《新年試筆》。

> 騰，無論哪一條生產戰線上都出現了很多英雄，在這種時候，一個人如若不能完成任務，他是多麼突出，多麼不光彩。所以要我來講話，我就遲遲不敢上來。[10]

研讀這篇文章，人們不難發現，經過「土地改革」、「文藝整風」和「三反五反」等一系列震撼全中國的偉大運動，作者無形之中已經確立起這樣一種思維方式和關係模式：我／你們／、我／領導、個人／人民、自我／英雄、創作／任務。換言之，這一思想模式已經深深箝入到曹禺的內心深處，對他進行了徹底的改造和重新拼裝。如果不是署名曹禺，大概沒有人敢相信這就是那位寫出了震撼人心的《雷雨》、《日出》的作者。

據北京人藝資深編劇梁秉堃多年的觀察，曹禺在十七中的言行舉止和內心世界，其實都與這篇文章有歷史性的和千絲萬縷的聯繫。梁秉堃指出：解放後曹禺「參加了土地改革運動，並且跑到安徽省農村和治理淮河大工地上，與工人農民在一起生活、勞動，虛心學習，接受教育。在這個過程中，他產生了一種自責的心理，而且越來越重。大約，在從國統區來的作家當中，他是在自己的創作上第一位進行真誠的自我批判的人。他明確而又痛苦地提出，要把自己過去的所有作品都放在工農兵方向的 X 光線下照一照，從而挖出創作思想的膿瘡。甚至，他為自己過去的作品裏『沒有能夠寫出過一個無產階級的典型人物』而羞愧萬分，而無地自容。」[11]這

10　梁秉堃：《在曹禺身邊》第 11 頁，中國戲劇出版社，1999。

11　同註 10。

裏顯然存在著這麼一個邏輯：要想使自己成為新時代的「主人翁」，首先要把自己融入「你們」、「人民」這些具有時代特殊含義的複數之中，而融入的前提之一就是，像各條戰線上出現的英雄那樣，在創作上完成「任務」。抱著這種誠惶誠恐和急於「加入」的心理，曹禺下決心寫解放後的第一個表現知識份子思想改造的劇本《明朗的天》。他花了整整三個月時間到協和醫學院參加教師的思想改造運動，廣泛與教授和其他人交朋友，認真搜集創作素材，光筆記就滿滿記了 20 多本。從 1954 年 4 月開始動筆，每天工作十二三個小時，連星期天也不休息，由他口授，女秘書吳世良記錄，再由他本人潤色，用了三個月的時間，才把劇本完成。在曹禺創作生涯中，這次創作時間雖不算長，但卻非常艱苦，而且寫起來始終有一種生疏感和力不從心感。以前寫《雷雨》、《日出》，往往是一段戲形成整個結構和故事，醞釀成熟後一揮而就。但寫《明朗的天》明顯不同，是那種無法言說的痛苦感覺。他感到很難適應社會主義現實主義的創作方法。具體地說，這種方法是先有一個「知識份子必須在黨的領導下進行思想改造」的政治概念作前提，題材已經事先定好，作者只不過是根據這個創作意圖去選擇符合上述要求的人物，設計情節、編寫臺詞而已。就是說，先有主題，然後作者再去圖解這個主題。例如，在寫到劇中黨的領導人董觀山書記時，作者遇到的困難是苦不堪言的。他對這樣的人物實在不熟悉，更說不上瞭解，只能把他刻劃成一個和藹可親和能言善辯的人。但戲劇又非要有衝突和矛盾，而且還必須是緊張、尖銳和複雜的衝突矛盾。更何況，新時代的文藝又要求以歌頌為主，所以，曹禺儘量不寫董觀山與主要被批判人物江道宗的正面交鋒；實在無法迴避的矛盾衝突時，他索性把人物原型協和醫院黨委書記的原話照抄到劇本中。由於劇本總體上符合了「社會主義現實主義」創作方法的標準，1954年12月18日在北京人藝公演後，「天天客滿，受到群眾的熱烈歡迎」，而且受到熱評。張光年指出：這部戲是「曹禺的創作生活有著重要意義的新進展」，它「寫出了作者對工人階級的熱愛，對共產黨的高度敬愛和信任；滿懷熱情地歌頌了具有高尚品質的新英雄人物；以喜悅的心情描寫了資產階級知識份子經過曲折的、痛苦的道路而走到人民立場上來」，他認為「這不是一般的抽象的愛和恨，而是經過鍛煉，上升為階級感情、政治感情了」，「以此為基礎，《明朗的天》的現實主義，就顯然有別於批判的現實主義，而是屬於社會主義現實主義的範疇了。」但他也敏銳發現了作者心態與文本之間某種微妙的不和諧：作者對董觀山這種黨員幹部形象還不夠熟悉，他「究竟沒有被投入劇情衝突之內，沒有展示他的心靈活動的機會」，另外，淩士湘的思想轉變也寫得不夠自然，而是「過分強調了壓力，過分強調了外力推動的作用」，等等。[12]

然而，出於消解自己在我／你們、我／領導、個人／人民之間那道無形的障礙的動機，曹禺不僅寫出了《膽劍篇》，而且還積極投身到對「你們」、「領導」和「人民」的對立

12　在曹禺身上，我們發現了50、60年代中國知識份子中一個比較普遍的「現象」——借批判別人來「洗刷」自己的「錯誤」，並力圖證明已站到了「人民」的立場上。

面的批判運動之中；他不僅要在劇本中通過人物形象的塑造來改造自己，而且還在通過對馮雪鋒、胡風、吳祖光等人的批判中最終實現這種「改造」。[13]他曾在《吳祖光向我們摸出刀來了》和《質問吳祖光》等文中這樣表白道：「我曾經寫過一個歌頌黨對高級知識份子團結改造的劇本《明朗的天》。在《明朗的天》裏，我沒有說過一句言不由衷的話。而在我這一生僅僅寫過很少的幾本戲劇創作過程中，我最恨的也就是把寫作當做虛偽宣傳的工具。但是今天，我要說，在《明朗的天》中，我把那些壞的高級知識份子還是寫得太好了。在那段思想改造時期，有些高級知識份子（今天看，有些果然成了右派分子！）暴露出來的醜惡思想和行為，實在太齷齪、太可恥。……」[14]這段文字與作者上述作品創作時緊張不安的心情形成很大反差，但它顯然表明：曹禺已「真誠」地相信，既然他從來都是「最恨」把「寫作當做虛偽宣傳的工具」的，他聲明在《明朗的天》中「沒有說過一句言不由衷的話」，經過思想改造和自己的積極努力，他已經與那些「實在太齷齪、太可恥」的高級知識份子們劃清了界限，站到領導和人民這一邊來了——他事實上是在替領導和人民創作《明朗的天》的。這種「脫離」與「轉變」的心態，可以說在解放初期知識份子思想改造運動中的高級知識份子身上相當普遍，曹禺不過是其中的一個個案而已。不過，它還是暴露了曹禺在嚴酷的政治鬥爭中的幼稚心理，而這種

---

13 轉引自張耀傑：《政治風浪中的曹禺其人》，《黄河》1999 年第 5 期。
14 巴金：《友誼集．後記》，作家出版社，1959。

幼稚心理，對他解放後的文學活動和戲劇創作產生了極大的扭曲作用。

二、巴金創作的「滑坡」

在 30、40 年代，巴金的中、長篇小說創作出現了高峰期。然而，在 50、60 年代卻給人一種突然收斂的奇怪感覺，不僅沒有為讀者奉獻一篇像樣的中、長篇小說，還造成了粗製濫造和大量生產的印象。據不完全統計，巴金這一時期出版的作品集有《慰問信及其他》、《華沙城的節日》、《生活在英雄們的中間》、《保衛和平的人們》、《談契可夫》、《大歡樂的日子》、《友誼集》、《新聲集》、《讚歌集》、《傾吐不盡的感情》、《賢良橋畔》、《爝火集》、《談自己的創作》等。從內容看，主要是歌頌國內外重大事件的，例如「抗美援朝」、「世界和平」、「反帝鬥爭」、「三反五反」、「大躍進」、「總路線」等等；從形式看，以紀實散文、抒情散文為主，但又體現出散文、發言、表態、政治理論等諸多文體雜語交糅的特色；再從審美趣味看，表露出缺乏藝術美感和感染力的平庸化傾向。這實際顯露出作者後期創作的某種危機：與他高峰期的創作相比，本時期的創作顯得大失水準，說它是巴金一生文學創作中的一個「低谷」，是恰如其分的。

熱烈的讚美與表態，是巴金創作世界和平題材作品的一個特色。聲討帝國主義、強調中蘇合作、歡迎世界和平大會召開、展現塔什干友情的羊肉串和大碗茶、富士山和櫻花、越南的賢良橋、鐮倉的一張照片，乃至環形的酒瓶、烏克蘭的陶器、鹽和辣椒面和木質的煙嘴、煙盤等等，凡是與和平題材牽扯得上的哪怕是一件不起眼的小東西，都能進入作者熱情張開著的藝術懷抱，引起他心靈的一陣又一陣的激動，成為他藝術構思的一個「詩眼」。在巴金看來，沒有什麼是不可以入「文」的，只要它對和平題材有利，對宣傳反帝愛國的方針政策有利就行。在這種心態支配下，巴金的寫作發展到完全自由放任的地步。1951 年春，為感謝陪同訪問的蘇聯漢學家，他熱情洋溢地寫下了《給蘇合作同志》，他對這次十分匆促的旅行得出的結論是：「你們的一切對我都是非常親切的。連西伯利亞的雪，貝加爾湖的水，莫斯科的『紅場』……都像是跟我常見面的老友」，「中蘇友好合作已經是鐵一般的事實了。」從一齣中國古戲《灰闌記》的翻譯中，他發現了波蘭人民對新中國的「敬愛」（《灰闌記》）。在一場「救火「的現實細節裏，他提煉出了中朝團結的主題(《金剛山上發生的事情》）。因為見過兩三次面，他就對中日兩國作家之間「深厚的友情」深信不疑(《憶青野季吉先生》)。通過《越南畫報》上複印的一張照片，他又聯想到「香江上的月光」，想到正是「劊子手們、野獸們用刀、用槍、用火毀了一切」（《致江南同志》）。解放後的十餘年間，巴金相當一部分精力都花在這種馬拉松式的國際和國內旅行上了。對這些浮光掠影的「參觀」、「考察」、「交往」，作者完全沒有做精神的淘洗和認真思考，而是按照社會流行的觀點在那裏附和與頌揚，有時甚至到了穿鑿附會、生硬聯繫的地步。好在對這些「粗製」的作品，巴金還有幾分清醒和自知。他指出，它們「並非可以傳世的佳作」，[15]認為很多作品「沒有重印的必要，我也不想花功夫去搜集它們」，「其實保留在這個集子裏的二十二篇文章也不是值得一讀再讀的佳作」。對為什麼這麼匆忙動筆、以至經常是不假思索寫，他的解釋是：「時代在向前飛奔，中國人民繼續在全面大躍進。我也得奮勇向前，哪怕是跑得氣咻咻的」，而「絕不願意落在後面。」[16]由此，我們不難發現作者勉強為文，但又不得不硬作的狼狽心態。

「硬找」與「硬作」，在巴金關於抗美援朝的眾多散文中留下了較多痕迹。像老舍重新在新北京找到創作的「生活基地」一樣，巴金把生活基地安排在戰火紛飛的朝鮮戰場。他兩度入朝，與前線將士同吃同住、朝夕相處，結下了深厚的友誼。他在一本書的《後記》中寫道：「我對著面前這十一篇舊稿，離別的念頭折磨著我。在英雄們的中間生活了兩百天，這是多麼大的幸福！」「他們真是我的『良師益友』，從他們那裏我感染了深厚的愛和深切的恨」。[17]應該說他的感情是無可厚非的，在「抗美援朝」的大時代和大背景下，這是一般中國人都具有的情感傾向。但是，現實並不等於文學創作，它更不能代替後者。對善於刻劃知識份子形象卻對戰爭年代和軍人生活極其隔膜的巴金來說，這種創作無疑於

15　巴金：《讚歌集・後記》，上海文藝出版社，1960。

16　巴金：《生活在英雄們的中間・後記》，人民文學出版社，1953。

17　此文曾於1926年4月刊印單行本，後經修改，發表於1929年5月《平等》月刊第2卷第4、5期合刊。署名黑浪。

盲人摸象。因此，他的作品更像是來自二手材料的戰地速寫，嚴格地說，不能算做文學作品；或者可以說是 50、60 年代那種典型的英雄人物事蹟報導，從根本上講是缺乏起碼的藝術魅力和審美價值的。刊發於《人民文學》1953 年 7、8 月號的 24000 字的《黃文元同志》與其像「小說」，在文體上其實是「人物採訪」，所以它的平實和乾癟並不奇怪。作品講述的是這麼一個故事：黃文元出身農家，父親從前為地主種田，現在好多了；有個妹妹在鄉里上學，他去年 5 月報名參軍的時候，故鄉正在進行減租退押；他們全家都感謝共產黨，他自己做夢都想見到毛主席；他每隔三個星期給父母寫一封信，但雙親都不識字，於是只好請人代筆回信，鼓勵他為人民立功；他曾在一次對無名高地的突擊戰中，與副班長一起抓俘虜立過功，以後就沒有機會了；終於又一次反擊戰開始，他隨著所在的排深夜出發到了潛伏地點。為了不讓敵人察覺，他們從頭到腳插滿野草把自己偽裝起來，但第二天敵人的一顆燃燒彈突然落在黃文元身邊，而總攻擊令還未發出。他身上著了火，他在地上打個滾就能撲滅，但他一動不動，終於壯烈犧牲。一看便知，這完全是英雄邱少雲素材的照搬和改寫，一點都不走樣。照著這種「真人真事」的敘事模式，他寫了《明珠和玉姬》、《我們會見了彭德懷司令員》、《堅強戰士》、《平壤，英雄的城市》、《起雷英雄的故事》等數十篇散文。後來，為了使作品有一種「生活在英雄們中間」的「現場感」，他乾脆拋棄了小說和散文的形式，採用了與戰士直接「對話」的書信體形式。比如，他這麼寫給在鐵原阻擊戰中堅守 233 點 2 高地的英雄：「徐申同志：這四個月來我常常想到你，想到你臉上的笑容，想到你的響亮的聲音。你談到去年國慶節你歸國觀禮在天安門看見的景象，談到在北京意外地見到母親的情景，那時你多麼地興奮」。又比如，他寫信給曾經與他一起生活的副連長說：「李平同志：我們分別不過一個月，可是你的面貌常常出現在我的跟前。功臣榜上沒有你的名字，然而稱你做『一個最可愛的人』，你應該毫無愧色。在做人和處理事情兩方面，我都得向你好好地學習。」再比如，他這樣寫給一位獨膽英雄：「陳超同志：孩子們的歌聲一定會給你喚起不少痛苦的回憶，但也會給你帶來溫暖」，因為「舊社會使你跟你的孩子分開。新社會讓你給你的孩子帶來光榮」，「你已經在新社會中為祖國為人民立了功勳」。讀到這裏，我相信人們一定會為作者這種「為賦新詩」的硬湊和尷尬感到難過，因為，它向人透露出一個強烈的資訊：當代巴金的創作靈感已經枯竭。50 年代初，一篇題為《誰是最可愛的人》的散文曾在讀者中引起很大轟動。結果，「誰是最可愛的人」的創作模式便在文壇泛濫成災。純粹從創作和審美的角度看，繼續沿著這種思路去寫，而且一再重複並不厭其煩，它只會走向另一個極端：令人生煩。實際上，巴金這一時期讀之厭煩、但又不能不「讀」的文章確實不在少數。僅僅登載在 1953 年 4 月號至 1957 年 11 月號《人民文學》的應時敷衍之文就有：《史達林的名字將活在萬代人的幸福生活中》、《衷心的祝賀》、《跟志願軍一起歡度國慶節》、《談「窪地上的戰役」的反動性》、《「學問」和「才華」》、《偉大的革命，偉大的文學》等，更遑論在其他報刊發表的大量同類文章了。

然而，歷史總是以冷嘲的形態出場的。50、60 年代，巴金喜歡用這種「歡樂頌」般的修辭為自己的書和單篇作品命名，例如《傾吐不盡的感情》、《創造奇蹟的時代》、《讚歌集》、《新聲集》、《大歡樂的日子》、《華沙城的節日》、《讓每一個人的青春都開放美麗的花朵》、《無上的光榮》、《星光燦爛的新安江》、《空前的春天》、《變化萬千的今天》、《上海，美麗的土地，我們的！》等等。但在今天，這些題目卻讓人深刻感受到作者當時精神的虛空狀態，和心靈的無歸屬感。在漫長的創作生涯中，巴金對為人為文都有極其嚴格的要求和界定。縱觀他的一生，他平生最恨的就是虛偽和言不由衷，最推崇的就是「自由」和「真誠」四個字。1926 年，巴金在一篇題為《五一運動史》的文章中援引斐失爾的話說：「我是一個無政府主義者，因為愛自由平等的緣故，那麼，我就並不抗議。假若死是我們愛自由愛人類的刑罰，那我便公開的說我已供獻了我的生命了。」[18] 1934 年，他曾這樣聲言：「我未進過舞場，又未曾到輪盤賭窟巡禮，故不明白都會主義。我生性愚蠢，既不知宇宙之大，又不知蒼蠅之微，故不懂幽默」，「我所寫的不過一些平凡人的平凡的悲哀而已」，因為把創作看得如生命一樣嚴肅，所以「每逢清夜，我只感到良心的痛悔。」[19] 40 年代中期，在回答讀者關於「怎樣做人及其它」的問題時，他說：「現

---

18 巴金：《我的中年的悲哀》，參見《我與文學》，生活書店，1934。署名黃樹輝。

19 巴金：《怎樣做人及其它》，《人世間》第 2 卷第 1 期，1944 年 5 月 1 日。

在不僅有不少的人愛讀『怎樣寫作』，還有更多的『著作家』喜歡教訓人『怎樣做人』」，但「我不解為什麼別人讓它們毫無顧忌地傳播」。他認為，對一個作家最起碼的要求應該是，「人對他的同胞必須真誠」，「要說『教育』，這才是真正的『處世教育』；要說『秘訣』，這才是真正的『處世秘訣』。」[20]在上述表述中，人們不難感到，「自由」被提升到可以與「死」相交換的位置，為了自由的尊嚴和完整，作者毋寧選擇死。而真誠不僅被看做是文學創作的前提，更被看做是做人的前提。由此可以推衍出：在巴金看來，沒有自由和真誠作為「核心詞」和根本內容的文學創作是毫無意義的，沒有精神生活為導向的作家的存在也是值得根本懷疑的。而這些表述，正是對他 50、60 年代文學創作的諷刺與否定。因為在「歡樂」、「讚歌」和「節日」的對面，正是粉飾生活的假話；在作者為「沸騰的生活」和各種「新事物」而歌頌的時候，讓人窺見的正是他思想生活的蒼白與貧乏。打倒「四人幫」後，巴金在許多文章中都對自己過去的「所作所為」表示「實在不能理解」，認為在「瞞」與「騙」的社會生活中，「我自己彷彿受了催眠一樣變得多麼幼稚，多麼愚蠢，甚至把殘酷、荒唐當做嚴肅、正確」，「當時中國的作家卻很少有一個逃掉，每一個人都作了表演」，認為「這是一筆心靈上的欠債」。[21]應該說，這種「反省」一定程度

---

[20] 巴金：《我和文學》，《巴金選集》第 10 卷第 404 頁，四川人民出版社，1982。

[21] 王德威：《想像中國的方法》第 149-160 頁，生活・讀書・新知三聯書店。

上恢復了巴金做人和寫文章的「底色」，恢復了他完整的人格。說到底，巴金不是一個玩世的作家，可以說他更多的時候還過於「較真」和「拘泥」。然而，「較真」卻非常容易把問題推向另一面：天真與輕信。在迄今面世的巴金「全集」和「選集」所收的照片中，讀者經常看到那一時期的他肩背草帽、一頭大汗滿臉虔誠地在工廠、農村和戰地向工農兵採訪的形象。這些「老照片」給人以奇怪的錯覺，作家好像真的相信了這就是他早年在諸多「無政府主義」的文章中所描畫的那個「人人有飯吃、人人有工做」的自由平等的世界。他當時也許還認為，如此地「深入生活」並為這種生活而廢寢忘食地寫作，正是一個作家「真誠」境界的最高體現。王德威在論及巴金 30 年代的一篇小說時，曾認為他的創作中有「濫情及自戀的傾向」，說他安那其式的理想境界是「浪漫浮淺」的。[22]如果他的話可以被排除掉「酷評」的嫌疑，那麼不妨說，這是論者希望站在客觀的立場上來重新認識歷史的一種態度。事實上也的確如此——50、60 年代是作家「自戀」和「浪漫浮淺」創作傾向的又一次延伸，是一次大發揮、大濫情。這是因為，50、60 年代極端浪漫主義的文學，恰好為巴金的浪漫與輕信提供了一個極好的自戀自話的平臺。可見，他創作的嚴重「滑坡」，與其是藝術水平的滑坡，不如直接說其實是精神生活的滑坡，是一個作家在失去精神鎮海針之後的全面而深重的個人危機。

---

[22] 曹禺：《我們心中的周總理》，《曹禺全集》第 6 卷第 370 頁，花山文藝出版社，1996。

三、「人藝」：新的人生舞臺

「人藝」，是北京人民藝術劇院的簡稱。老北京人不知道北京人民藝術劇院為何物，但都知道大名鼎鼎的「人藝」。人藝是在新中國的第一任北京市市長彭真的熱情關注與大力扶持下，在「人藝四巨頭」曹禺、焦菊隱、歐陽山尊和趙起揚巧奪天工的塑造下，由一個普通的演出單位成為舉世聞名的大話劇院的。而曹禺的後半生，都與這座位於王府井大街中段的劇院結下了剪不斷、理還亂的複雜姻緣。

1952 年 6 月 12 日，曹禺由中央戲劇學院副院長調至剛剛成立的北京人民藝術劇院擔任副院長，後任院長。該院第一任院長是李伯釗，黨委書記是趙起揚，焦菊隱是副院長兼總導演，歐陽山尊是另一位副院長。曹禺分工管院裏的業務活動，但實際上，他在院裏主要是一個專業劇作家，沒有特別的實權。從他當時的創作、排戲、聽戲活動中摘取一兩個鏡頭，大略可知他與人藝的實際關係：1953 年 1 月 11 日，因上級領導對劇本《兩面虎》有不同意見，曹禺與焦菊隱、趙起揚趕到作者老舍家中緊急會商，一直談了兩天才初步修改出框架；1954 年 4 月至 7 月，《明朗的天》經一年構思後進入創作，這是曹禺解放後的第一個劇作；不久，人藝排演《雷雨》，他觀看彩排後提出修改意見；7 月底，人藝演出《雷雨》，招待中央軍委和駐京部隊指戰員，慶祝「八一」建軍節。演出結束後，軍委向劇組贈送花籃一隻。次日，劇組公推李乃忱為代表，將軍委所贈花籃送給曹禺，並附劇組全體人員給他的信。曹禺即日復信，對他們在排演《雷雨》

中所付出的辛勤勞動表示感謝；除創作、指導排戲之外，曹禺主要的院務活動是經常陪周恩來看戲。周恩來雖為一國總理，但對話劇卻有濃厚的興趣。他早年在南開中學讀書時，就是活躍的學生演員，後來政治、軍事活動繁忙，但一直與國統區和解放後的戲劇界保持相當密切的交往。曹禺與周同為「南開同學」，與一般人相比，應該說有更密切一層的關係。「平日總理常到首都劇場看戲，每次幾乎都是我陪著他，總理看戲，只要兩個座位，他自己坐一個，我在旁邊坐一個，周圍都是群眾。」[23]在曹禺心目中，周恩來與其是一個大官，不如說更像一個與劇作家和演員經常相處、對人關懷備至的一個長輩和朋友。他記得，一次看完戲已到深夜，「總理忽然提出要去看我們的宿舍。大夥聽了別提多麼激動了。最使人感動的是，周總理步行從首都劇場到史家胡同——我們劇團的宿舍。同志們簇擁著他，邊走邊說，就像一家人簇擁著自己親愛的長輩。」[24]……

在解放後人們的意識中，「單位」是每個社會成員安身立命之地。它是新社會與舊社會在人與社會的關係上的一個最主要和最本質的分界嶺。但是，從以上材料看，人藝與曹禺的「關係「是比較鬆散的。對曹禺而言，它與其是一個分配他住房、工資並指明其社會身份的單位，莫如說是一個虛擬的存在；它與其是有關部門領導下的演出團體，莫如說更像曹禺走進新時代後的一個特別為他搭建的人生的舞臺。某

---

23 曹禺：《親切的關懷　巨大的鞭策》，《人民戲劇》1977 年 1 期。
24 同註 10，第 20 頁。

種程度上，人藝不應只看做是曹禺的單位，而是他如何融入新社會的一個中介，幾十年來，他就是在這座舞臺上長袖善舞、同時也坎坷顛簸的。解放後，曹禺在人藝完成了他一生中最後三部劇本，即：作於 1954 年的三幕六場話劇《明朗的天》，作於 1960 年的五幕話劇《膽劍篇》和作於 1978 年的《王昭君》。從三部作品的「創作動機」看，它們都是「領導出題目、作家寫作品」的直接成果。例如，《明朗的天》和《王昭君》是周恩來敦促寫成的，《膽劍篇》是在陳毅的直接關懷下封筆的。據作者回憶，在「大躍進」時代，「那時我住在頤和園中的諧趣園養病。一天，我正在走廊上散步，眼看陳毅同志迎面走來。陳毅操著他的四川口音說：『我正要找你！』上來拉著我的手。我把他請到屋裏，拿出煙來，我說我只有前門牌的煙招待你，沒有好煙，他說：『一樣一樣。』緊接著他像放連珠炮似的，也不容得別人插進去，就擺起龍門陣來：『你得出去看一看啊！十三陵水庫工地去轉一轉嘛！』『你要寫嘛！呆在這裏咋個寫啊！你得出去！』一口氣講了一個鐘頭。『講完了，走啊！』說走就走。我一直送他到大門口，他對我說：『曹禺啊！記住，我是專門來看你的呦！』」有人也證實：「陳毅的動員催促使曹禺老師很感激，很感動，也真想動動筆，然而，還是寫不出劇本來，硬是連一個字都寫不出來。他，完全陷入在十分苦悶，十分困惑之中。」[25]其實，「領導出題目，作家寫作品」並不是一個笑話，而包含著嚴肅的內容，包含著中國歷史文化深厚

25　原載 1945 年 10 月 22 日《新華日報》。

的積澱。50-70 年代，不過是中國這種十分悠久的歷史習慣的一個片斷，一個必然的環節而已。以曹禺的個人威望和文壇地位，他或許在內心深處不一定認同「人藝」這個小小的「單位」，但他卻認同浮現於人藝背後的各級上級領導的意圖。因為，人藝這座人生新的舞臺實際是他們給曹禺安排的，曹禺要融入「新社會」，其實首先要融入領導著新社會的各級領導的思想政治標準和藝術標準當中。一句話，這是作家與新社會相結合的一個關鍵性的銜接點。

在最高領導層中，周恩來、陳毅是最喜歡文藝、最懂文藝，對文藝界來說也是最可親近的兩位領導人；然而，他們又是資深的共產黨人，是中國共產黨文化政策忠實的代表者、制定者和體現者。所以，無論對人藝還是對曹禺他們都會非常自然地使用雙重視角或曰雙重標準：即作品主題、題材的政治化和藝術的審美化。確切地說，他們看重的曹禺對現代話劇高超的駕馭技巧和藝術創造力，但又希望他成為表現新中國、新時代、新生活並為中國共產黨所希望的新型的話劇大師。正因出於這種雙重標準，他們在評價、議論曹禺和他作品時經常會出現不很確定、左右搖擺的矛盾現象。1945 年，周恩來在《延安的文藝運動》一文中指出：「許多作家過去對於城市生活人物比較有把握去表現，憎愛也極分明。所以對舊社會的認識很深，產生了許多優秀的作品，如曹禺先生的《日出》、《北京人》這樣的作品。」[26]顯然，

---

[26] 《我們心中的周總理》，《曹禺全集》第 6 卷第 370 頁，花山文藝出版社，1999。

他欣賞的不光是作者對「舊社會」的「認識」，還包括這些作品高超嫻熟的話劇藝術。50 年代中期，毛澤東的《關於紅樓夢研究問題的信》在日益嚴峻的社會氣氛中發表，周恩來對曹禺的思想重新發表了評論，他說：「你腦子裏有沒有資產階級思想啊？我看，還是有的。你做一個檢查。通知我，我來聽。」[27] 1962 年，整個文藝界都在反「左」，有人對曹禺《雷雨》、《日出》的「時代精神」表示了懷疑的意見，但又是周恩來進行了辯解：「你們送來的簡報上提到『時代精神』，提得好。演現代劇可以表現時代精神，演歷史劇也可以表現時代精神。不會因為我們今天又是集體所有制又是全民所有制，到將來全部是全民所有制了，就把現在寫的劇本否定了。曹禺同志的《雷雨》寫於『九・一八』之後，那個時代是國民黨統治時期，民國時代」，「寫的是封建買辦的家庭，作品反映的生活合乎那個時代，這作品保留下來了。這樣的戲，現在站得住，將來也站得住。」他用諷刺的語氣說：「有人問：為什麼魯大海不領導工人革命？《日出》中為什麼工人只在後面打夯，為什麼不把小東西救出去？讓他去說吧，這意見是很可笑的，因為當時工人只有那樣的覺悟程度，作家只有那樣的認識水平。那時還有左翼作家的更革命的作品，但帶有宣傳味道，成為藝術品的很少。」[28]他補充說：「話劇要寫出藝術的語言。既不是《人民日報》的社論的語言，嚴謹的政治語言，又不是日常生活的語言，而

---

27 《對在京的話劇、歌劇、兒童劇作家的講話》（1962 年 2 月 17 日於紫光閣），見《周恩來論文藝》第 112-114 頁，人民文學出版社，1979。

28 同前註。

是要提煉成真正的舞臺的語言，銀幕的語言。曹禺同志劇本中的語言，有些好的臺詞，我們能背出來。魯媽對周萍說的一句話：『我就是你——你打的那個人的媽。』這是名句，被新導演刪去的。鄧穎超同志發現的，向導演提出以後，才又恢復。好臺詞是百讀不厭的。」[29]出於這種很高的藝術眼光，周恩來對曹的新作《膽劍篇》提出了批評，表示了不滿：「新的迷信把我們的思想束縛起來了，於是作家們不敢寫了，帽子很多，寫得很少，但求無過，不求有功。曹禺同志是有勇氣的作家，是有自信心的作家，大家很尊重他。但他寫《膽劍篇》也很苦惱。他入了黨，應該更大膽，但反而膽小了。」他說：「過去和曹禺同志在重慶談問題的時候，他拘束少，現在好像拘束多了。生怕這個錯，那個錯，沒有主見，沒有把握。這樣就寫不出好東西來。」他表示，幾次看《明朗的天》都受了感動，對《膽劍篇》卻怎麼也感動不起來。[30]

在人藝時期，曹禺曾有過非同尋常的藝術理想。對於熟讀莎士比亞、契可夫、古希臘悲劇和奧尼爾們的作品，站在這些大師的肩膀上創造了中國現代話劇高峰的他來說，對什麼是真正的藝術，其實有著相當清醒和深刻的認識。「他有一套莫斯科藝術劇院演出的《三姊妹》的讀詞唱片。在一個落雨天的下午，他和我一直在旅社裏聽過其中的一段。他對我低聲地講解著。這是《三姊妹》的第四幕，這時威爾什寧

---

29 在文藝工作座談會和故事片創作會議上的講話》(1962 年 6 月 19 日)，見《周恩來論文藝》第 102 頁。

30 《周恩來論文藝》第 106-107 頁，人民文學出版社，1979。

要走了，屠森巴赫男爵決鬥死了，遠處響起軍樂的聲音，剩下奧爾加擁抱她的兩個妹妹瑪莎與伊裏娜。『我們要活下去！音樂多麼高興，多麼愉快呀！叫人覺得仿佛再稍稍等一會，我們就會懂得了，我們為什麼活著，我們為什麼痛苦似的……』莫斯科藝術劇院的藝術家們確實讀得好，他們仿佛把契可夫的魂靈都召回來了。我們共同感到這個偉大的藝術給人的不可言喻的喜悅。曹禺同志說，契可夫對生活理解得很深。我們今天當然不必再寫他所寫過的那種生活，但我們要像他那樣深地理解我們今天的生活。」[31]他在一次與人的談話中明確指出：「列文有句話，說得太好了，他說：『我所談的，不是我想出來的，而是我感到的』。這個『感到的』在創作上非常重要。有時候，我被一個人或一件事所震動，在心裏激起一種想寫的欲望，這大概就是所說的靈感吧」，相反，「如果寫作時，不是從哪個具體的個別的人出發，而只是從某一類的人出發，首先想到的是那概括了的共同的東西，立志要從這些抽象的概念創造出一個什麼典型來，那就比較容易走上『簡單化』的道路。有時不但寫不出典型，甚至也寫不出活的人物來。」[32]對解放後在人藝的工作和生活，曹禺曾多次公開做過「慶幸」和「滿意」的表態，然而，他的精神生活（具體指創作）肯定是非常痛苦的——這是一種不為人知，也無處訴說的痛苦。因為，他上述「藝術理想」一定會與領導的意圖之間出現難以彌合的「鴻溝」。事實上，

31　顏振奮：《曹禺創作生活片斷》，《劇本》1957 年 7 月號。
32　張葆莘：《曹禺同志談創作》，《文藝報》1957 年 2 期。

他既不能去寫自己崇敬的契可夫所寫的「那種生活」，也根本不可能像後者「那樣深」地理解「我們今天的生活」。他解放後創作的三部劇本，水平遠遠低於他解放前的作品。實質上，它們反映的都是領導的意圖，而與自己的創作感覺完全風牛馬不相及：《明朗的天》是要反映知識份子思想改造，《膽劍篇》為了再現三年困難時期「人定勝天」的時代號召，《王昭君》則表現的是「民族大團結」的生硬主題，它們與曹禺一貫的構思習慣、所熟悉的人物和生活、擅長的藝術風格，根本不能算同一類東西。一方面，他要以契可夫為榜樣，用自己的心靈為民族創作出真正的話劇藝術；另一方面，他又要做讓領導滿意和喜歡的作家。一方面，他早就形成了創作個性，已經有了自己最為擅長的生活領域；另一方面，他又被告知必須完全改過來，去寫新社會所希望、而自己卻不熟悉，因此常常不知從何處下手的「沸騰的生活」。帶著這種根本不可能「攻破」的創作難題，在創作《膽劍篇》時，他與合作者梅阡、于是之一起，從正史到野史，民間傳說到古典戲曲劇本，凡是能找到的，他們都找來閱讀。甚至，連春秋戰國時代的風俗、教化、陳設、飲食、服飾等等，都一一做了研究。他要寫出勾踐、夫差、范蠡和伍子胥的人物性格來，做到「以人帶史，以人代史」。然而，它卻被批評為「寫英雄就貶低了群眾的作用，寫群眾就顯不出領導來」，被認為是「英雄與群眾常常結合得不好」的一類例子。[33]

---

[33] 同註 27，第 115 頁。

借此，我覺得應該多說幾句。雖然前面已討論到《明朗的天》艱難的誕生過程，但我仍認為需要對它的醞釀、構思、人物設計與安排以及其中存在的矛盾做進一步深入的考察。不久前，我偶爾翻到 1955 年 8 月《文藝報》記者採寫的一篇 5000 餘字的《曹禺談〈明朗的天〉的創作》，我發現我們的歷史感覺，被作者當時公開發表的《〈明朗的天〉在日本演出的祝詞》給「蒙」住了，這使我們在重讀該劇本時反而遺漏了也許是非常重要的東西。在這篇「採訪記」中，曹禺告訴記者，全國解放後，「我們的社會面貌日新月異，使他經常處在一種強烈地激動中，他非常希望自己能用創作歌頌今天新的社會，歌頌領導這個社會向前發展的共產黨」，「一直到一九五二年初在他和黨的一位領導同志談話以後，他才決定要寫一個以知識份子思想改造為主題的劇本」。這番表白透露了作者創作的動機：他想通過知識份子思想改造這個路徑來歌頌今天社會的新變化。但在如何處理知識份子人物形象，怎樣給其準確的「定位」時，他卻感到非常棘手。話劇上演後，受到觀眾的歡迎，但大家反映對主要人物淩士湘的「思想本質」挖得還不夠。然而曹禺認為：「如果把淩士湘、尤曉峰寫得『太壞』，把現實生活中舊的醜的事實揭露得太多太露骨，到後來要寫出他們思想轉變的令人信服的過程就會感到非常棘手」，「雖然他也清楚地知道：作為一個現實主義的作家，應該大膽地揭示生活中的尖銳矛盾，對於醜惡的事物應該無情地加以揭露和抨擊，只有充分地揭露了這些人物在舊社會裏的醜惡，一旦當他們在新社會裏在黨的教育下得到思想轉變，這才能更有力地說明新舊社會的不同，說明黨的英明偉大。」[34]但人們會問：果真像作者所聲言的，對淩士湘「揭露」得不夠是純粹因為寫作技巧的因素「到後來要寫出他們思想轉變『缺少』令人信服的過程」嗎？其實不然。作為中國知識份子的一員，曹禺非常清楚知識份子是有良知的。他們雖然是從「舊社會」走過來的，但他們強烈而自覺的愛國精神，他們憂國憂民的意識，都證明不應該把他們看做是「新社會」的「異類」。對為什麼在淩士湘這個人物的設計上會如此猶豫不決、再三搖擺，曹禺多年後終於「透露」了真實思想，他曾表示，解放後，我和許多知識份子一樣，是努力工作的。雖說組織上入了黨，但是，「資產階級知識份子」這個帽子，實際上也是背著的，實在叫人抬不起頭來，透不過氣來。這個帽子壓得人怎麼能暢所欲言地為社會主義而創作呢？從上述分析中，我們不難發現《明朗的天》從劇本到舞臺、從創作到現實之間早就存在的一道明顯「縫隙」。真正讓作者深感「棘手」的，其實不是藝術上是否圓滿的問題，而是「創作動機」與「藝術良知」的尖銳矛盾，是「受到信任」後想真誠地歌頌與作為現實主義作家的「敏銳觀察力」之間難以避免的衝突，是文學大師與國家重要文臣之間的某種「失衡」。由此，讀者當會進一步覺察：對曹禺來說，人藝這座新舞臺實際是一座四分五裂的舞臺；人藝這個特殊的文化符號，在他內心世界中原來是一個的虛空。

---

34 《曹禺談〈明朗的天〉的創作》，《文藝報》1955 年第 17 號。

四、小說《團圓》敘事的艱難

解放後的十七年中，巴金除了未完成的長篇小說《群》（計劃作為《激流三部曲》的續篇）外，還曾根據朝鮮戰爭題材寫過《活命草》、《明珠與玉姬》、《團圓》、《軍長的心》、《無畏戰士李大海》、《副指導員》、《回家》等7個短篇小說和中篇小說《三同志》。1962年，這些作品編成小說集《李大海》出版。然而，這些透出「平庸之氣」的小說並未引起評論界特別的注意，倒是其中那篇名不虛傳的《團圓》改編成劇本《英雄兒女》搬上銀幕後，成為60、70年代一部十分叫座的電影。

《團圓》以「朝鮮戰爭」為背景，採取倒敘的筆法，敘述了兩個革命家庭悲歡離合的人生故事：在一場堅守某高地的激烈戰鬥中，戰士們全部壯烈犧牲，只剩下身負重傷的戰士王成抵禦敵人一輪輪瘋狂的進攻。在彈盡糧絕、志願軍即將發起總攻之際，英雄王成用步話機向總部呼叫：「我是王成，我是王成，請向我開炮！請向我開炮！」最後，他挺立在硝煙彌漫的天空下，拿著拉響的火箭筒與敵人同歸於盡。在根據小說原作改編的電影中，這組「英雄特寫」被反覆凸現和渲染，成為影片的「主旋律」和抒情基調。哥哥犧牲後，妹妹王芳（該軍政治部文工團團員）把根據英雄故事改編的大合唱帶上了前線，藉以激勵奮勇殺敵的將士。她含淚演唱的場面感動了許多觀眾，但王芳令人眼熟的音容狀貌，卻引起了軍政治部主任王東的特別留意。不久，通過祖國派來慰問團的一個工人代表王復標的「辨認」，這個懸念才得以解開。原來，在白色恐怖的 30 年代，王芳是王東的親身女兒。王東在被捕前夕，把年幼的女兒託付給鄰居王復標，於是王芳與王復標的兒子王成成了兄妹。父女倆從此人隔天涯，生死不知。王東與王復標數十年後在朝鮮戰場上的「巧遇」，揭開了王芳的「生存秘密」，兩個革命家庭在一種悲喜交集的氣氛中終於「團圓」。至此，作品在大團圓的結局中結束。但人們發現，作品吸引讀者的還不是關於朝鮮戰爭的描寫，而是人生無常、悲歡離合這一傳統文學的敘事套路。戰爭這個平淡無奇的故事，因為日常倫理的強烈介入而產生了極其動人的藝術魅力。或者說，愛國主義這個極為抽象的歷史內涵，由於有「人生」這個特殊「細節」的支撐，而獲得了崇高、莊嚴和悲情的內容與出人意料的舞臺效果。

「巧合」與「用情」是巴金小說創作慣用的手法之一。他最受讀者喜愛、影響最大的作品，往往是那些典型的表現離散聚合的家庭劇，例如《家》、《春》、《秋》、《寒夜》等等。在《家》中，幾乎所有年輕人的生活悲劇都無不被編織在「看似巧合」的敘述圈套中，梅表姐因父母之命與相愛的覺新失之交臂，但覺新雖然得到了賢慧的瑞玨，瑞玨卻因難產死於荒郊野外。覺慧可能會救鳴鳳的，就在鳴鳳向他發出求救信號的當夜，他偏偏要趕寫鬧學潮的文章而忽視了鳴鳳的這一異樣行為，導致了她最後的跳湖。這一切都來自於陰差陽錯的「巧」，而它造成的不可彌補的悲劇，最終激起了讀者強烈的感情共鳴。所以夏志清敏銳地指出：「巴金一點都不顧忌讀者」，「一個又一個地，追溯了這些儒弱男女的悲劇。每一個媒妁之言的婚姻，最後都一敗塗地，而每一個憂鬱的年輕人的愛情總是毫無結果，不是自殺，便是染上癆病，令人心悸地死去。」[35]《寒夜》中的汪文宣夫婦是讓人羡慕的自由戀愛結合的一對，但他們總是生不逢時、運氣欠佳。曾樹生熱愛生活也熱愛丈夫，可無法解決的婆媳矛盾卻逼她走向了墮落。度過八年抗戰的難關，汪文宣本來是要重振生活的勇氣的，但戰後的腐敗和他的疾病扼斷了這一脆弱的夢想。利用巧合推導出人生困境，再從對人生困境的表現和渲染出發，構成了巴金小說獨特的主要敘事方式和抒情風格。正是出於對巴金敘述套路的深入觀察和習得，美國學者內森·K·茅堅定地認為：「樹生啟程去蘭州（第 23 章）和汪文宣的母親在兒子病床前的守夜（第 30 章），這兩個場面都是極其感人的。首先要提到的是從曾樹生即將離開的那個晚上，汪文宣焦急地盼望她赴宴歸來，到曾樹生回來整理行裝，最後他們訣別的那段，對人一舉一動和每一閃念的細緻描寫，可以說是中國現代文學史上最難忘，最哀婉動人的篇章之一。」[36]

無巧不成書，這個片斷被作者重新移植到《團圓》中，成為小說最為感人的一場「高潮戲」——父女在離別 20 年後團圓。人生的困境終於被衝破，對困境的欣賞與喚起同情，成為小說成功的主要秘訣。請看小說中一段耐人尋味的人物對話：

---

35 夏志清：《中國現代文學史》「第十章 巴金」，臺灣傳記文學出版社，1971。

36 （美國）內森·K·茅：《巴金和他的〈寒夜〉》，參見英譯本《〈寒夜〉序》，香港中文大學出版社，1978。

「爸爸，」王芳兩隻手拉住王主任的右手親熱地喚道。她停了半晌，才接下去說：「你一定要跟我講你過去的事，我知道你吃了不少的苦。這些年你一直是一個人——」她的聲音變了，她講不下去了。

王主任把左手壓在王芳的手上，感動地說：「孩子，我一定講給你聽。這些年我一直等著你。我並沒有白等啊！不過我想不到復標同志會來這一手。他怎麼可以說他不是你的父親呢？不管他怎麼說，你對他可不能改變稱呼。至於我，你叫我五號，叫我爸爸，都是一樣。你本來就是我的女兒。」

「爸爸，你放心，我一向都聽你的話。你，你還是我的上級啊！」她說到這裏忽然高興地笑了。

在這裏，民間日常邏輯被巴金巧妙地植入革命的題材中，經過兩套話語之間的調整和互動，它們還相互建構了這麼一個合法性的前提。王芳父女的離散是國民黨的迫害造成的，革命的勝利又使他們得以重逢。萬一王東主任在某種意義上違反了這種互動的承諾，比如死於獄中而不是釋放出獄，他結果就很可能越出了敘事圈套的規定。於是就不會有兩家團圓這個故事，也不會有它的政治意義。進一步說，國民黨迫害王主任的反社會倫理行為是極端的，到了煽起讀者仇恨的地步。王芳之失去親身父親和骨肉分離，所拆散的正是普通社會的秩序得以完整與延續的基礎，這個社會的血緣親緣機制遭到了顛覆。當國民黨對民間社會秩序的冒犯變成對其的徹底摧毀時，按照小說邏輯，它成為推動悲情戲劇情發展的主要動力。由此可見，只有當王芳父女和王成父子的民間身份得到恢復時，他們的政治身份才在讀者這裏得到確認。也就是說，經過作者對《寒夜》式悲情戲的修改與增刪，志願軍所代表的政治成為了民間倫理秩序的支持者，只有當這種政治充分顯示出它的正確性時，王成的獻身行為才更加正當、值得和感人。這裏，不難推導出這麼一個結論：《團圓》在廣大讀者中獲得成功是民間與革命兩種運作程序最終達到了某種妥協的結果，它或者也可以說是兩套話語緊密結合的一個成功範例。

但是，挑剔的讀者不願放棄繼續追問：在經歷了解放後文學創作的一系列挫敗後，巴金為什麼表露出「返回過去」的迹象？他為什麼不再滿足於單調的政治宣傳，而表現出對人性複雜現象強烈的興趣和認同呢？60 年代初，借著全國上下大力反「左」的東風，文學創作中「人性論」和「寫人情」的禁區被衝破。在 1962 年春的《對在京的話劇、歌劇、兒童劇作家的講話》和《關於知識份子問題的報告》的兩次講話中，周恩來批評了「一個階級只能有一個典型」的觀點，認為所謂時代精神不等於把黨的決議搬上舞臺。不能把時代精神完全解釋為黨的政策和其他內容。他指出，提倡作品的戰鬥性，並不是取消作品題材的多樣性。由於對「階級性「狹隘庸俗的理解和濫用，勢必將「人性」與「人性論」、「人情」與「溫情主義」、「人道」與「人道主義」混為一談，「人性」、「人情」、「人道」這些概念也便沒有存在的餘地。而「我們無產階級有無產階級的人性」，有無產階級的「友愛和人道主義」，「革命者是有人情的，是革命者的人情。」張光年在文藝界引起廣泛而強烈反響的《題材問題》中援引陸定一《百花齊放、百家爭鳴》報告關於題材的一段話說：「題材問題，黨從未加以限制，只許寫工農兵題材」，「文藝題材應該非常寬廣。在文藝作品裏出現的，不但可以有世界上存在著的和歷史上存在過的東西，也可以有天上的仙人、會說話的禽獸等等世界上所沒有的東西」，「沒有舊社會就難以襯托出新社會，沒有反面人物也難以襯托出正面人物」。為此，作者借題發揮道：「我們提倡描寫重大題材，同時提倡題材多樣化」，不但允許作家有選擇題材和充分自由，而且怎樣處理題材也要由作家根據各自不同的經歷和創作個性來決定。他還尖銳批評了把表現重大主題同家庭生活、愛情生活的描寫對立起來，把現代題材同歷史題材對立起來等等片面觀點。[37]此後，自《文藝報》1961 年 10 期開展的關於電影《達吉和她的父親》的討論也獲得重大突破。雙方在激烈論戰後取得了共識，認為把「社會戲劇」與「個人命運戲劇」分割對立起來是不正確的，「不能拋開人物的思想感情活動直接用『社會因素』來構成衝突，發展衝突，解決衝突」，所以，「只有充分地描寫出典型環境，才能真實地刻畫出典型性格」，等等。[38]國內文化政策的調整和時代的總體氛圍，對巴金產生了很大刺激。對陷入鬱悶與困惑之中的他，這無疑突然打開了一個豁亮的天窗。借談一篇舊作的機會，巴金長期壓抑的心緒開始有點「放肆」了起來：

---

[37] 張光年：《題材問題》，《文藝報》1961 年第 3 期。

[38] 謝晉：《怎樣更上一層樓》，《文藝報》1961 年第 12 期；又見譚沛生：《性格衝突，思想意義及其它》，《文藝報》1961 年第 11 期。

「我當初寫文章，喜歡說個痛快，本來用兩句話便說得明白的，我往往寫上四五句。稍後我懂得了一點『惜墨』的道理，話也漸漸地少起來。可是積習難改，我還會重犯嘮叨的舊病。」[39]但是，什麼是他的「舊病」呢？這就是擅長煽情的敘事能力。而且，是對著讀者脆弱和善感的心靈狠勁地「煽」，不達目的，誓不罷手。這場關於題材、人性和人情問題的大討論，為善於煽情且屢屢在過去獲得成功的巴金提供了合法性的創作空間。對以前創作資源的重新利用，則使小說《團圓》有了充分、有力而飽滿的藝術表現。但遺憾的是，《團圓》的情感領域畢竟還顯狹小，未能在革命題材的限制中完全地放開，這就作品留下了欲說還休、不免氣短的藝術殘缺。巴金雖說利用圓熟的小說敘事技巧暫時擺脫了創作困境，他還借稍為「轉暖」的社會環境宣泄了對人性和人情的感受，但他卻無法走出時代的大局限，最終沒有超越自己。

五、《雷雨》的「修改史」

50 年代，曹禺曾經寫過一篇題為《推薦「時事」戲》的文章，指出：「今天我們劇作家為直接服務於現實，單刀直入地宣傳政治，寫出了以『時事』為題材的成功的劇作，這是大可以高興的事。」又說，「它繼續了我們劇作家多年來為了革命鬥爭，對當前現實，對於時事，採取迅速、強烈

39　巴金：《談〈第四病室〉》，《巴金選集》第 10 卷第 228 頁。

的手段來反映的傳統」，何以如此呢？因為「古往今來，為了改革現實，寫時事劇，從阿裏斯多芬到馬雅可夫斯基，有無數光輝的先例」。[40]這段話，「透露」的恰恰是作者作品文本與現實潛在的緊張「關係」，反過來看，《雷雨》、《日出》和《原野》等一批創作於解放前、缺少「時事性」的作品，已經沈澱為曹禺心頭的「隱憂」。1951 至 1978 年間，劇本《雷雨》先後以「曹禺選集」、「曹禺劇作選」和原名等形式出版發行，總共有 6 個版本，它們是：開明書店版的《曹禺選集》(1951)、人民文學版的《曹禺劇作選》(1955)、中國戲劇出版社版的《雷雨》（1957、1959）、人民文學版的《曹禺選集》（1961、1978）等。這些版本每出版一次，都經過了作者的「修改」，而且一些地方改動甚大。如果算上劇本「上演」過程中曹禺本人和導演的「修改」，那就更難以統計——由於很多修改都是「臨場發揮」和以「草稿」的形式進行的，這些彌可珍貴的材料現在已很難找到——但無疑，它已經與公開出版的劇作共同構成了《雷雨》在解放後的一部「修改史」。然而，《雷雨》所存在的又何止是一個缺乏「時事」性的問題？據錢理群考察，自 1955 年起評論界就對《戲劇報》「對名作家的作品讚揚太過「（不指名地批評了曹禺）表示了不滿。有人在檢討 50 年代中期中國話劇舞臺上出現了「曹禺熱」、「五四以來劇目熱」的原因時，將其歸之於「片面強調劇場化」，因而丟掉了「在黨的領導下密切地服務於當前革命運動」的「中國話劇的傳

40 參見曹禺：《迎春集》，北京出版社，1958。

統」。[41]與時代的大氣候相匹配，更多的研究文章也對作者的「修改」形成了無形的、巨大的「壓力」。1962、1963年間，圍繞《雷雨》的「人物」和「命運」的評價問題出現了分歧，但人們都對這些因素的思想和階級「定性」表現出了高度的一致。例如，錢谷融指出：周樸園「雖受著資產階級的教養，卻同封建地主階級的思想感情有著深厚的血緣關係。他不但冷酷、自私，具有專橫的統治心理，而且還十分的虛偽、假道德。」[42]沈明德相當肯定地認為，魯大海與周樸園的鬥爭，「顯示的不是血緣關係紐結起來的『不可知的命運』，而是血淋淋冷冰冰的階級的敵對關係。任何父子兄弟的血緣關係都沒有將這種敵對性調和起來」，因為階級性「超然一切其他關係（包括血緣關係）之上」。[43]曹禺也承認：「在寫作中，我把一些離奇的親子關係糾纏一道，串上我從書本上得來的命運觀念，於是悲天憫人的思想歪曲了真實，使一個可能有些社會意義的戲變了質。……《雷雨》的宿命觀點，它模糊了周樸園所代表的階級的必然毀滅。」[44]

從作品修改的「歷史」看，1934 年發表在《文學季刊》第 3 期上的是最早的本子，1936 年由文化生活出版社出的單行本，僅作了點小修改；1951 年開明書店版的改動很大，幾個人物面目大變，第四幕等於重寫；1955 年再由人民文

41 錢理群：《大小舞臺之間——曹禺戲劇新論》第 315、318 頁，浙江文藝出版社，1994。
42 錢谷融：《〈雷雨〉人物談》，《文學評論》1962 年 1 期。
43 沈明德：《談談〈雷雨〉的幾個場面，〈安徽文學〉1962 年 3 期。
44 曹禺：《我對今後創作的初步認識》，《文藝報》第 3 卷第 1 期，1950。

學出版社重出的《雷雨》，又從開明版回到老本子。我們著重考察的，主要是 1955、1961 和 1978 年的「人民文學版」對該劇本的增刪，它們與時代的「關係」出現了哪些耐人尋味的「變化」，而這種增刪又對《雷雨》的結構、人物形象和藝術效果產生了何種大的影響。為了體現歷史原貌的真實性，我在對材料的處理上避免「主觀」介入，力爭使之更加「客觀」和「本色」。

在話劇中，幕啟前的「提示」往往是對時代氣氛、社會衝突、劇情發展凝煉和準確的交代，是人物登場亮相前的必要鋪墊。「提示」經常是極其鮮明地反映出作者當時的思想評價尺度和審美意識。1955 年版《雷雨》第一幕「提示」第二段對周樸園客廳的描寫是：「所有的帷幔都是嶄新的」，1961 年版卻改成了「帷幔的顏色都是古色古香的」，1978 年版維持不變。對四鳳的形象勾勒有如下文字：她「走起路來，過於發育的乳房很顯明地在衣服底下顫動著」，「經過兩年在周家的訓練」……，「她的一雙大而有長睫毛的水凌凌的眼睛能夠很靈敏地轉動，也能斂一斂眉頭，很莊嚴地注視著。她有的大嘴，嘴唇自然紅豔豔的，很寬，很厚……嘴旁也顯著一對笑窩」，「她的面色不十分白」，「但是她現在皺著眉頭」。這些文字，被 1961 年版全部刪去，1978 年仍未恢復；第二幕的提示隻字沒動；第三幕的提示較長，改動也較大。在 1955 年版，作者對魯貴家「杏花巷十號」的周邊環境和家裏陳設有這類敘述，如「從租界區域吹來」，「天空黑漆漆地佈滿了惡相的黑雲，人們都像曬在太陽下的小草，雖然半夜裏沾了點露水」，「屋子很小，窮人的房子」，……「已經破爛許多地方」，「靠著魯貴坐的唯一的一張圓椅旁」，……「那大概就是四鳳的梳妝台了。在左牆有一條板凳，在中間圓桌旁孤零零地立著一個圓凳子」，「在暗淡的燈影裏，零碎的小東西雖看不清楚，卻依然令人覺得這大概是一個女人的住房」；又如，「右邊有一個破舊的木門」，「那外間屋就通著池塘邊泥濘的小道。這裡間與外間相通的木門」，……「半咒罵式的」家庭訓話，「沈悶中聽得出池塘邊唱著淫蕩的春曲，參雜著乘涼人們的談話。各人在想各人的心思，低著頭不做聲。魯貴滿身是汗，因為喝酒喝得太多，說話也過於賣了力氣，嘴裏流著涎水，臉紅得嚇人。」這些「敘述」，說明了杏花巷十號主人所處的社會階層和生存處境。對此，1961、1978 年版或是刪去，或在措辭、表達和色彩上做了修飾，當然也不排除有些純粹是為了文字更加順當、簡潔，但基本改變了魯貴、四鳳和侍萍生活的「原生狀態」和性格類型——而這，大概是為了更符合解放後翻身解放的「工農兵」的「主人翁」形象的緣故。

再看對人物的修改。1950 年，曹禺曾在一篇檢討自己創作的文章中，對《雷雨》人物的塑造做過如下反省：「我是一個小資產階級出身的知識份子，『階級』這兩個字的涵義直到最近才稍為明瞭。原來『是非之心』，『正義感』種種觀念，常因出身不同而大有差異。你若想作一個人民的作家，你就要遵從人民心目中的是非，你若以小資產階級的是非觀點寫作，你就未必能表現人民心目中的是非。」他又說：「我在《雷雨》裏就賣了一次狗皮膏藥，很得意地抬出一個叫魯大海的工人。那是可怕的失敗，僵硬，不真實，自不必說。我把他放在一串怪誕的穿插中，我以小資產階級的情感，為著故事，使他跳進跳出，喪失了他應有的工人階級的品質」。[45]這段表白，貫穿著一條以人民的是非為是非的思想紅線，而它對《雷雨》人物的修改則起到了非常關鍵的支配作用。在這裏，工人魯大海的形象成為被修改的「中心」，與之相呼應，周萍、繁漪、侍萍也有程度不同的增刪或弱化。在作者的「修改稿」中，「階級意識」很明顯在壓抑「命運意識」而成為作品的敘述主線，成為推動劇情發展的推動力量。

有關魯大海的修改在作品中達 27 處之多，是所有人物中最多的一位。而這些改動，又較多出現在劇情最為緊張、各種矛盾充分展開的第四幕中。一般認為，第二幕魯大海與周樸園的「鬥爭」反映了 30 年代無產階級意識的覺醒，而魯大海是作為這一階層的代表出現於舞臺的。然而仔細閱讀作品文本，魯、周衝突原不過是通常的「勞資矛盾」，提升到「階級意識」的層面上是十分勉強的。相反，倒是第四幕通過對魯大海所屬市民階層「宿命意識」的弱化和隱匿的處理，大大淡化了《雷雨》原本濃厚的「小資產階級的感情」色彩，由此，他身上的「怪誕」也漸為「工人階級的品質」所替代，從而完成了與「人民心目中的是非」觀的對接。先看劇情的改動。在 1955 年版《雷雨》的 142 到 154 頁，魯大海曾堅決反對妹妹四鳳與周萍建立戀愛關係，並對周進行過生命威脅。後來，見周萍表示要對四鳳負責，母親魯侍萍

45 曹禺：《我對今後創作的初步認識》，《文藝報》第 3 卷第 1 期，1950。

同意周、四相戀，態度隨之發生了轉變，而且還銜母命下去為兩人共赴天涯「找車」。在結尾，魯大海對周樸園的態度也顯得有些曖昧。這種由硬到軟的「轉變」，真實反映了那種植根於市民階層精神生活深處的的「認命」觀念，以及以「美滿婚姻」為軸心的世代相襲的日常倫理，應該是不讓人感到奇怪的。到 1961 年版，魯大海的這一「思想過程」被刪節，在結尾處，通過魯侍萍之口又增加了他「仇恨」周樸園的內容。這種戲劇性的「變化」，還可以在兩個版本魯大海與周萍一段對話的對照中進一步看出：

萍：（激昂地）我所說的話不是推託，我也用不著跟你推託。我現在看你是四鳳的哥哥，我才這樣說。我愛四鳳，她也愛我。我們都年輕，我們都是人。兩個人天天在一起，結果免不了有點荒唐。然而我相信我以後會對得起她，我會娶她做我的太太，我沒有一點虧心的地方。

大：這麼，你反而很有理了。可是，董事長大少爺，誰相信你會愛上一個工人的妹妹，一個當老媽子的窮女兒？

萍：（想了想）那，那——那我也可以告訴你。有一個女人逼著我，激成我這樣的。

大：什麼，還有一個女人？

萍：嗯，就是你剛才見過的那位太太。

大：她？

萍：（苦惱地）她是我的後母！——哦，我壓在心裏多少年，我當誰也不敢說。——她念過書，她受了很好的教育。她——她看見我就跟我發生感情，她要我——（突停）——那自然我也要負一部分責任。

大：四鳳知道麼？

萍：她知道，我知道她知道。（含著眼淚）那時我太糊塗，以後我越過越怕，越恨，越厭惡。我恨這種不自然的關係，你懂麼？我要離開她，然而她不放鬆我。她拉著我，不放我。她是個鬼，她什麼都不顧忌。我真活厭了，你明白麼？我只要離開她，我死都願意。過後我見著四鳳，四鳳叫我明白，叫我又活了一年。

大：哦。

——引自《雷雨》1955 年版第四幕

周　萍：我沒有這麼想過，我看你是四鳳的哥哥，我才這樣說。我愛四鳳，她也愛我。我們都年輕，我們都是人。兩個人天天在一起，結果免不了有點荒唐。然而我相信我以後會對得起她，我會娶她做我的太太，我沒有一點虧心的地方。

魯大海：這麼說，你反而有理了。可是董事長大少爺，誰相信你會愛上一個工人的妹妹，一個當老媽子的窮女兒？

周　萍：我跟你說的是真話，你要相信我，我沒有一點騙她。

魯大海：（厲聲）不要說了，你把我妹妹叫出來。

周　萍：（奇怪）什麼？

魯大海：四鳳，她自然在你這兒。

周　萍：沒有，沒有，我還以為她在你們家裏呢。

魯大海：（厭惡地）我沒這麼大工夫跟你扯，我們跟你們有的是沒了的賬！你以為礦上那筆血債我們就算完了嗎？……跟你說這些也是廢話，你先把我妹妹交出來，我還有要緊的事情呢。

周　萍：她，她不在這兒。

魯大海：（切齒地）你是真的不想活了！（掏出手槍對著周萍。）

——引自《雷雨》1961 年版第四幕

「階級意識」在修改本中明顯增大篇幅、擴充話語空間的同時，以「命運說」為背景的「小資產階級意識」被進一步壓縮、削減，直至模糊和弱化。我們再試比較兩個版本關於繁漪出場的描寫：

四鳳端著藥碗向飯廳門走，至門前，周繁漪進。她一望就知道是個果敢陰鷙的女人。她的臉色蒼白，只有嘴唇微紅，她的大而灰暗的眼睛同高高的鼻梁令人覺得很美，但是有些可怕。在眉目間，在那靜靜的長的睫毛下面，看出來她是憂鬱的。有時為心中的鬱積的火燃燒著，她的眼光會充滿了一個年輕婦人失望後的痛苦與怨望。她的嘴角向後略彎，顯出一個受壓抑制的女人在管制著自己。她那雪白細長的手，時常在她輕輕咳嗽的時候，按著自己瘦弱的胸。直等自己喘出一口氣來，她才摸摸自己脹得紅紅的面頰。她是一個中國舊式女人，有她的文弱，她的哀靜，她的明慧，——她對詩文的愛好，但她也有更原始的一點野性：在她的心裏，她的膽量裏，她的狂熱的思想裏，在她莫名其妙的決斷時忽然來的力量裏。整個地來看她，她似乎是一個水晶，只能給男人精神的安慰，她的明亮的前額表現出深沈的理解；但是當她陷於情感的冥想中，忽然愉快地笑著；當她見著她所愛的，快樂的紅暈散佈在臉上，兩頰的笑渦也顯露出來的時節，你才覺得出她是能被人愛的，應當被人愛的，你才知道她到底是一個女人，跟一切年輕的女人一樣。她愛起你來像一團火，那樣熱烈，恨起你來也會像一團火，把你燒毀的。然而她的外形是沈靜的，憂煩的，她像秋天傍晚的樹葉輕輕落在你的身旁，她覺得自己的夏天已經過去，生命的晚霞早暗下來了。

她通身是黑色。旗袍鑲著銀灰色的花邊。她拿著一把團扇，掛在手指下，走進來，很自然地望著四鳳。

——引自 1955 年版《雷雨》第二幕

> 四鳳端著向飯廳門走，周繁漪迎面走進，面部輪廓很美，眉目間看出來她是憂鬱的。鬱積的火燃燒著她，她的眼光時常充滿了一個年輕的婦人失望後的痛苦與怨望。她經常抑制著自己。她是一個受過一點新的教育的舊式的女人，有她的文弱，她的明慧，——她是詩文的愛好，但也有一股按捺不住的熱情和力量在她的心裏翻騰著。她的性格中有一股不可抑制的「蠻勁」，使她能夠忽然做出不顧一切的決定。她愛起人來像一團火那樣熱烈，恨起人來也會像一團火，把人燒毀。然而她的外形是沈靜的，她像秋天傍晚的樹葉輕輕落在你的身旁。她覺得自己的夏天已經過去，生命的晚霞就要暗下來了。
>
> 她的通身是黑色。旗袍鑲著銀灰色的花邊。她拿著一把團扇，掛在手指上，走進來，很自然地望著四鳳。
>
> ——引自 1961 年版《雷雨》第二幕

這段周繁漪肖像和心理氣質的描寫，在修改中由 500 字縮減成 300 字，雖然還不致「傷筋動骨」，但確可以說是神消形散。我們知道，曹禺是首先想到並寫出第一幕周繁漪「喝藥」那段戲，然後再逐步形成並擴大為整個結構、整個故事的，而繁漪就是《雷雨》舞臺上最具光彩和吸引力的「中心」。繁漪是劇作家曹禺魂牽夢繞、深情眷顧的所在，沒有了繁漪就等於沒有了《雷雨》，沒有了作為傑出戲劇家的曹禺。這麼「拿」走了繁漪，無疑是拿走了作者的心靈之痛，拿走了這部戲的靈魂。在《〈雷雨〉序》裏，曹禺說：「繁漪是最動人憐憫的女人」，「我喜歡看周繁漪這樣的女人」，「對於繁漪我仿佛是個很熟的朋友，我慚愧不能畫出她一幅真實的像」，「也許繁漪吸住人的地方是她的尖銳，她是一柄犀利的刀，她愈愛的，她愈要劃著深深的創痕。她滿蓄著受著抑壓的『力』，這陰鷙性的」。他聲稱，《雷雨》並非如人所說是要「暴露大家庭的罪惡」，「我並沒有顯明地意識著我是要匡正、諷刺或攻擊什麼」，相反，「與《雷雨》俱來的情緒蘊成我對於宇宙間許多神秘的事物一種不可言喻的憧憬」。[46]劉西渭當時評價說：「在《雷雨》裏最成功的性格，最深刻而完整的心理分析，不屬於男子，而屬於婦女」，而比較起來，「正是那位周太太，一個『母親不是母親，情婦不是情婦』的女性」，「材料原本出自通常的人生，因而也就更能撼動一般的同情。」[47]連郭沫若都情不自禁地讚揚道，作品最引人注目的是它的「精神病理學、精神分析術」，他說，「以我們學過醫的人看來，就使用心地要吹毛求疵，也找不出什麼破綻。在這些地方，作者在中國作家中應該是傑出的一個。」[48]

從以上材料可知，反覆再三地修改《雷雨》並不是出自作者的本意，而是現實對他和作品的嚴重擠壓——從上述

---

46 曹禺《〈雷雨〉序》，選自《雷雨》，文化生活出版社，1936。

47 劉西渭：《〈雷雨〉——曹禺先生作》，1935 年 8 月 31 日天津《大公報》。

48 郭沫若：《關於曹禺的〈雷雨〉》，《東流》月刊 2 卷 4 期，1936 年 4 月 1 日日本東京出版。

「修改史」中，我們不難發現當時作家生存的困厄狀況，以及出現在 50、60 年代曹禺精神世界中令人痛惜的「斷裂」現象。但是，不能迴避的是，嚴峻的歷史畢竟打掉了曹禺心靈的尊嚴，使他幾乎喪失掉藝術的良知。80 年代，畫家黃永玉就對曹禺進行過善意的指責：「你是我極尊敬的前輩，所以對你要嚴！我不喜歡你解放後的戲。一個也不喜歡。你心不在戲裏，你失去偉大的通靈寶玉，你為勢位所誤，從一個海洋萎縮為一條小溪流，你泥濁在不情願的藝術創作中，像傍晚喝上濃茶清醒於混沌之中。」[49]在歷史的低氣壓中，不惜篡改自己以迎合「時事」，這樣的例子在作家中並不鮮見，然而，像曹禺如此再三地改自己的代表作的，卻實在出乎人們的意外。

六、在兩個「現實」之間

1937 年，周揚的《論〈雷雨〉和〈日出〉》在充分肯定這兩部作品的同時也明確指出：

> 在民族解放鬥爭急切要求文學上的表現的時候，迅速地反映這個鬥爭的作品，不論是一篇速寫，一篇通信，一首政治詩，一篇尖銳的政論，都是很好的國防文學，是我們所需要的。但是如果有一個作家，他和實際鬥爭保持著距離，卻有他的巨大的才能，卓拔的

49　梁秉堃：《在曹禺身邊》第 30、31 頁，中國戲劇出版社，1999。

> 技巧，對於現實也並沒有逃避，他用自己的方式去接近了它，把握了它，在他對現實的忠實的描寫中，達到了有利於革命的結論。這樣的作家，我們難道不應當拍手歡迎嗎？[50]

這段話，似乎像是一個宿命，預設了巴金、曹禺十二年後的文學命運。因為，它事實上為兩人和當代中國作家開出了一個無法成功實踐、事實證明也等於是類似走鋼絲式的「創作公式」——它要求作家「忠實」於「現實的描寫」，卻又要求「有利於革命的結論」；儘管「革命的結論」本來具有強烈和自足的超驗性質，與日常的「現實」經常並不一致，然而前者卻迫使後者「有利於」自己。這樣，「現實」就具有了二重性，一個是原汁原味的現實，另一個則是被「改造」了的現實——作家極其尷尬的是，他是忠實於第一個「現實」呢，還是忠實於第二個「現實」？如果是前者，將使他的創作不利於「革命的結論」，而如果是後者，卻使他無法發揮自己「巨大的才能，卓拔的技巧」，把心靈和藝術的真實渲染到淋漓盡致的地步。這個絕對前提，使巴金和曹禺的心靈和藝術面臨著前所未有的「挑戰」。

同樣是 1937 年，巴金在談到他為什麼會走上文學創作道路時說：「我不是一個冷靜的作者。我在生活裏有過愛和恨，悲哀和渴望；我在寫作的時候也有我的愛和恨，悲哀和渴望的。倘使沒有這些我就不會寫小說。我並非為了要做作家才拿起筆來的。」他表示，自己是要為一代青年不公平的

---

50 原載《光明》2 卷 8 期，1937 年。

命運「喊冤」。[51]直到 1948 年，他仍然在《〈寒夜〉再版後記》中宣稱這種文學的理念，他說：「我從來不是一個偉大的作家，我連做夢也不敢妄想寫史詩」，「我只寫了一個渺小的讀書人的生與死。但是我並沒有撒謊。我親眼看見那些血痰，它們至今還深深印在我的腦際，它們逼著我拿起筆替那些吐盡了血痰死去了的人和那些還沒有吐盡血痰的人講話。」[52]顯然，作家是把對自己心靈的忠實看作文學創作的基本依據的，由此出發，無論是他早期為一代「無名的犧牲者」「喊冤」，說出「我控訴」，還是抗議那製造了讀書人「血痰」的社會，他都執著於心靈對現實的感受。另外，雖然巴金一再否認他的小說是他本人的精神「自傳」，但實際上，他始終是將小說當做「自傳」來寫的。他筆下的人物，或出自那個「大家庭」，或出於他身邊的故事，無一不是出於他對現實「親身」的深切觀察與體驗。由心靈出發，描寫 30、40 年代青年的一部精神史，使得巴金攀上了自己文學創作的最高峰，青年主題與青年題材成為他一生創作最熟悉和駕輕就熟的藝術領域。

由於古希臘戲劇觀與童年挫折記憶的深刻契合，曹禺的創作對人的「命運」自始至終表現出探索的熱情。他筆下的人物幾乎無一不在命運這口殘酷的「井」中掙扎，繁漪、周萍、陳白露、金子、愫方們雖然都做過反抗的努力，但各種各樣無形的「井」卻最終將他們的生命窒息，演出了一齣齣

51　巴金：《關於〈家〉（十版代序）》，《巴金全集》第 1 卷第 441-445 頁，人民文學出版社，2000。

52　巴金：《序跋集》第 347 頁，花城出版社，1982。

人間的悲劇。曹禺在《〈雷雨〉序》中說得再明白不過：「寫《雷雨》是一種情感的需要。我念起人類是怎樣可憐的動物，帶著躊躇滿志的心情，仿佛自己來主宰自己的命運，而時常不能自己來主宰著。受著自己——情感的或理解——的捉弄，一種不可知的力量的——機遇的，或者環境的——捉弄；生活在狹窄的籠裏而洋洋地驕傲著，以為是倘徉在自由的天地裏，稱為萬物之靈的人物不是做著最愚蠢的事麼？我用一種悲憫的眼來寫劇中人物的爭執。我誠懇地祈望著看戲的人們也以一種悲憫的眼來俯視這群地上的人們。」[53]曹禺的戲劇觀實際是他的人生觀和世界觀的形象反映，而在其中又鋪設著這麼一個鏈條：反抗井的桎梏——然而人注定會失敗——由此提煉出了一個「悲憫」的戲劇主題。在我看來，正是在這樣的思想和藝術的軌道上，曹禺才所以成其為「曹禺」，這樣的創作「情結」和「狀態」幾乎是不可重覆和替代的。

巴金和曹禺都是極具個性化的作家，他們都是用自己燃燒的生命來體驗、感知和不斷「發現」現實生活的。在他們看來，現實生活並不是外在於作家心靈之外的一種東西，而是有血有肉的，它與作家本人的愛與恨、生與死早已融化為一體。但是，50、60 年代的文藝政策和文藝觀，恰恰又是以否定個人為前提的，而由此制定的各種「創作計劃」、「創作任務」，自然會與巴金、曹禺長期形成的文學創作傾向、風格和習慣形成尖銳的對立。讓我們來轉抄一下這些令人啼笑皆非、然而又是極其真實的材料：

---

[53] 曹禺：《〈雷雨〉序》，文化生活出版社，1936。

> 一九五六年三月間，作協的創作委員會發來一份公函，內容如下：「茅盾同志：去年十一月間中國作家協會所制訂的關於少年兒童文學創作計劃中規定，您應在一九五六年六月以前，寫出或翻譯出一篇（部）少年兒童文學作品（或一九五六年底前至少寫出一篇有關少年兒童的有研究性的文章）。不知這項工作您完成的怎樣，如果已經完成，請您告訴我們，您在哪些報刊上發表了哪些作品，如果沒有完成，您準備在什麼時候完成什麼作品，如果有困難，也請告訴我們。」

據說，茅盾終於被這種「體制」對「個人」的藐視激怒了，他以極其憤怒但又充滿挖苦意味的口氣在原公函上回應道：

> 覆創作委員會：我確有困難。自去年四月後，我有過大小兩計劃，大的計劃是寫長篇，小的計劃是寫短篇及短文，兩者擬同時進行（本來是只有一個大的計劃，可是後來鑒於有些短文非寫不可，逃不了的，故又加上一個小的計劃。）不料至今將一年，自己一檢查，大、小計劃都未貫徹。原因不在我懶，——而是臨時雜差（這些雜差包括計劃以外的寫作），打亂了我的計劃。我每天伏案（或看公文，或看書，或寫作，或開會——全都伏案）在十個小時以上，星期天也從不出去遊山觀水，從不逛公園，然而還是忙亂，真是天曉得！這些雜差少則三五天可畢，多則須半個月一個月。這是我的困難所在，我自己無法克服，不

> 知你們有無辦法幫助我克服它？如能幫忙，不勝感激。[54]

再看老舍、曹禺的「創作計劃」：

> 1957 年春天，依照中國作協的佈置，作協會員遞交了個人的創作規劃。……（老舍）為自己提出了近期的寫作計劃：「每年寫一個話劇，改編一個京劇或曲劇；一兩年內寫成長篇小說《正紅旗下》。……」有趣的是，曹禺上交的創作規劃涉及今後十年，想表現的題材占全了新社會的主體結構或時興領域：「寫資本家改造的劇本，57 年、58 年；寫農民生活的劇本，60 年至 62 年；寫大學生或高級知識份子，63 年；寫工人生活，64 年至 66 年；想寫關於岳飛和杜甫的歷史劇。」（摘自中國作協 1957 年會員創作規劃手稿）[55]

我們一時無法找到巴金的「創作規劃」，但聯繫以上作家的心緒百態，不難想像他當時的「表現」。顯而易見，在完全放棄自己藝術個性的前提下，按照上述「有利於革命結論」的創作規劃去進行文學創作，其結果如何已經不言自明。在一篇回憶文章中，曹禺曾說：「在我個人光怪陸離的境遇中，我看見過、聽到過多少使我思考的人物和世態。無法無天的魔鬼使我憤怒，滿腹冤仇的不幸者使我同情，使我流下痛心的眼淚。我有無數的人像要刻畫，不少罪狀要訴

---

54 韋韜、陳小曼：《父親茅盾的晚年》第 132 頁，上海書店出版社，1998。
55 轉引自陳徒手：《人有病，天知否》第 77 頁，人民文學出版社，2000。

說。我才明白我正浮沈在無邊慘痛的人海裏，我要攀上高山之巔，仔仔細細地望穿、判斷這些叫作『人』的東西是美是醜，究竟是怎樣複雜的個性和靈魂」，並聲稱，「我覺得這是我一生的道路。」[56]這是作家對心靈追求的真實「剖白」，它與反個人的「體制」、「規劃」可謂天壤之別，懷著上述精神情懷的巴金、曹禺能否按照新生活的要求寫出他們心目中理想的文學作品，實在令人懷疑。

通過對兩位作家作品和上述材料的具體分析，我們有理由相信，巴金、曹禺解放後的文學創作以及對舊作的修改基本是失敗的。他們走向的是其一生創作生涯中的「低谷」。究其原因，一是他們以前那種浮士德式的探索精神過早走向了終結，出現了心靈的「萎縮」，這使他們陷入缺乏精神「主體」的深刻危機，由此也失去了過去作品中真實的愛與恨的強烈感情衝動與自覺的思考；二是因為，由於屈服於文藝現狀對個體的強求，甚至有的時候、某些方面也不乏「遷就」與「媚上」的微妙心理狀態，使之放棄了一個作家基本的批判精神和文化使命感，於是他們的作品被降低為對國內外「大好形勢」的呼應，成為對各項政策措施的鼓動宣傳；這使人們想到，當代中國的許多作家在本質上缺乏對命運的抗爭，缺乏超越現實的獨立不移的精神力量，我以為，在思考文藝家個人與文藝現狀複雜關係的同時，對作家個體責任的「追究」和「拷問」也應該提到日程上來。

56　《曹禺全集》第 6 卷第 334 頁，花山文藝出版社，1996。

參考文獻

《魯迅全集》，人民文學出版社，1991。
《郭沫若全集》，人民文學出版社，1982。
《茅盾全集》，人民文學出版社，2001。
《巴金全集》，人民文學出版社，2000。
《老舍全集》，人民文學出版社，1999。
《曹禺全集》，花山文藝出版社，1996。
《許廣平文集》（三卷），江蘇文藝出版社，1998。
周作人、周建人：《書裏人生——兄弟憶魯迅》，河北教育出版社，2001。
許廣平：《十年攜手共艱危——許廣平憶魯迅》，河北教育出版社，2001。
林辰：《魯迅事迹考》，人民文學出版社，1981。
劉麗華、鄭智：《魯迅在北京》，北京工業大學出版社，1996。
袁良駿：《當代魯迅研究史》，陝西人民教育出版社，1992。
張新穎編：《魯迅印象》，學林出版社，1997。
房向東：《魯迅：最受誣衊的人》，上海書店出版社，2000。
陳方競：《魯迅與浙東文化》，吉林大學出版社，1999。
周海嬰：《魯迅與我七十年》，南海出版公司，2001。
陳早春、萬家驥：《馮雪峰評傳》，重慶出版社，1993。
龔濟民、方仁念：《郭沫若傳》，北京十月文藝出版社，1988。
丁東編：《反思郭沫若》，作家出版社，1998。
《郭沫若自傳》，江蘇文藝出版社，1996。
《毛澤東選集》（四卷），人民出版社，1991。

新華月報編輯部編：《新中國五十年大事記》（上、下），人民出版社，1999。
中共中央文獻研究室編：《中華人民共和國開國文選》，中央文獻出版社，1999。
施惠群：《1945-1949 中國學生運動史》，上海人民出版社，1992。
仲呈祥：《新中國文學紀事和重要著作年表》，四川省社會科學出版社，1984。
程波：《中共「八大「決策內幕》，中國檔案出版社，1999。
《茅盾自傳》，江蘇文藝出版社，1996。
查國華：《茅盾年譜》，長江文藝出版社，1985。
韋韜、陳小曼：《父親茅盾的晚年》，上海書店出版社，1998。
萬樹玉、李柚編：《茅盾和我》，中國廣播電視出版社，1996。
葉子銘：《夢回星移——茅盾晚年生活見聞》，南京大學出版社，1991。
李歐梵：《現代性的追求》，生活・讀書・新知三連書店，2000。
陳建華：《「革命「的現代性——中國革命話語考論》，上海古籍出版社，2000。
謝泳編：《儲安平：一條河流般的憂鬱》，中國青年出版社，1999。
高新民、張樹軍：《延安整風實錄》，浙江人民出版社，2000。
《巴金書信集》，人民文學出版社，1991。
《巴金自傳》，江蘇文藝出版社，1995。
徐開壘：《巴金傳》（續卷），上海文藝出版社，1994。
巴金：《隨想錄》，生活・讀書・新知三聯書店，1987。
王蒙、袁鷹主編：《憶周揚》內蒙古人民出版社，1998。
王瑤：《中國新文學史稿》（上冊），上海新文藝出版社，1954。
張畢來；《新文學史綱》（第一卷），作家出版社，1955。
丁易：《中國現代文學史略》，作家出版社，1956。
劉綬松：《中國新文學史初稿》，作家出版社，1956。

孫玉石、錢理群、溫儒敏、陳平原編選：《王瑤和他的世界》，河北教育出版社，2000。
朱寨主編：《中國當代文學思潮史》，人民文學出版社，1987。
《老舍自傳》，江蘇文藝出版社，1995。
宋炳輝編：《老舍印象》，學林出版社，1997。
甘海嵐：《老舍年譜》，書目文獻出版社，1989。
王惠雲、蘇慶昌：《老舍評傳》，花山文藝出版社，1985。
傅光明採寫：《老舍之死採訪實錄》，中國廣播電視出版社，1999。
舒乙:《我的思念——關於老舍先生》,中國廣播電視出版社,1999。
文潔若：《我與蕭乾》，廣西教育出版社，1992。
陳徒手：《人有病，天知否——一九四九年後中國文壇紀實》，人民文學出版社，2000。
李輝：《胡風集團冤案始末》，人民日報出版社，1989。
周翼、楊曉民；《中國單位制度》，中國經濟出版社，1999。
曠新年：《1928：革命文學》，山東教育出版社，1998。
李書磊：《1942：走向民間》，山東教育出版社，1998。
錢理群：《1948：天地玄黃》，山東教育出版社，1998。
洪子誠：《1956：百花時代》，山東教育出版社，1998。
孟繁華：《1978：激情時代》，山東教育出版社，1998。
《人民文學》1949-1980 年各期。
《文藝報》1949-1980 年各期。
《曹禺自傳》，江蘇文藝出版社，1996。
田本相：《曹禺傳》，北京十月文藝出版社，1988。
四川大學中文系編：《曹禺專集》（上、下），內部發行，1979。
田本相、胡叔和編：《曹禺研究資料》（上），中國戲劇出版社。
田本相、張靖編著：《曹禺年譜》，南開大學出版社，1985。
錢理群：《在大小舞臺之間——曹禺戲劇新論》，浙江文藝出版社，1994。

梁秉坤：《在曹禺身邊》，中國戲劇出版社，1999。

朱正：《魯迅回憶錄正誤》，浙江人民出版社，1999。

朱正：《1957 年的夏季：從百家爭鳴到兩家爭鳴》，河南人民出版社，1998。

徐矛：《中華民國政治制度史》，上海人民出版社，1992。

（美）馬爾庫塞著，程志民等譯：《理性與革命》，重慶出版社，1993。

李君如　張勇偉編：《海外學者論「中國道路「與毛澤東》，上海社會科學院出版社，1993。

（德）韓水法編：《韋伯文集》（上、下），中國廣播電視出版社，2000。

（美）林毓生：《中國意識的危機——「五四「時期激烈的反傳統主義」，貴州人民出版社，1986。

（法）古斯塔夫·勒龐：《烏合之眾——大眾心理研究》，中央編譯出版社，2000。

國家圖書館出版品預行編目資料

文化的轉軌：「魯郭茅巴老曹」在中國（1949-1976）／程光煒著. -- 一版. -- 臺北市
秀威資訊科技, 2004 [民 93]
面； 公分. --（大陸學者叢書；2）
參考書目：面
ISBN 978-986-7614-52-0（平裝）

1. 中國文學 - 傳記 2. 中國文學 - 作品評論

782.248 93017254

文化的轉軌

——「魯郭茅巴老曹」在中國（1949-1976）

作　　者 / 程光煒
發 行 人 / 宋政坤
執行主編 / 宋如珊
執行編輯 / 李坤城
圖文排版 / 張慧雯
封面設計 / 莊芯媚
數位轉譯 / 徐真玉　沈裕閔
圖書銷售 / 林怡君
網路服務 / 徐國晉
出版印製 / 秀威資訊科技股份有限公司
台北市內湖區瑞光路 583 巷 25 號 1 樓
電話：02-2657-9211　　傳真：02-2657-9106
E-mail：service@showwe.com.tw
經 銷 商 / 紅螞蟻圖書有限公司
台北市內湖區舊宗路二段 121 巷 28、32 號 4 樓
電話：02-2795-3656　　傳真：02-2795-4100
http://www.e-redant.com

2006 年 7 月　BOD 再刷
定價：340 元

讀　者　回　函　卡

感謝您購買本書，為提升服務品質，煩請填寫以下問卷，收到您的寶貴意見後，我們會仔細收藏記錄並回贈紀念品，謝謝！

1.您購買的書名：＿＿＿＿＿＿＿＿＿＿＿＿＿＿＿＿

2.您從何得知本書的消息？

□網路書店　□部落格　□資料庫搜尋　□書訊　□電子報　□書店

□平面媒體　□ 朋友推薦　□網站推薦 □其他＿＿＿＿＿

3.您對本書的評價：(請填代號　1.非常滿意 2.滿意 3.尚可 4.再改進)

封面設計＿＿　版面編排＿＿　內容＿＿　文/譯筆＿＿　價格＿＿

4.讀完書後您覺得：

□很有收獲　□有收獲　□收獲不多　□沒收獲

5.您會推薦本書給朋友嗎？

□會　□不會，為什麼？＿＿＿＿＿＿＿＿＿＿＿＿＿＿＿＿＿＿＿＿

6.其他寶貴的意見：＿＿＿＿＿＿＿＿＿＿＿＿＿＿＿＿＿＿＿＿＿＿＿

＿＿＿＿＿＿＿＿＿＿＿＿＿＿＿＿＿＿＿＿＿＿＿＿＿＿＿＿＿＿＿

＿＿＿＿＿＿＿＿＿＿＿＿＿＿＿＿＿＿＿＿＿＿＿＿＿＿＿＿＿＿＿

＿＿＿＿＿＿＿＿＿＿＿＿＿＿＿＿＿＿＿＿＿＿＿＿＿＿＿＿＿＿＿

讀者基本資料

姓名：＿＿＿＿＿＿＿＿＿＿＿　年齡：＿＿＿　性別：□女 □男

聯絡電話：＿＿＿＿＿＿＿＿＿　E-mail：＿＿＿＿＿＿＿＿＿＿＿

地址：＿＿＿＿＿＿＿＿＿＿＿＿＿＿＿＿＿＿＿＿＿＿＿＿＿＿

學歷：□高中(含)以下　□高中　□專科學校　□大學

□研究所(含)以上 □其他＿＿＿＿＿＿＿＿

職業：□製造業 □金融業 □資訊業 □軍警 □傳播業 □自由業

□服務業 □公務員 □教職　□學生 □其他＿＿＿＿＿＿

請貼
郵票

To：114

台北市內湖區瑞光路 583 巷 25 號 1 樓

秀威資訊科技股份有限公司　　　收

寄件人姓名：

寄件人地址：□□□

(請沿線對摺寄回,謝謝!)